躍動する
新規開業企業

パネルデータでみる時系列変化

日本政策金融公庫総合研究所
編集

深沼光・藤田一郎
著

勁草書房

刊行に当たって

　新規開業企業には，経済社会においてさまざまな役割を果たすことが期待されている．まず重要なのが，経営者や従業員の働く場を提供するという雇用創出の役割である．一つ一つの企業は小規模でも，多くの新規開業企業が誕生すれば，その生み出す雇用は非常に大きい．自分のやりたい仕事ができるという意味では，経営者自身の自己実現の場にもなりうる．経済社会の変化によって市場にもたらされる新たなニーズに対応して商品・サービスを提供する役割も考えられる．IT技術の進歩，高齢化の進行，外国人観光客の増加など，わが国の経済社会には，さまざまな変化が起こっている．新規開業企業は既存企業に比べて社内外のしがらみが少なく自由に行動しやすいぶん，こうした新しいニーズを担う有力な候補となりうるだろう．多くの新規開業企業が市場に参入することは，競争の促進も促す．ライバルが増えることは，競争に打ち勝つことができず退出を余儀なくされる企業にとっては，必ずしも好ましくないかもしれない．しかし，競争の過程で提供される商品・サービスの水準は向上し，経済社会全体にとってはプラスの効果が得られる．そうした新しい市場に挑戦する新規開業のなかから，次の時代を担う大企業の候補が出てくる．もちろん，短期間で上場するような急成長企業はごく一握りでしかない．しかし，「成長企業の苗床」としての新規開業企業の大きな集団がなければ，有力な成長企業も生まれてこないといえよう．

　わが国では1990年代前半に廃業率が開業率を上回り，それ以降は企業数の減少が続いている．最近では，経営者の高齢化が進んでいることから，廃業する企業がさらに増えると予想される．もし新しい企業が生まれてこなければ，成長企業も現れず，廃業によって失われた雇用は回復しない．市場の新たなニーズを十分に満たすことができなくなるばかりか，廃業した企業がそれまで提供してきた商品・サービスが，供給されなくなるおそれもある．競争が促進されず，経済社会の活力も低下する一方となるだろう．こうした懸念は，人口

が減少し，企業数の減少も著しい地方において，特に大きいものとなっている．

こうした状況の下で，新規開業企業を意図的に増やしていくことは，近年，重要な政策テーマであり続けている．国や地方自治体，商工会議所・商工会といった団体などは，新規開業を促進するためにさまざまな施策を実施してきた．日本政策金融公庫も，最近では年間3万件近い新規開業企業に融資を行っているほか，全国15カ所に「創業支援センター」，全国6カ所に「ビジネスサポートプラザ」を設け，各地で新規開業希望者向けのセミナーを開催したり，他の支援機関への情報提供を行ったりと，金融面以外の支援も充実させてきた．

一方で，効果的・効率的な新規開業支援を進めるためには，その実態を明らかにしていくことが不可欠であろう．そのような問題意識から，日本政策金融公庫総合研究所では，これまで長年にわたり，新規開業企業に関する研究に力を注いできた．「新規開業パネル調査」は，そうした研究の一環としてスタートしたものである．

パネル調査とは同一サンプルに対して定期的に調査を行うもので，最初の新規開業パネル調査（第1コーホート）は，2001年に開業した企業を5年にわたって追跡した．これにより，新規開業企業の開業後の存続廃業や成長の様子など，さまざまな発見がもたらされた．それに次ぐ2006年に開業した企業を対象とした調査（第2コーホート）では，新規開業企業の経年変化の詳細が，さらに明らかになった．

本書で結果を紹介するのは，これらに続く第3コーホートの調査で，2011年に開業した企業を5年間継続して観察したものである．

本書の構成は，次のとおりである．第1章で，新規開業パネル調査（第3コーホート）の調査手法を紹介するとともに，調査結果全体の概要を説明する．続く第2章以降は，それぞれ個別のトピックスに関して分析を行った．第2章では廃業の状況と要因について，第3章では売上高・採算・雇用など業績の推移について，第4章では生産性について，第5章では開業後の資金調達について述べていく．第6章では，2011年に発生した東日本大震災が新規開業に与えた影響について，第7章では震災をきっかけにした開業について明らかにする．最後の第8章では，経営者の休職について検討を加える．

執筆は，当研究所研究主幹の深沼光と，同主任研究員の藤田一郎が担当した．

内容は図表を多く用いて，できるだけ平易になるよう努めた．なお，調査の企画から分析に当たっては，樋口美雄氏（慶應義塾大学特任教授），山本勲氏（慶應義塾大学教授）から多大なるご指導を受けた．編集については，勁草書房の宮本詳三氏をはじめ編集部の皆様に丁寧に進めていただいた．また，多くの経営者の皆様に，ご多忙のなか毎年アンケートに回答いただき，一部の方にはインタビューにも快く応じていただいた．本書は，これら多くの方々のご協力があってこそ刊行に至ったものであることを付記し，ここに改めて御礼申し上げる．なお，内容におけるありうべき誤りは，すべて執筆者に帰すものである．

　本書で示した結果には，これまでの調査と傾向が一致するものが多い．一方，第1コーホートからは10年後，第2コーホートからは5年後の新規開業企業であることから，一部では時代や経済環境によると考えられる変化も観察された．また，可能な限り新しい分析も加えている．新規開業企業の生産性，東日本大震災の与えた影響，経営者の休職は，これまで触れられていなかったテーマである．

　これらの分析結果が，新規開業企業の実態をより明らかにすることにつながるとともに，新規開業企業に対する支援策を考えるうえでの一助となれば，望外の幸いである．

　2018年6月

日本政策金融公庫総合研究所

所長　武士俣 友生

目　　次

刊行に当たって

第1章　新規開業パネル調査「第3コーホート」の概要························· 3
　第1節　新規開業パネル調査とは　3
　第2節　調査手法　6
　第3節　調査対象企業のプロフィール　8
　第4節　開業後の存続廃業状況　11
　第5節　開業後の経営状況　13
　第6節　資金調達　26
　第7節　経営課題の変化　30
　第8節　東日本大震災の影響　37
　第9節　まとめ　41

第2章　廃業の要因··· 43
　第1節　はじめに　43
　第2節　企業の属性　45
　第3節　経営者の属性　49
　第4節　経営状況　54
　第5節　事業の新規性と差別化　59
　第6節　経営課題と情報収集　61
　第7節　計量的手法による検証　63
　第8節　まとめ　73

第3章　開業後の業績の推移··· 75
　第1節　はじめに　75

vi　　　　　　　　　　　　　　　目　次

第2節　売り上げと採算　77

第3節　従業者数　89

第4節　正社員の確保に向けた取り組み　97

第5節　まとめ　106

第4章　新規開業企業の TFP とその決定要因 ……………………………… 109

第1節　はじめに　109

第2節　TFP の計測方法　114

第3節　使用するデータ　117

第4節　新規開業企業の TFP　128

第5節　TFP と経営者の属性の関係　136

第6節　まとめと今後の課題　145

第5章　開業後の金融機関借り入れ ………………………………… 155

第1節　はじめに　155

第2節　借入パターンの変化　156

第3節　日本公庫以外の借入先　163

第4節　日本公庫以外からの借入条件　167

第5節　日本公庫融資の効果　170

第6節　まとめ　174

第6章　東日本大震災の新規開業企業への影響 ……………………… 177

第1節　東日本大震災の発生　177

第2節　開業行動に与えた影響　180

第3節　開業直後の事業への影響　185

第4節　業績への長期的影響　196

第5節　事業存続への影響　200

第6節　まとめ　205

目　次　　　　　vii

第7章　東日本大震災を契機とした開業……………………………………… 209
　　　　　──被災地域での開業を中心に──
　第1節　はじめに　209
　第2節　震災開業企業の特徴　213
　第3節　震災開業企業が直面した課題　221
　第4節　震災開業企業の業績　225
　第5節　まとめ　228
　補　論　震災開業企業の今　229

第8章　新規開業企業経営者の休職……………………………………………… 239
　第1節　はじめに　239
　第2節　休職企業の特徴　241
　第3節　休職と事業継続の関係　245
　第4節　事業再開に向けた準備　250
　第5節　休職経験が経営に与える影響　253
　第6節　まとめ　255

索　　引　…………………………………………………………………… 257

躍動する新規開業企業
パネルデータでみる時系列変化

第1章　新規開業パネル調査「第3コーホート」の概要

第1節　新規開業パネル調査とは

　日本政策金融公庫総合研究所（以下，当研究所という）では，1991年から毎年，前年に開業した企業を対象に「新規開業実態調査」を実施してきた[1]．調査結果は，『新規開業白書』として，翌年に出版している．この調査は同質の母集団からサンプルを抽出することで，その年の新規開業の実態を明らかにするとともに，開業時期の違いによる経営者や企業の属性の変化を観察するのにも適している．ただし，それぞれの調査の対象企業が異なることから，各企業の成長過程を分析することは困難である．

　そこで，サンプルを過去数年間に開業した企業に拡大した特別調査を利用して，開業後の経過年数による違いの分析が試みられた[2]．こうした調査によって，開業後の経過年数による企業の状況の違いは一部明らかになったが，調査時点での経過年数を基準にしているため，調査対象の開業時期が異なること，開業から調査までの期間が空くため開業時点の状況に関する回答が曖昧になること，調査時点までに廃業した企業のデータを収集できないこと，などといった課題が残った．

　そうした課題を解決するために，当研究所が実施したのが，「新規開業パネル調査」である[3]．パネル調査とは同一調査対象に対して定期的に調査を行う

---

1) 当初の実施主体は国民金融公庫総合研究所．その後の政府系金融機関の統合により，1999年10月からは国民生活金融公庫総合研究所，2008年10月からは現在の日本政策金融公庫総合研究所が調査を実施している．

2) 例えば，竹内（2001）は，開業後30カ月までの企業について3カ月ごとに開業後の経過期間を分け，それぞれのカテゴリーでの赤字企業の割合を示した．

もので，調査対象の経年変化を捉えることができるという大きな利点がある．最初の新規開業パネル調査（第1コーホート）は，日本政策金融公庫（以下，日本公庫という）の前身である国民生活金融公庫の融資を受けて2001年に開業した企業2,181件を，5年にわたって毎年追跡した．新規開業企業を大規模に調査したものとしては，わが国初のパネル調査である．

結果の詳細は，樋口・村上ほか（2007）にまとめられている．掲載した個別の論文は**表1-1(1)**のとおりである．この調査によって，開業5年目までに15.4%の調査対象先が廃業しており，規模が小さい，経営者の年齢が高い，自己資金が乏しいといった企業で廃業割合が高いこと，廃業後の雇用喪失を勘案しても調査対象先全体では雇用を増加させていること，民間金融機関からの借り入れが年を経るごとに増加していることなど，新規開業企業の廃業の実態や開業後の変化が，明らかになった．

それに続いて行われたのが，2006年に開業した企業を対象として実施された調査（第2コーホート）である．サンプルは，第1コーホートと同じく，国民生活金融公庫の融資を受けた企業から抽出している．調査結果を取りまとめた日本政策金融公庫総合研究所・鈴木（2012）では，計量的手法を用いてパネルデータの特性を生かした詳しい分析が紹介されている（**表1-1(2)**）．そこでは，開業後2〜3年経過すると業績の変化は平均的にみれば小さくなること，斯業経験（現在の事業に関連する仕事の経験）の年数や学歴など人的資本が経営に与える影響は時間とともに変化すること，存続可能性が高い企業と成長可能性が高い企業は必ずしも同一ではないこと，収入満足度と所得の間に正の相関があることなど，新規開業企業の実態がさらに詳細に明らかにされた．

今回の新規開業パネル調査は，これらに続く第3コーホートの調査で，2011年に開業した企業を5年間継続して観察したものである．第1コーホート，第2コーホートと比較するため，サンプルの抽出方法はこれまでにならったものとし，同様の調査手法を採用した．調査項目は比較のために共通のものを設定しているほか，新たな切り口での設問も追加している．

以下本章では，第2節で今回の調査手法を示したあと，合計で5回実施した

---

3) 当初の実施主体は国民生活金融公庫総合研究所．第2コーホート途中の2008年10月から現在の日本政策金融公庫総合研究所．

第1節　新規開業パネル調査とは　　　5

表 1-1　新規開業パネル調査に関する書籍

(1) 第1コーホート

樋口美雄・村上義昭・鈴木正明・国民生活金融公庫総合研究所編著『新規開業企業の成長と撤退』
勁草書房（2007年10月）（書籍全体を示す場合は，樋口・村上ほか（2007）と表記）

章	タイトル	掲載ページ	本書での表示	執筆者
序　章	新規開業のダイナミズム	3-10	樋口（2007）	樋口 美雄
第1章	廃業企業の特徴から見る存続支援策	13-54	鈴木（2007a）	鈴木 正明
第2章	開業による雇用創出と開業後の変動	55-94	鈴木（2007b）	鈴木 正明
第3章	存続・成長と地域特性	95-122	岡室（2007）	岡室 博之
第4章	追跡調査に見る新企業の動態	123-160	原田（2007）	原田 信行
第5章	新規開業融資に見る金融機関の役割	161-186	村上（2007a）	村上 義昭
第6章	計画と現実のギャップへの対応	189-212	鈴木（2007c）	鈴木 正明
第7章	成長に向けた経営上の取り組み	213-236	村上（2007b）	村上 義昭
第8章	まとめ：新規開業企業の役割と開業支援策	237-251	村上（2007c）	村上 義昭
資　料	新規開業パネル調査の実施要領と特徴	253-267	村上（2007d）	村上 義昭

(2) 第2コーホート

日本政策金融公庫総合研究所編集・鈴木正明著『新規開業企業の軌跡—パネルデータにみる業績，
資源，意識の変化—』勁草書房（2012年9月）（書籍全体を示す場合は，日本政策金融公庫総合研究
所・鈴木（2012）と表記）

章	タイトル	掲載ページ	本書での表示	執筆者
序　章	なぜ開業後の動態に着目するのか	3-19	鈴木（2012a）	鈴木 正明
第1章	誰が廃業したのか —自発的，非自発的廃業の実証分析—	21-57	鈴木（2012b）	鈴木 正明
第2章	どのような企業の業績が優れているのか	59-91	鈴木（2012c）	鈴木 正明
第3章	開業後の雇用はどのように変動したのか —正社員の雇用状況とガゼルの分析—	93-133	鈴木（2012d）	鈴木 正明
第4章	資金をどのように調達したのか —借入状況を中心に—	135-166	鈴木（2012e）	鈴木 正明
第5章	どのような取引関係が創業期の業績を高めるのか	167-185	鈴木（2012f）	鈴木 正明
第6章	仕事に満足しているのはだれか	187-217	鈴木（2012g）	鈴木 正明
第7章	私生活はどのように変わったのか	219-255	鈴木（2012h）	鈴木 正明
終　章	新規開業企業はどのような軌跡を辿ったのか	257-265	鈴木（2012i）	鈴木 正明

アンケートと，存続廃業に関する確認調査の結果から，2011年に開業した企
業のプロフィールと，5年間の変化について概観していく．また，必要に応じ
て主に第2コーホートのデータと比較し，第2コーホートで観察された現象が
頑健なものであるのかを検証する．さらに，第8節では，第3コーホート特有
の事柄として東日本大震災（以下，震災という）が新規開業企業に与えた影響
について，概要を述べる．

第2節　調査手法

1　調査対象

　調査対象企業は，2011 年に開業した新規開業企業とした（**表 1-2**）．まず，2010 年 10 月から 2011 年 12 月に日本公庫の国民生活事業が融資した企業のなかから，2011 年に開業したと考えられる企業 9,287 件に，第 1 回のアンケートを実施した．回答企業のうち，2011 年に開業したことが確認された企業で，不動産賃貸業を除く 3,046 件を今回のパネル調査の対象とした．このサンプルに対し，2012 年から 2015 年まで，毎年アンケートを実施した．第 1 回アンケートを含めると，合計 5 回の調査を実施したことになる．

　このサンプル抽出方法は，第 1 コーホート，第 2 コーホートと基本的に同じである[4]．なお，震災の影響を考慮して，三陸沿岸など被害の大きかった一部の地域については，2011 年 3 月までに融資した企業についてアンケートを発送しなかった．ただし，2011 年 4 月以降に融資した企業については，特にそれら地域の企業を除外はしていない．また，日本公庫の業務区域外である沖縄県の企業は，サンプルには含まれていない．

　日本公庫から融資を受けた企業からサンプルを抽出しているため，日本における新規開業全体と比べるといくつかのバイアスが存在すると考えられる．まず，資金をあまり必要としないごく小規模な新規開業や，資金が潤沢にあり借り入れを必要としない新規開業は含まれていない．相対的に大規模で銀行やベンチャーキャピタルからの資金調達が可能な開業も含まれない可能性がある．また，少数ではあるが，2011 年に開業したものの第 1 回アンケートの調査時点である 2011 年末にすでに廃業していた企業も，調査対象から除かれていることになる．

2　調査方法

　アンケートは発送回収ともに郵送により実施した．パネル調査は毎回，調査項目すべてに回答する企業が多いほど，より好ましいデータが得られる．そこ

---

4)　日本公庫国民生活事業は，国民生活金融公庫の融資業務を引き継いでいる．

第2節　調査手法　　　　　　　　7

表 1-2　新規開業パネル調査（第 3 コーホート）の実施要領

---

(1) 調査対象　日本政策金融公庫国民生活事業の融資を受けて 2011 年に開業したと想定される企業 9,287 社に第 1 回アンケートを実施し，回答のあった企業のうち 2011 年に開業したことが確認された企業 3,046 件（不動産賃貸業を除く）を継続調査先とした．

(2) 調査方法　2011 年以降，毎年 12 月末を調査時点とし，翌年 2 月にアンケートを実施．発送と回収は郵送によった．2015 年 12 月末時点まで 5 回のアンケートを実施した．

(3) 回 答 数

	調査時点	回答数
第 1 回調査	2011 年 12 月末	3,046 件
第 2 回調査	2012 年 12 月末	1,787 件
第 3 回調査	2013 年 12 月末	1,472 件
第 4 回調査	2014 年 12 月末	1,380 件
第 5 回調査	2015 年 12 月末	1,413 件

（注）廃業企業は回答数から除く．

(4) 廃業の認定
　本調査においては，以下の企業を廃業と認定した．
　　①事業の継続を尋ねたアンケート設問に，「現在事業を行っていない」と回答した企業
　　②現地調査等によって事業を行っていないことを確認した企業
　　③日本政策金融公庫の支店が事業を行っていないことを確認した企業

で回答率を高めるために，第 2 回調査以降は，アンケートの回答締切日直前に，ハガキにより回答の依頼を行った．それに並行して，電話による回答依頼も実施している．こうした調査方法も，第 1 コーホート，第 2 コーホートと同じである．なお，第 2 回以降のアンケートの発送回収は，㈱帝国データバンクに委託している．

3　廃業の認定

　廃業の認定については，①アンケートに「現在事業を行っていない」と回答した企業，②現地調査等によって事業を行っていないと確認した企業，③日本公庫の支店が事業を行っていないことを確認した企業，のいずれかに該当するものを廃業とした．この基準もこれまで実施した新規開業パネル調査と同じである．

　なお，アンケートでは廃業年月も聞いており，そこに記入がある場合は必要

に応じて遡って廃業と認定した[5]．現地調査は面談によるものではなく，看板や店舗・事務所の状況などを外部から観察することにより実施した．企業のホームページ，経営者のブログなど，インターネット上にある公開情報も必要に応じて活用している．

第3節　調査対象企業のプロフィール

1　経営者の属性

　ここからは調査対象企業の経営者と企業自身の属性について，可能なものは第2コーホートのデータと比較しながら確認する[6]．

　まず，経営者の開業時の年齢をみると，「29歳以下」が8.7%，「30歳以上39歳以下」が42.4%，「40歳以上49歳以下」が29.1%，「50歳以上59歳以下」が14.5%，「60歳以上」が5.3%となっている（図1-1）．平均年齢は41.1歳であった．経営者の性別は，「男性」が80.8%，「女性」が19.2%となっている（n=3,046）[7]．第2コーホートでは，平均年齢は41.9歳，性別は「男性」が83.8%，「女性」が16.2%となっており，若干女性の割合が高まっている．

　経営者の最終学歴をみると，「中学校」（3.3%），「高校」（30.6%），「専修・各種学校」（29.1%），「大学」（29.0%），「大学院」（2.7%）などとなっている（n=3,017）．このほか，「短大」が3.6%，「高専」が1.1%，「その他」が0.5%であった．

　開業前に働いた経験のある人は98.9%で平均勤続年数は18.3年と，新規開業企業の経営者は，ほとんどの人が働いた経験があることがわかる（経験の有無はn=3,040，勤務年数はn=2,901）．斯業経験に絞っても86.1%となり，平均経験年数は14.0年と，開業者の多くが事業と関係のある仕事の経験を積んで開業している（経験の有無はn=3,005，経験年数はn=2,518）．第2コーホートでは

---

5)　例えば，2015年末に実施した第5回アンケートで2013年3月に廃業したと記入があったケースは，2012年末までは存続，2013年末以降は廃業と認定した．

6)　本節の第2コーホートのデータは，鈴木（2012a）による．

7)　本章の第3コーホートのデータのうち，図表のないものについては回答数nを（　）内に付記した．無回答がある場合や回答者に条件のある場合があるため，nは全体の3,046件とは必ずしも一致しない．

第3節　調査対象企業のプロフィール　　　9

図1-1　開業時の経営者の年齢

(単位：%)
(n=3,046)

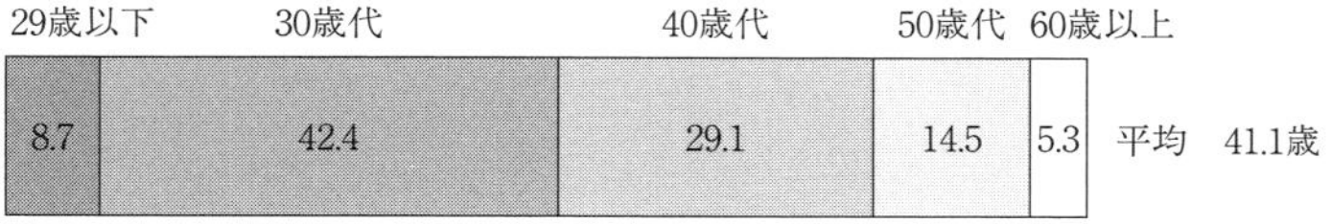

29歳以下	30歳代	40歳代	50歳代	60歳以上
8.7	42.4	29.1	14.5	5.3

平均　41.1歳

資料：日本政策金融公庫総合研究所「新規開業パネル調査（第3コーホート）」（以下同じ）

それぞれ88.1%，14.3年で，こうした傾向は，あまり変化していないようだ．

　開業直前の職業は，「法人の役員（法人の代表を除く）」が8.4%，「正社員（管理職）」が30.9%と，約4割が管理的な仕事を行っていた（n=3,008）．「正社員（管理職以外）」は34.6%，「パート・アルバイト」「契約社員」「派遣社員」を合わせた非正社員が11.8%，「家族従業員」が2.0%であった[8]．そのほか，「法人の代表」が2.9%，「個人事業主」が2.5%おり，全体の93.2%が開業直前に何らかの仕事に就いていた．「専業主婦・主夫」は1.4%，「学生」は0.2%，「無職」は2.0%と，非常に少ない[9]．

　ここで第2コーホートのデータをみてみると，「常勤役員」が11.4%，「正社員（管理職）」が36.9%，「正社員（管理職以外）」が34.8%，非正社員が8.8%であった．第3コーホートでは，非正社員の割合がやや高まっているものの，全体の傾向はそれほど変わっていない．

　勤務先の従業者数は，「4人以下」が16.8%，「5～9人」が22.2%，「10～19人」が16.5%などとなっており，299人以下が87.8%を占める（n=2,768）[10]．これに対して，「300人以上」（11.3%）や「官公庁」（0.9%）は少数派である．

　勤務先からの退職理由は，「自らの意思による退職」が最も多く，76.8%を占める（n=2,765）．一方，「勤務先の倒産による離職」（1.5%），「勤務先の廃業による離職」（3.5%），「事業部門の縮小・閉鎖に伴う離職」（5.1%），「解雇」（2.6%）といった，勤務先の都合による退職が12.7%存在する．このほか，「定

---

8)　非正社員の内訳は「パート・アルバイト」（8.5%），「契約社員」（2.8%），「派遣社員」（0.5%）．

9)　このほか，「その他」が3.3%．

10)　「20～29人」が8.9%，「30～49人」が7.2%，「50～99人」が8.1%，「100～299人」が8.2%となっている．

10　第1章　新規開業パネル調査「第3コーホート」の概要

表1-3　開業時の業種

(単位：%)
(n=3,046)

業　種	構成比	業　種	構成比
建設業	6.4	医療・福祉	17.5
製造業	2.6	教育・学習支援業	2.9
情報通信業	1.2	個人向けサービス業	19.4
運輸業	2.6	事業所向けサービス業	6.6
卸売業	5.1	不動産業	3.1
小売業	12.2	その他	0.8
飲食店・宿泊業	19.6		

年退職」が1.1%,「その他」が3.8%で,「現在も働いている（退職していない）」も5.5%の回答があった.

2　企業の属性

　開業時の経営形態をみると,「株式会社」が26.7%,「NPO法人」が0.6%,「その他法人」が2.0%で,法人経営が全体の29.4%となっている（n=3,046）.一方,個人経営は開業時点で70.6%であった.フランチャイズに加盟している企業の割合は6.2%となっている（n=2,989）.第2コーホートでは法人経営が33.0%,個人経営が67.0%であり,今回はやや個人経営の割合が高まっている.第2コーホートのフランチャイズ加盟割合は5.5%であった.

　開業時の業種をみると,「飲食店・宿泊業」（19.6%）,「個人向けサービス業」（19.4%）,「医療・福祉」（17.5%）,「小売業」（12.2%）などの順となっており,この4業種で全体の7割近くを占める（表1-3）.第2コーホートでも上位4業種は変わらないが,内訳は「飲食店・宿泊業」（15.2%）,「個人向けサービス業」（14.3%）,「医療・福祉」（12.8%）,「小売業」（14.0%）となっており,「飲食店・宿泊業」「個人向けサービス業」「医療・福祉」が大きく割合を高めている.

　経営者を含む開業時の従業者数は,平均で3.7人であった.内訳をみると,「経営者本人」が1.0人,「家族従業員」が0.4人,「常勤役員・正社員」が0.8人,「パート・アルバイト・契約社員」が1.5人,「派遣社員」が0.0人となっている（n=3,019）[11].

---

11)　後掲図1-2のデータは,5回のアンケートで従業者の内訳をすべて回答した企業のみを集計しているため,ここで示したデータと異なる数値になっている.

表 1-4　存続廃業状況

(単位:%)

	存　続	廃　業	不　明	各年の廃業率
第 1 回調査（基準） （2011 年末時点）	100.0	0.0	0.0	－
第 2 回調査 （2012 年末時点）	97.5	2.4	0.1	2.4
第 3 回調査 （2013 年末時点）	94.5	5.3	0.2	2.9
第 4 回調査 （2014 年末時点）	92.1	7.5	0.4	2.2
第 5 回調査 （2015 年末時点）	89.2	10.2	0.7	2.7

第 4 節　開業後の存続廃業状況

　パネル調査は，前述のとおり，同じ調査対象の状況を継続して観察できるところに，大きなメリットがある．通常のアンケートではその時に存在している企業しか調査対象にできないため，廃業した企業の状況を把握するのは困難ではあるが，今回のパネル調査では，第 1 回アンケートに回答し，第 2 回以降は回答しなかった企業も含めて，調査対象企業が，その後も事業を継続しているのか，あるいは廃業しているのかを確認した．その結果は次のとおりである．

　2011 年末に存続していた企業を基準とすると，2012 年末には，「存続」が97.5%，「廃業」が 2.4% であった（表 1-4）．つまり 2012 年の 1 年間で 2.4% の新規開業企業が事業をやめたことになる．その後，2013 年末には，「存続」が94.5%，「廃業」が 5.3%，2014 年末には，「存続」が 92.1%，「廃業」が 7.5% と経過し，2015 年末には，「存続」が 89.2%，「廃業」が 10.2% となった．2011年末を基準としているため，2011 年中の廃業は考慮されておらず，4 年間に廃業した企業の割合ということになる．このほか，存続廃業が「不明」である企業が，2015 年末時点で 0.7% みられた．これらには，例えば個人タクシー，化

粧品の訪問販売，職別工事業など，営業所をもっていないため外形的には存続しているか廃業しているかが明らかでない企業などが含まれる[12].

　ここで，過去のデータと比較すると，第1コーホート（2001年開業企業が対象）の2005年末時点では，「存続」が82.7%，「廃業」が15.4%，「不明」が2.0%，第2コーホート（2006年開業企業が対象）の2010年末時点では，「存続」が83.3%，「廃業」が15.2%，「不明」が1.5%，となっており，第3コーホートでは，存続した企業の割合が高まり，廃業した企業の割合が低下している[13]．また，「不明」の割合は今回が最も低くなった．これは，企業のホームページや経営者のブログなどを通じて，インターネットで取得できる情報が増えたために，営業活動の有無や事業所移転などを，より正確に把握できるようになったためである．

　なお，それぞれの年に廃業した企業の割合を計算すると，2012年の2.4%が2013年には2.9%とやや高まったものの，2014年には2.2%と低下し，2015年には2.7%と再度上昇している．開業の翌々年に廃業割合が高まることは，第1コーホート，第2コーホートと類似している．

　この時期における従業者数20人未満の一般の小企業の経営動向を，当研究所が四半期ごとに実施している「全国中小企業動向調査（小企業編）」の結果からみると，業況判断DI（業況が「良い」と回答した企業割合から「悪い」と回答した企業割合を差し引いた数値）は，第1コーホートの調査時期に対応する2002年から2005年の平均が−47.1，第2コーホートに対応する2007年から2010年の平均が−50.0とほぼ同じで，かなり低い水準であった．これが，第3コーホートに対応する2012年から2015年の平均は−32.3と水準は低いものの，大きく好転している．

　また，GDPの成長率の平均も，2002年から2005年が1.4%，2007年から2010年が−0.2%，2012年から2015年が1.3%で，第1コーホートと第2コーホートの廃業率がほぼ同じだったこととは動きが一致しないものの，第2コー

---

12)　調査対象は日本公庫が融資した企業であるため，融資残高が残っている間は基本的には存続または廃業の情報を把握している．ただし，融資残高がなくなった場合には，必ずしも接触を続けるわけではなく，存続廃業についても確認していない場合がある．

13)　本節の第1コーホートのデータは，鈴木（2007a），第2コーホートのデータは，鈴木（2012b）による．

ホートから第3コーホートにかけて廃業率が低下したこととは整合している[14].
さらに，後述するように，調査対象企業の業績も，第3コーホートは第2コーホートより相対的に良くなっている．断定はできないものの，こうした景気動向の変化が，廃業率が低下した要因となっているのではないかと考えられる．

　なお，企業共済協会『企業倒産調査年報』から，この時期の一般企業の倒産状況をみると，第1コーホートの調査時期にほぼ対応する2002年度から2005年度の平均が1万5,421件，第2コーホートに対応する2007年度から2010年度の平均が1万5,013件であるのに対し，第3コーホートに対応する2012年度から2015年度の平均は1万508件となっている．この数値の動きは，新規開業パネル調査の各コーホートの廃業割合の動きとよく整合している．

第5節　開業後の経営状況

　ここからは，新規開業企業の開業後の状況の変化をみていくことにする．なお，第2回以降のアンケートには，すべての企業が回答しているわけではなく，設問によっては無回答も発生するため，各回のアンケートの回答企業をすべて集計すると，同じ企業の状況を比較したことにならない．

　そこで，以下では，特に断りのない限り，5回のアンケートの設問に連続して回答し，かつ該当する設問にもすべて回答した企業のみを集計対象とした．したがって，継続調査対象先全体について記述した前段の調査開業企業のプロフィールとは，やや異なる数値となっている場合があることに注意されたい．

1　従業者数の推移

　1企業当たり従業者数の推移をみてみると，開業時には3.5人だったものが，開業1年目に当たる2011年の末時点には4.5人，2年目の2012年末には5.3人と順調に増加し，開業5年目の2015年末時点には7.0人となった（**図1-2**）．

　内訳をみると，「常勤役員・正社員」（経営者の家族を除く．以下同じ）は開業時の0.9人から，2011年末には1.1人，2012年末には，1.4人となり，2015年末には2.3人まで増えている．「パート・アルバイト・契約社員」も，開業時

---

14)　GDP の成長率の平均は，内閣府「国民経済計算」の各年の前年比増減率を算術平均したもの．

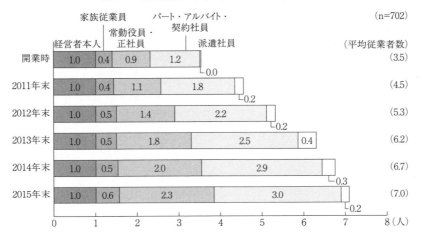

図 1-2 従業者数の推移（1 企業当たり，内訳）

(注) 1. 開業時と各年末時点の従業者数をすべて回答した企業について集計した．
2.「常勤役員・正社員」は家族を除く．

の 1.2 人から，2011 年末には 1.8 人，2012 年末には 2.2 人となり，2015 年末には 3.0 人に達している．平均でみると，「パート・アルバイト・契約社員」のほうが「常勤役員・正社員」よりも数を伸ばしていることがわかる．

また，「家族従業員」も開業時から 2015 年末にかけて，0.4 人から 0.6 人へと増加している．事業が軌道に乗るにつれて人手が足りなくなり，働いていなかった家族が事業を手伝うようになったり，ほかで働いていた家族が事業に参加するようになったりしていることがうかがえる．

そのほか，「派遣社員」も，調査年によって若干の変動がみられたものの，開業時から 2015 年末の間に 0.0 人から 0.2 人に増えている．なお，「経営者本人」は 1.0 人と定義しているため不変である．

従業者数の動きを，従業者規模のカテゴリーでみたのが図 1-3 である．開業時の分布をみると，「1 人」が 30.2％，「2 人」が 26.1％，「3～4 人」が 22.2％，「5～9 人」が 17.0％，「10～19 人」が 2.6％，「20 人以上」が 2.0％であった．経営者のみで稼働している「1 人」の企業の割合は，2011 年末には 26.2％，2012 年末には 21.2％に低下しているが，その後はほぼ横ばいで，2015 年末に

第5節　開業後の経営状況

図1-3　従業者数の推移（従業者規模の分布）

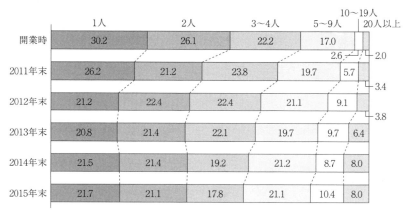

（注）　図1-2の（注）1に同じ．

は21.7%となった．また，経営者ともう1人の従業員で構成される「2人」の割合も，2011年末に21.2%に低下したあとは，ほぼ同じ数値となっている．この二つのカテゴリーを合わせると2015年末時点で全体の4割を超えており，規模があまり大きくならない，あるいはもともと規模拡大を望んでいない新規開業が多いことがみてとれる．

一方で，規模を拡大している新規開業も少なくはない．「10～19人」は開業時の2.6%が，2011年末には5.7%，2012年末には9.1%となり，2015年末には10.4%まで増えている．「20人以上」も開業時は2.0%と非常に少なかったものが，2015年末には8.0%に達している[15]．

集計対象企業702件の従業者数を集計すると，開業時では合計2,461人だったのが，2015年末には4,927人となっている．2015年末時点の従業者数の合

---

15) 第2コーホートを分析した鈴木（2012d）では，廃業まで従業者数をすべて回答している企業を分析対象に含めて計算しているため厳密に比較することはできないものの，「パート・アルバイト・契約社員」と「常勤役員・正社員」のそれぞれで従業者数を徐々に増やしていること，「1人」や「2人」の割合が2～3回目調査以降あまり変化しなくなること，規模の大きい層のウエートが年々高まっていくことなどといった点が指摘されており，今回の結果と整合的である．

計人数を従業者数カテゴリー別にみると，「20 人以上」が 2,157 人で全体の 43.8%，「10 ～ 19 人」が 932 人で全体の 18.9% と，これら規模の大きい企業が雇用の創出に，特に大きな役割を果たしていることがわかる．

なお，鈴木（2012d）では，第 2 コーホートの従業者数を，廃業による従業者の喪失を考慮し，廃業まで従業者数をすべて回答している企業を分析対象に含めて，廃業企業の従業者を廃業後は 0 人として計算し，開業時は合計 3.7 人，第 5 回アンケート時は 4.7 人としている．今回のデータについて同様の計算を行うと，開業時が 3.6 人，2015 年末が 6.0 人となった．

開業当初の従業者数規模はほぼ同じであるものの，その後の 5 年間で従業者を増やした企業が，第 3 コーホートのほうがより多かったことがみてとれる．

2　業績の推移

新規開業パネル調査では，各調査時点（毎年 12 月）の月商（1 カ月当たりの売上高）を尋ねている．その推移をみると，2011 年末には 256.0 万円だったものが，2012 年末 345.0 万円，2013 年末 422.8 万円と，毎年増加しており，2015 年末には 540.2 万円と，4 年間で 2 倍を超える額になっている（図 1-4）．

なお，第 2 コーホートでは，第 1 回が 307.3 万円，第 5 回が 457.2 万円となっている．今回の第 3 コーホートは，当初月商がやや低かったものの，調査最終年には第 2 コーホートを上回る結果となった[16]．

前年末時点と比べた月商の増減状況をみると，2012 年末では，「増加」が 68.2%，「不変」が 13.9%，「減少」が 17.9% であった（図 1-5）．増加企業の割合は 2013 年末には 56.4%，2014 年末には 50.4% と徐々に低下しているものの，2015 年末でも 47.0% と，半数近くの新規開業が増加傾向を維持している．これに対応する第 2 コーホートの増加企業割合は，67.8%，48.5%，41.2%，41.5% であった．第 2 回調査時点ではあまり変わらなかったものの，第 3 回調査以降は今回のほうが 1 割近く高い水準であり，売り上げの成長がより長く持続していることがわかる．

次に，業況をみてみると，2011 年末には「かなり良い」（4.2%）と「やや良い」（49.5%）が合わせて 53.7%，「やや悪い」（37.5%）と「かなり悪い」（8.8%）

16）　第 2 コーホートの月商と採算については，鈴木（2012c）参照．

第5節　開業後の経営状況

図1-4　月商（毎年12月）の推移

(n=647)

年末	月商（万円）
2011年末	256.0
2012年末	345.0
2013年末	422.8
2014年末	442.9
2015年末	540.2

（注）1. 各調査時点（各年末）の業績についての設問で，「現在の月商（1カ月当たりの売上高）はどれくらいですか」と尋ねている．
　　　2. 各年末時点の月商をすべて回答した企業について集計した．

図1-5　月商の増減状況

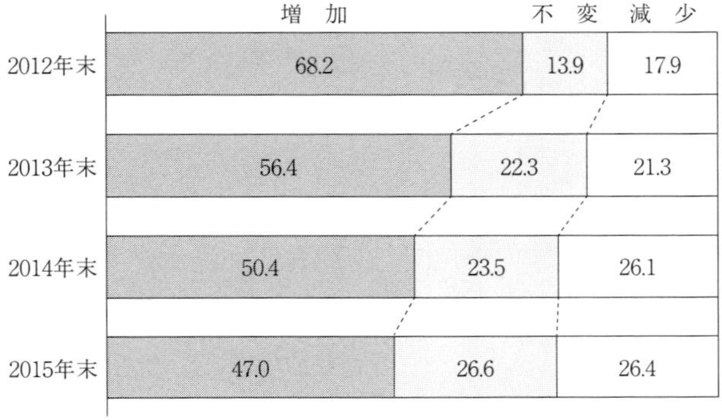

(単位：％)
(n=647)

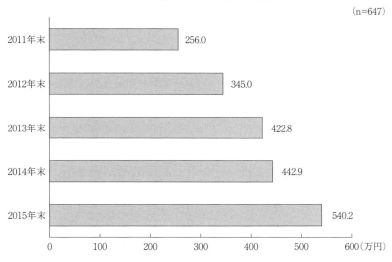

	増加	不変	減少
2012年末	68.2	13.9	17.9
2013年末	56.4	22.3	21.3
2014年末	50.4	23.5	26.1
2015年末	47.0	26.6	26.4

（注）1. 図1-4の(注)1，2に同じ．
　　　2. 各年末時点の増減状況は前年末時点との比較である．

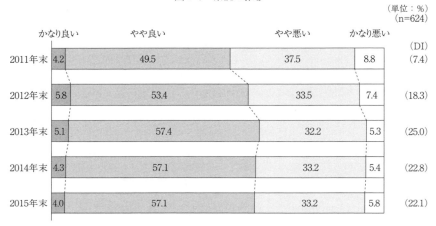

図1-6 業況の推移

(注) 1. 各年末時点の業況をすべて回答した企業について集計した．
2. （ ）内はDI＝「かなり良い」「やや良い」の回答割合−「やや悪い」「かなり悪い」の回答割合．

が合わせて46.3％で，「かなり良い」と「やや良い」の割合から，「やや悪い」と「かなり悪い」の割合を引いたDIは，7.4であった（図1-6）．

　これが，2012年末には「かなり良い」（5.8％），「やや良い」（53.4％）で計59.2％，2013年末には「かなり良い」（5.1％），「やや良い」（57.4％）で計62.5％まで増加し，その後はほぼ同水準となっている．また，DIも2013年末以降は20台で推移している．

　採算をみると，2011年末には「黒字基調」が55.4％，「赤字基調」が44.6％であった（図1-7）．「黒字基調」の割合は，2012年末には72.5％，2013年末には78.2％と徐々に高まったが，その後は2014年末，2015年末ともに78.5％と，横ばいになっている．この動きは業況と似通っており，多くの新規開業で事業が3年目には安定してきていることを物語る．

　なお，第2コーホートの黒字割合は，第1回調査から第5回調査にかけて，60.9％，73.2％，68.2％，62.5％，64.1％と推移している．これらと比較すると，今回の第3コーホートは，第1回調査ではやや黒字割合が低かったものの，第2回調査でほぼ同じ水準となり，第3回以降は第2コーホートに比べ高い割合を維持している．

第 5 節　開業後の経営状況

図 1-7　採算の推移

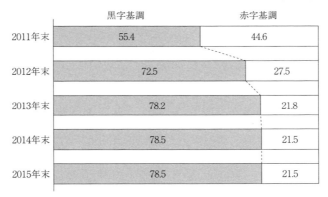

(注)　各年末時点の採算をすべて回答した企業について集計した．

　ここまでみたように，第 3 コーホートの調査対象のパフォーマンスは，全体として当初は第 2 コーホートと同じかやや下回るものの，その後は上回るという傾向にある．後段の第 8 節で示すとおり，第 1 回調査の 2011 年末時点では，震災の売り上げへの影響がかなり残っていた．一方で，第 4 節で確認したとおり，第 3 コーホートの調査期間は，全体として第 2 コーホートの時期と比べて経済状況は良かった．こうしたことが，パフォーマンスの差の要因となっていると推測される．このように新規開業企業の経営状況が相対的に良かったことが，第 3 コーホートの廃業率が以前の二つのコーホートに比べると低くなっていることの一因となっているとも考えられる．
　なお，第 3 章では月商，採算，従業者数を取り上げて，第 3 コーホート対象企業の業績の推移を詳しく分析しているので，ぜひ参照されたい．

3　収入と働き方の変化

　経営者の月間の収入は，どのように変化したのか．ここでは，開業直前の収入と開業後の事業収入の推移を比較した．開業直前の収入は，当然ながら開業した事業からの収入は含まない．

図1-8　事業からの月間収入の推移

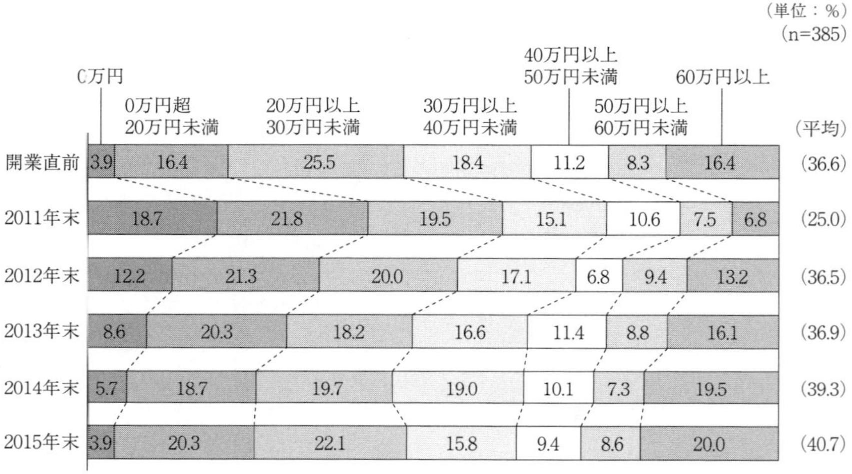

（単位：%）
（n=385）

	0万円	0万円超 20万円未満	20万円以上 30万円未満	30万円以上 40万円未満	40万円以上 50万円未満	50万円以上 60万円未満	60万円以上	（平均）
開業直前	3.9	16.4	25.5	18.4	11.2	8.3	16.4	(36.6)
2011年末	18.7	21.8	19.5	15.1	10.6	7.5	6.8	(25.0)
2012年末	12.2	21.3	20.0	17.1	6.8	9.4	13.2	(36.5)
2013年末	8.6	20.3	18.2	16.6	11.4	8.8	16.1	(36.9)
2014年末	5.7	18.7	19.7	19.0	10.1	7.3	19.5	(39.3)
2015年末	3.9	20.3	22.1	15.8	9.4	8.6	20.0	(40.7)

（注）　1．開業直前と各年末時点の収入をすべて回答し，この間に経営者の変更がない企業について集計した．
　　　　2．開業直前は事業以外からの収入．
　　　　3．2011 年末以降は開業した事業からの収入．
　　　　4．（　）内は平均（万円）．

　まず平均でみると，開業直前には 36.6 万円だったものが，開業後の 2011 年末には 25.0 万円に減少している（**図1-8**）．これが，2012 年末には 36.5 万円と，開業した事業からの収入が開業直前の収入とほぼ同じになった．その後も平均収入は少しずつ増え，2015 年末には 40.7 万円に達している[17]．

　これを金額カテゴリーでみると，2011 年末には開業した事業からの収入がまったく得られていない「0 万円」が 18.7% あったが，2015 年末には 3.9% にまで低下している．「0 万円超 20 万円未満」の割合も，開業直前の 16.4% が 2011 年末には 21.8% となったあとは，ほぼ横ばいとなる．一方，「60 万円以上」の割合は，2011 年末には 6.8% だったものが毎年シェアを高め，2015 年末には 20.0% と，開業前の 16.4% より高い割合となっている．

　このように，平均でみれば，開業によって収入がやや増える傾向にあるが，

---

17)　鈴木（2012g）では家族従業員の給与も含めて分析し，第１回調査から第３回調査にかけて増加したあとに横ばいとなっていることを示した．今回の結果もこれとほぼ一致している．

第5節 開業後の経営状況

図1-9 1日当たり就業時間の推移

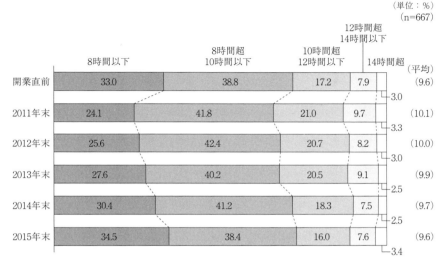

（注）1. 開業直前と各調査時点の1日当たり就業時間をすべて回答し，この間に経営者の変更がない企業について集計した．
　　 2. （ ）内は平均（時間）．

高収入の人の割合が高まる一方で，事業からの収入が比較的少ないままの新規開業もあることがわかる．ちなみに，前掲図1-8と同じサンプルで開業直前の収入と2015年末の事業からの収入を比べた場合，増加した人の割合は46.8％，不変が8.8％，減少が44.4％であった．

なお，ここで示した収入は経営者本人の開業した事業からの収入のみだが，同居する家族がほかに収入を得ているケースもある．また，経営者が別の事業を営んでいたり，他社に勤務していたり，年金を受給していたりと，経営者本人が今回の調査対象となる事業以外からの収入を得ている場合もある．そのため，事業からの収入が少なくても，すぐに廃業したり，生活が立ち行かなくなったりするわけではない．比較的収入が少ないなかには，当初考えていたほど収入があがらなかったという企業もあると推測されるものの，一方では事業からの収入を，もともとあまり期待していなかった開業も含まれているのではないかと考えられる．

次に，1日当たり就業時間をみると，開業直前は平均 9.6 時間だったが，開業後の 2011 年末には 10.1 時間へと増加する（図1-9）[18]．ただ，その後は徐々に減少し，2015 年末には 9.6 時間と開業直前と同水準になった．

時間カテゴリーでみると，比較的就業時間の少ない「8時間以下」の割合が，開業直前の 33.0% から 2011 年末には 24.1% へと低下するものの，その後は少しずつ増え，2015 年末には 34.5% と開業直前とほぼ同じレベルになっている．次の「8時間超 10 時間以下」も，開業直前が 38.8%，2011 年末が 41.8%，2015年末が 38.4% と，似たような動きをみせている．「12 時間超 14 時間以下」や「14 時間超」の割合の動きをみても，開業直後は開業前に比べて就業時間が増えるものの，その後は少しずつ減っていく傾向があることがわかる[19]．

4 開業の満足度

新規開業企業の経営者は，開業にどの程度満足をしているのか，ここでは収入，仕事のやりがい，ワークライフバランス，総合的な開業満足度について，順番にみていくことにする．

収入に対する満足度は，開業直前では「大いに満足」が 2.6%，「やや満足」が 16.4% で，合わせて 19.0% であるのに対し，「やや不満」が 28.9%，「大いに不満」が 19.5% で合計 48.4% と，収入に不満をもつ人の割合が高かった（図1-10）．「大いに満足」と「やや満足」の回答割合から「やや不満」と「大いに不満」の回答割合を差し引いた DI は −29.5 であった．

続いて開業後の 2011 年末をみると，「大いに満足」（5.2%）と「やや満足」（16.4%）が計 21.6%，「やや不満」（27.9%）と「大いに不満」（21.4%）が計49.3%，DI が −27.7 と，開業前後でそれほど変わらなかった．前掲図1-8 のとおり，収入が開業後にいったん低下しているにもかかわらず，意外にも満足度の水準は変わらない．ところが，2012 年末には，「大いに満足」（2.2%）と「やや満足」（15.5%）が計 17.7%，「やや不満」（27.4%）と「大いに不満」（27.9%）

---

18) 開業直前の就業時間が 0 時間との回答が 10 件（1.5%）あったが，これを差し引いても傾向は大きくは変わらない．

19) 鈴木（2012h）では第2コーホートのデータを週の就業時間で分析しているが，傾向はほぼ同じである．

第5節　開業後の経営状況　　23

図1-10　収入に対する満足度の推移

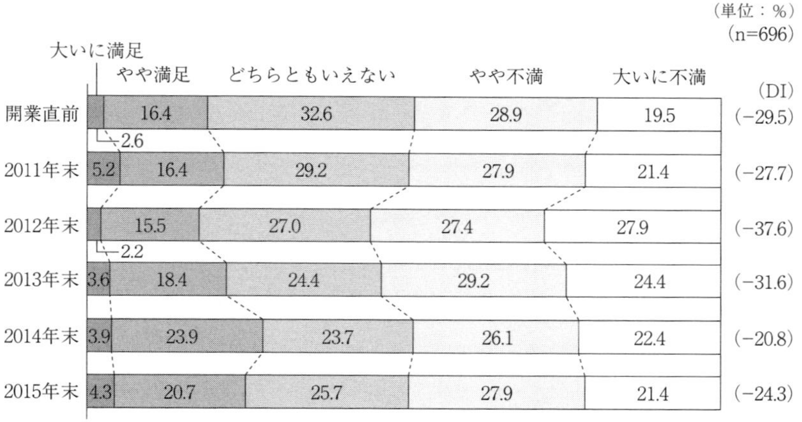

(単位：%)
(n=696)

	大いに満足	やや満足	どちらともいえない	やや不満	大いに不満	(DI)
開業直前		16.4	32.6	28.9	19.5	(−29.5)
2011年末	5.2	16.4 (−2.6)	29.2	27.9	21.4	(−27.7)
2012年末		15.5	27.0	27.4	27.9	(−37.6)
2013年末	3.6	18.4 (−2.2)	24.4	29.2	24.4	(−31.6)
2014年末	3.9	23.9	23.7	26.1	22.4	(−20.8)
2015年末	4.3	20.7	25.7	27.9	21.4	(−24.3)

(注)　1.　開業直前と各年末時点の収入に対する満足度をすべて回答し，この間に経営者の変更がない企業について集計した.
　　　2.　（　）内はDI＝「大いに満足」「やや満足」の回答割合−「やや不満」「大いに不満」の回答割合.

が計55.3%，DIが−37.6と，事業からの本人の収入がこの間増加傾向にあるにもかかわらず，満足度は低下している．2013年末以降は満足度がやや高まっていく傾向がみられるものの，2015年末の時点でもDIは−24.3となっており，収入に対する満足度は全体としてあまり高くないといえるだろう．

　こうした満足度の動きについては，期待する収入について尋ねていないため断定はできないものの，開業して，すぐの間はもともと大きな収入を期待していなかったため少ない収入でも満足していたが，2年目以降は増えると期待したほど収入が伸びなかったために，満足度が低下したのではないかと推測される．

　一方，仕事のやりがいに対する満足度は，開業によって大きく改善している．開業直前では「大いに満足」が15.3%，「やや満足」が27.9%で，合わせて43.2%，「やや不満」が20.5%，「大いに不満」が13.0%で計33.5%，DIは9.7であった（図1-11）．

　これが2011年末では，「大いに満足」（53.3%）と「やや満足」（37.0%）を合わせると90.3%の人が仕事のやりがいに満足している．「やや不満」は2.0%，

図1-11　仕事のやりがいに対する満足度の推移

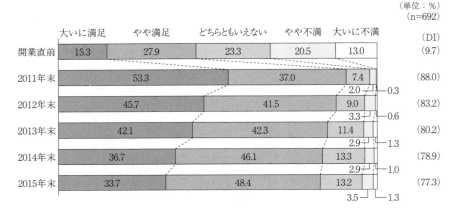

(注) 1. 開業直前と各年末時点の仕事のやりがいに対する満足度をすべて回答し，この間に経営者の変更がない企業について集計した．
2. 図1-10の(注)2に同じ．

「大いに不満」は0.3％と不満をもつ人は非常に少なく，DIは88.0となった．

　仕事のやりがいに対する満足度は，開業2年目以降少しずつ低下していく傾向にある．その要因は明確ではないが，事業が軌道に乗るにつれて，経営者としての仕事に慣れてくる一方，ややマンネリになっていると感じる人がでてくるのかもしれない．ただ，水準自体はかなり高く，2015年末でも「大いに満足」が33.7％，「やや満足」が48.4％で，合わせて82.1％の経営者が仕事のやりがいに満足している．これは，開業直前と比べてかなり高い割合といえる．

　ワークライフバランスに対する満足度は，開業直前では「大いに満足」が5.3％，「やや満足」が24.7％で，合わせて30.0％であるのに対し，「やや不満」が21.6％，「大いに不満」が10.1％で計31.7％，DIは－1.8であった（図1-12）．これが開業後の2011年末になると，「大いに満足」が14.2％，「やや満足」が33.9％で，計48.1％と，ほぼ半数が満足するようになった．「やや不満」（15.9％）と「大いに不満」（5.1％）の計21.0％を差し引いたDIは27.0まで改善する．就業時間が開業直後は増加する傾向があるにもかかわらず，ワークライフバランスに対する満足度が改善しているのは，仕事のやりがいが高まっていることも一つの要因となっていると考えられる．ただ，仕事のやりがいに対する満

第5節　開業後の経営状況

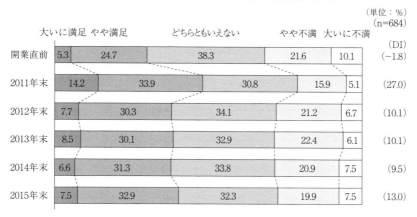

図1-12　ワークライフバランスに対する満足度の推移

(注) 1. 開業直前と各年末時点のワークライフバランスに対する満足度をすべて回答し，この間に経営者の変更がない企業について集計した．
2. 図1-10の(注)2に同じ．
3. アンケート票では，ワークライフバランス（仕事と生活の調和）と表記した．

足度と同様，2012年末以降は水準がやや低下しており，2015年末のDIは，開業直前より高いとはいえ，13.0にとどまっている．

最後に，総合的な開業の満足度をみると，2011年末には「大いに満足」が28.7%，「やや満足」が48.1%で計76.8%の経営者が満足と回答している（図1-13）．「やや不満」(5.9%)，「大いに不満」(1.9%) は少数派で，DIは69.1と高い水準となった．2012年末以降は水準が低下するものの，2015年末でも「大いに満足」が22.4%，「やや満足」が42.7%で計65.1%と，6割を超える人が開業したことに満足している．「やや不満」は9.9%，「大いに不満」は3.6%と低水準であるものの，不満を抱く人も少しずつ増えており，DIも水準は高いものの51.6まで低下している．

ここで，満足度について第2コーホートのデータをみてみると，収入に関する満足度は，第1回調査では「大いに満足」(1.4%)，「やや満足」(16.6%) に対して，「やや不満」が28.3%，「大いに不満」が22.6%，第5回では「大いに満足」(2.6%)，「やや満足」(20.7%) に対して，「やや不満」(28.8%)「大いに不満」(29.8%) と，今回同様あまり高くない（鈴木，2012h）．仕事のやりがい

図1-13　総合的な開業の満足度の推移

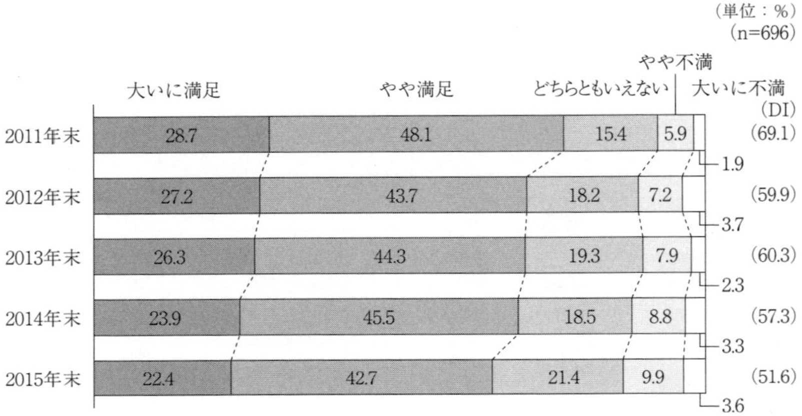

(単位：%)
(n=696)

	大いに満足	やや満足	どちらともいえない	やや不満	大いに不満	(DI)
2011年末	28.7	48.1	15.4	5.9	1.9	(69.1)
2012年末	27.2	43.7	18.2	7.2	3.7	(59.9)
2013年末	26.3	44.3	19.3	7.9	2.3	(60.3)
2014年末	23.9	45.5	18.5	8.8	3.3	(57.3)
2015年末	22.4	42.7	21.4	9.9	3.6	(51.6)

(注)　1.　各年末時点の総合的な開業の満足度をすべて回答し，この間に経営者の変更がない企業について集計した.
　　　2.　図1-10の(注)2に同じ.

に関する満足度は，第1回調査では「大いに満足」(36.7%)，「やや満足」(46.0%) に対して，「やや不満」(4.8%)，「大いに不満」(0.8%)，第5回では「大いに満足」(21.4%)，「やや満足」(50.1%) に対して，「やや不満」(9.9%)，「大いに不満」(1.5%) となっており，水準は高いが徐々に低下する点で一致している．総合的な開業の満足度は，第5回時点で「大いに満足」(27.5%)，「やや満足」(47.5%)，「やや不満」(6.4%)，「大いに不満」(2.4%) と，今回よりもやや高い水準であった．

第6節　資金調達

1　開業費用と資金調達

　開業にかかった費用についてみてみると，平均1,147万円であった (**表1-5**).これは，第2コーホートの1,232万円と比べると，やや少ない (鈴木，2012e).費用の内訳をみると，平均では「店舗・事務所・工場の内外装工事費用」(275万円)，「機械設備・車両・じゅう器・備品の購入費用」(274万円)，「運

第6節　資金調達　　　　　　　　　　　27

表1-5　開業費用の内訳

資金使途		全　体　(n=2,891)		該当する支出があった企業	
		平　均 (万円)	合計に占め る割合(%)	平　均 (万円)	該当企業 割合(%)
設備資金	土地購入代金	56	4.9	1,841	3.0
	建物購入代金（新築・増改築を含む）	164	14.3	1,865	8.8
	土地建物借入費用（敷金・入居保証金など）	81	7.1	129	63.0
	店舗・事務所・工場の内外装工事費用	275	24.0	409	67.2
	機械設備・車両・じゅう器・備品の購入費用	274	23.8	327	83.6
	フランチャイズチェーン加盟金	30	2.6	257	11.8
運転資金（仕入代金・人件費など）		267	23.3	306	87.2
合　計		1,147	100.0		

（注）　該当する支出があった企業の件数は，それぞれ異なる．件数の記載は省略．

転資金」（267万円）への支出が多い．この3項目で，全体の約7割を占めている．また，支出している企業の割合も，それぞれ67.2%，83.6%，87.2%と，比較的高い．一方，「土地購入代金」は56万円，「建物購入代金」は164万円と，不動産の購入にかかる費用の額は全体平均では少ない．ただ，これら支出を行った企業の割合が，それぞれ3.0%，8.8%と低いことから，該当する企業に限れば，「土地購入代金」が1,841万円，「建物購入代金」が1,865万円と，他の支出よりもかなり高額となっている．なお，不動産を購入した企業の開業費用は平均で3,434万円（n=270）と，購入しなかった企業の912万円（n=2,621）を大きく上回っている．

　次に，開業時の資金調達についてみると，サンプルが日本公庫の取引先企業ということもあり，最も多いのは「日本公庫」の平均593万円で，全体の45.7%を占めている（表1-6）．利用割合が89.8%で100.0%でないのは，開業後に初めて日本公庫からの融資を受けているケースが含まれるからである．その他の金融機関等については，「民間金融機関」が209万円で，利用割合も16.1%と「日本公庫」より低い．ただ，利用した企業に限れば，平均調達額は1,805万円で，「日本公庫」（661万円）の約3倍であった．「地方自治体」による制度融資の利用割合は2.8%と低いものの，利用した企業の平均金額は684万円と，日本公庫と並ぶ．

　金融機関等以外では，「自己資金」が平均333万円で，全体の25.7%を占め

表 1-6 資金調達の内訳

資金の調達先		全　体 (n=2,951)		該当する調達があった企業	
		平　均 （万円）	合計に占め る割合(%)	平　均 （万円）	該当企業 割合(%)
金融機関 等	日本公庫	593	45.7	661	89.8
	民間金融機関	209	16.1	1,805	11.6
	地方自治体（制度融資）	19	1.5	684	2.8
金融機関 以外	自己資金（預貯金・退職金など）	333	25.7	368	90.4
	配偶者・親・兄弟姉妹・親せきからの 借入金・出資金	121	9.3	392	30.9
	友人・知人からの借入金・出資金	21	1.6	302	6.9
合　計		1,297	100.0		

(注)　1.　開業費用とは別々に尋ねているため，回答数（n）と合計金額は表1-5に一致しない．
　　　2.　各金融機関は，開業時点の借入残高のデータ．開業後に借り入れた場合は含まない．また，開業前に
　　　　　借り入れ，返済が進んだものについても除かれている．
　　　3.　該当する調達があった企業の件数は，それぞれ異なる．件数の記載は省略．

る．「配偶者・親・兄弟姉妹・親せきからの借入金・出資金」は平均121万円
で金額シェアは9.3%だが，30.9%の企業が調達先としている．調達があった
企業にとっては，平均調達額が392万円と，「自己資金」に並ぶ有力な資金源
となっている．「友人・知人からの借入金・出資金」も利用率は6.9%と低いも
のの，該当する企業は平均302万円の調達を行っている．

2　金融機関等からの借入残高

　金融機関等からの借入残高は，開業時に平均830万円だったものが徐々に増
加し，2015年末には1,176万円となっている（図1-14）．内訳をみると，「日本
公庫」からの借入残高の平均は，開業時の635万円が，2011年末には668万
円に増加する．借入残高がある企業の割合は開業時の88.4%が2011年末時点
には99.8%に上昇する（図1-15）．調査対象はすべて日本公庫から新規開業の
ための資金を借り入れている企業であるが，開業前だけではなく，開業後に融
資を受けているケースもあるからである．その後，返済が進むことから，日本
公庫からの借入残高は2012年末には621万円，2013年末には590万円と毎年
低下し，2015年末には470万円となっている．残高のある割合も85.1%まで
下がっている．

第 6 節　資金調達

図 1-14　金融機関等からの借入残高の推移（1 企業当たり）

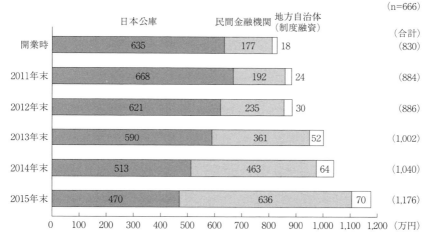

（注）　開業時と各調査時点の借入残高をすべて回答した企業を集計対象とした．表 1-6 とはサンプルが異なるため，数値も異なる．

図 1-15　金融機関等に借入残高のある企業の割合

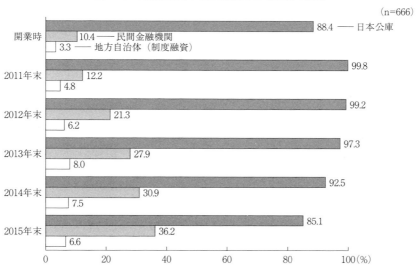

（注）　図 1-14 に同じ．

一方，「民間金融機関」からの借入残高は，開業時には平均177万円だったのが，2011年末には192万円，2012年末には235万円と少しずつ増加し，2015年末には636万円と，日本公庫の残高より多くなっている．「民間金融機関」からの借り入れがある企業の割合も，開業時の10.4%から徐々に高まり，2015年末には36.2%となった．こうした傾向は，第2コーホートでみられたものと同じである[20]．

そのほか，「地方自治体」からの借入残高の平均も，開業時の18万円から2015年末には70万円へと増加している．「地方自治体」からの借り入れがある企業の割合は，開業時に3.3%だったが，2013年末には8.0%になる．その後は返済が進むためか水準はやや低下し，2015年末には6.6%となっている．

業種別に借入残高をみると，開業時に1,000万円を超えているのは「医療・福祉」だけだったが，2015年末には「医療・福祉」（2,075万円）のほか，「情報通信業」（4,732万円），「卸売業」（2,028万円）など，7業種に増加している（**表1-7**）[21]．

また，日本公庫からの借入残高が多くの業種で減少している一方，民間金融機関からの借入残高は，「その他」を除くすべての業種で増加している．日本公庫からの借入残高が増加した「建設業」「情報通信業」「卸売業」「事業所向けサービス業」の4業種でも，民間金融機関からの借入残高増加額が日本公庫からの借入残高増加額を大きく上回っている．

第7節　経営課題の変化

本節では経営課題の変化についてみていく．まず経営上苦労している点についての回答をみると，2011年末は「顧客開拓・マーケティングがうまくいかない」が42.9%と最も高く，「経費（人件費・家賃・支払利息など）がかさんでいる」（24.4%），「受注単価・販売単価が安い」（20.7%）がそれに続いていた

---

20)　第2コーホートでの平均借入残高は，開業時には日本公庫が560万円，民間金融機関が244万円，その他が24万円で合計828万円，第5回調査時点で日本公庫が499万円，民間金融機関が553万円，その他が221万円で合計1,273万円であった（鈴木，2012e）．民間金融機関から借り入れのある企業の割合は，開業時11.4%，第5回調査時点35.3%となっている．
21)　一部サンプルサイズの小さい業種もあるが，そのまま**表1-7**に掲載した．

第7節　経営課題の変化　　31

表 1-7　業種別金融機関等からの借入残高（1 企業当たり）

（単位：万円）

	第1回調査（開業時）				第5回調査（2015 年末）				n
	日本公庫	民間金融機関	地方自治体（制度融資）	合　計	日本公庫	民間金融機関	地方自治体（制度融資）	合　計	
建設業	265	92	29	386	391 (126)	1,392 (1,300)	129 (100)	1,911 (1,526)	35
製造業	382	37	0	419	355 (−27)	437 (400)	87 (87)	880 (460)	23
情報通信業	260	0	0	260	1,150 (890)	3,179 (3,179)	403 (403)	4,732 (4,472)	5
運輸業	226	0	50	276	115 (−112)	210 (210)	14 (−36)	339 (62)	14
卸売業	355	44	0	399	659 (304)	1,056 (1,011)	313 (313)	2,028 (1,628)	34
小売業	621	15	15	651	525 (−96)	512 (497)	33 (18)	1,070 (418)	62
飲食店・宿泊業	688	89	20	797	386 (−302)	236 (147)	30 (10)	652 (−145)	105
医療・福祉	1,019	663	34	1,715	714 (−304)	1,283 (620)	78 (44)	2,075 (360)	138
教育・学習支援業	378	4	10	392	288 (−90)	13 (10)	38 (28)	340 (−52)	20
個人向けサービス業	602	54	8	664	332 (−269)	152 (98)	28 (19)	512 (−152)	154
事業所向けサービス業	416	43	11	469	446 (30)	542 (500)	91 (80)	1,079 (609)	47
不動産業	523	0	35	558	484 (−39)	1,196 (1,196)	102 (67)	1,782 (1,224)	23
その他	871	0	0	871	92 (−779)	0 (0)	0 (0)	92 (−779)	6

（注）　1.　図 1-14 に同じ.
　　　　2.　（　）内は増減.

（図 1-16）．「顧客開拓・マーケティングがうまくいかない」の割合は 2013 年末にかけて低下し，その後横ばいとなっているものの，2015 年末時点でも 31.1% と選択肢のなかで最も高い.

　一方でこの間にウエートを高めているのが人材に関する課題である．2011 年末から 2015 年末にかけて，「従業員の人数が不足している」が 18.3% から

図 1-16　経営上苦労している点（複数回答）

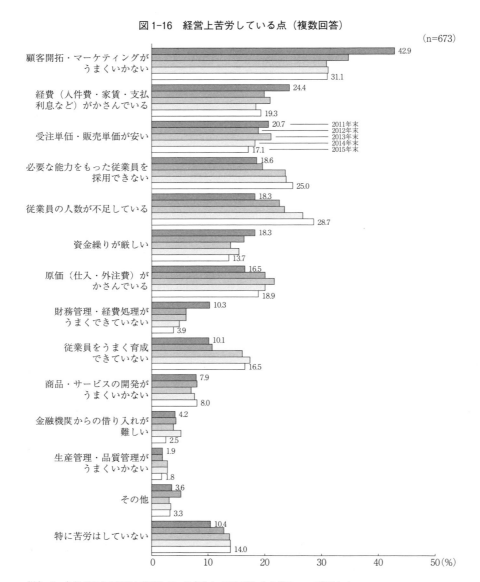

（注）1. 各年末時点の経営上苦労している点をすべて回答した企業について集計した．
　　　2. 「従業員の人数が不足している」は，2011 年末のみ選択肢を「従業員が量的に不足している」としている．
　　　3. 2011 年末と 2015 年末の数値を表示した．

28.7%,「必要な能力をもった従業員を採用できない」が 18.6% から 25.0% へと回答割合を高めており，2015 年末時点で第 2 位と第 3 位になっている．

このほか，「従業員をうまく育成できていない」も，10.1% から 16.5% に増えている．回答企業の割合は全体からみればそれほど高くはないものの，新規開業企業が成長するなかで，人材の量と質の両面で苦労するケースが多くなっていく様子がうかがえる．

ここで第 2 コーホートの類似の設問に対する回答をみてみると，「顧客の開拓やマーケティングがうまくいっていない」が第 5 回調査では 39.5% で，全期間を通じても最も回答割合が高いという点は同じである（鈴木，2012c）．ただ，人材関連については，第 5 回調査で「従業員を思うように育成できない」（16.7%）が第 6 位，「必要な知識や技術，ノウハウをもつ従業員を採用できない」（16.2%）が第 7 位，「従業員が量的に不足している」（16.2%）が第 8 位と，第 3 コーホートと比べると相対的に低くなっている．第 3 コーホートでは，第 2 コーホートに比べ従業者を増やした企業が多かったこと，労働市場が逼迫していたことが，この要因として考えられる．

こうした経営課題を解決するための情報を得る方法の一つとして考えられる，事業に関係するセミナーや講演会の受講状況をみると，開業前の 1 年間に受講した割合は 31.9% であった．開業後 2011 年中に受講した割合は，開業からの期間が短い人もいることからか 31.9% にとどまったが，2012 年には 45.2% となり，その後ほぼ同じ水準で推移している（図1-17）．

また，経営者が集まる交流会や会合への参加割合は，開業前の 1 年間では 15.7% だったものが，2011 年には 23.7%，2012 年には 28.3% と少しずつ高まり，2015 年には 31.4% となっている（図1-18）[22]．ただ，参加しなかった人も 68.6% と，全体でみれば参加率が高いとはいえないだろう．

ちなみに，2015 年末時点で黒字企業の割合をみると，2015 年中にセミナーや講演会を受講した企業では 82.3% であるのに対し，受けていない企業では 74.9%，経営者が集まる交流会や会合に参加している企業では 83.5% に対し，参加していない企業では 76.1% となっており，受講や参加と業績との間には関係性があるようだ．

22）　会合は，組合，商工会議所・商工会などによるものを含む．

図 1-17 事業に関係するセミナーや講演会の受講

(単位：％)
(n=661)

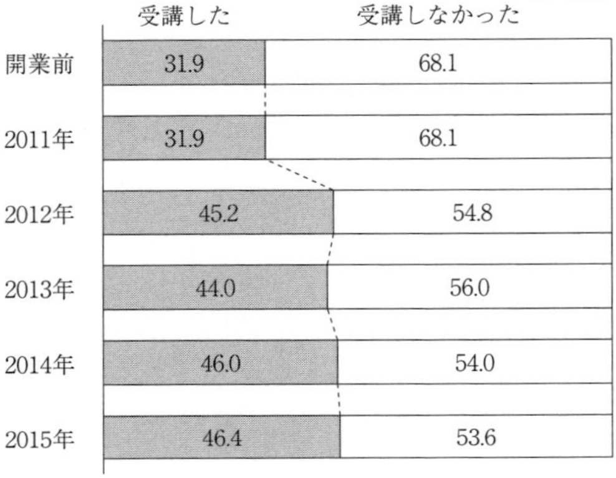

	受講した	受講しなかった
開業前	31.9	68.1
2011年	31.9	68.1
2012年	45.2	54.8
2013年	44.0	56.0
2014年	46.0	54.0
2015年	46.4	53.6

（注）1. 開業前と各年中の受講の有無をすべて回答した企業について集計した．
2. 開業前は開業前の1年間，2011年は開業後2011年末まで，第2回調査以降はそれぞれ1年間の受講の有無について尋ねた．開業前は創業に関係するものを含む．
3. 開業前と2011年は「開業予定者または経営者」の，2012年以降は「経営者」の受講について尋ねた．

図 1-18 経営者が集まる交流会や会合への参加

(単位：％)
(n=700)

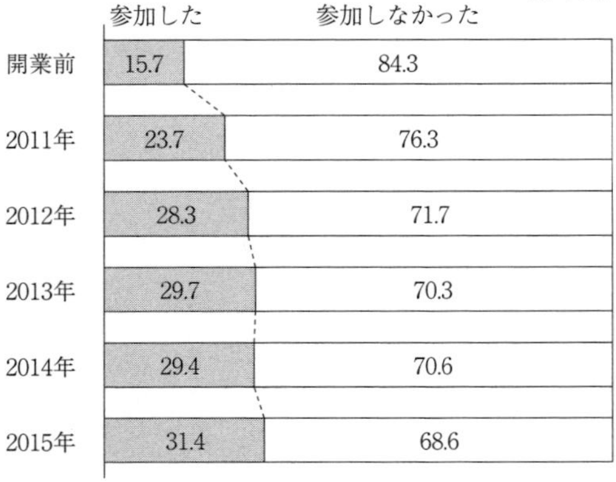

	参加した	参加しなかった
開業前	15.7	84.3
2011年	23.7	76.3
2012年	28.3	71.7
2013年	29.7	70.3
2014年	29.4	70.6
2015年	31.4	68.6

（注）1. 開業前と各年中の参加の有無をすべて回答した企業について集計した．
2. 開業前は開業前の1年間，2011年は開業後2011年末まで，第2回調査以降はそれぞれ1年間の参加の有無について尋ねた．
3. 開業前と2011年は「開業予定者または経営者」の，2012年以降は「経営者」の参加について尋ねた．
4. 会合は，組合，商工会議所・商工会などによるものを含む．

一方，外部からの直接的な支援も，課題解決には有効であろう．個別に直接支援を受けた企業が，どのような内容の支援を受けたかをみると，開業前では，「資金調達」（81.5%），「総合的な開業計画の策定（第2回以降の選択肢は「総合的なマネジメント」）（72.2%），「法律や会計の知識の習得」（68.5%），「商品・サービスの提供に必要な知識や技術，資格の習得」（51.6%），「商品・サービスの企画や開発」（49.2%）などの順に多くなっている（図1-19）．

2012年以降になると，「資金調達」は大きく割合を下げているが，これは，開業時の資金調達額が最も大きく，その後は必ずしも毎年同じようなペースで調達をしない企業が多く，そもそも支援の需要が少なくなっていることが要因の一つと考えられる[23)24)]．同様に，開業前に特に必要になると考えられる，「総合的なマネジメント」「市場，事業所立地の調査・検討」「仕入れ先・外注先の確保」についても，2012年以降は割合を下げている．

開業5年目の2015年に多い支援は，「法律や会計の知識の習得」（53.6%），「商品・サービスの提供に必要な知識や技術，資格の習得」（44.8%），「商品・サービスの企画や開発」（41.1%）などの順となっている．それぞれ開業前と比べるとやや割合は低下しているものの，これらは引き続き支援を受ける必要性が高い支援項目であると考えられる．

ここで，支援内容を前掲図1-16の経営上苦労している点と重ねてみよう．苦労している点として最も多かった「顧客開拓・マーケティングがうまくいかない」に対しては，外部支援を受けた企業の毎年約4割が「販売先・顧客の確保」について支援を受けたと回答している．これに対し，年々割合を高めている「従業員の人数が不足している」「必要な能力をもった従業員を採用できない」といった人材に関する課題については，「従業員の確保」に対する支援は2015年で23.0%にとどまっており，支援割合も高まってはいない．人材に関する支援は，他の内容に比べると有効な支援が難しい面があるのかもしれないが，今後支援の強化が求められる分野の一つであると考えられる．

---

23) 第5章図5-5参照.
24) 2011年については，本設問は尋ねていない.

図1-19 事業に対する個別の支援

(n=248)

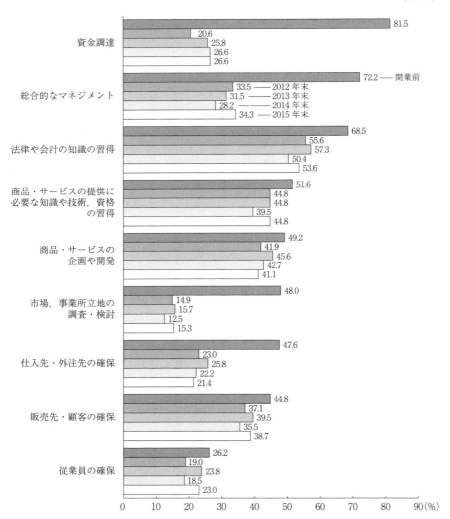

(注) 1. 開業前と各年中に外部から受けた個別の支援の内容についてすべて回答した企業について集計した．
2. 開業前は期間を限定せず，2012年以降はそれぞれ1年間の支援について尋ねた．なお，2011年については本設問は尋ねていない．
3. 「総合的なマネジメント」は，開業前のみ選択肢を「総合的な開業計画の策定」としている．

第8節　東日本大震災の影響

　今回のパネル調査の対象企業は 2011 年に開業した企業であり，2011 年 3 月 11 日に発生した東日本大震災の影響を強く受けたものと考えられる．そこで本節では，データから震災が新規開業に与えた影響を概観する[25]．

　まず，震災の売り上げへの影響をみると，「減少した」とする企業は 2011 年末に全体の 25.8% 存在した（図 1-20）．該当する 118 件のうち後述の「被災地域」の企業は 12 件で，残りの 106 件は「被災地域以外」であり，広い範囲で震災の影響があったことがわかる．ただ，売り上げが震災の影響で「減少した」割合は，2012 年末には 6.6% と大きく低下し，2015 年末には 3.3% まで減っている．逆に震災の影響で「増加した」企業も 2011 年末には 3.7% あったものの，その後減少し 2015 年末には 1.8% となった．2015 年末では「変わらなかった（影響はなかった）」が 95.0% となっている．

　このように全国でみると，震災から 5 年近く経過した第 5 回調査の時点までに，影響はほぼなくなってきているといえるだろう．

　これを，震災による被害が大きかった地域に限ってみると，やや様相が変わってくる．ここでは，震源地に近く，地震と津波の被害が大きかった，青森県，岩手県，宮城県，福島県，茨城県の 5 県を「被災地域」と定義して集計した．この地域では，売り上げが震災の影響で「減少した」とする新規開業企業は，2011 年末には 46.2% と半数近くに達しており，マイナスの影響が非常に大きかったことがうかがえる（図 1-21）[26]．2012 年末でも 19.2% が震災の影響で「減少した」と回答していたが，その後割合が低下して 2015 年末には 11.5% となった．

　一方，震災によって需要が発生したケースも「被災地域」では多かったようだ．売り上げが震災の影響で「増加した」企業は，2011 年末には 26.9% に上っている．ただ，その後は割合が低下し，2015 年末には 7.7% となった．「変わらなかった（影響はなかった）」は，2011 年末には 26.9% だったものの，2015

---

25)　震災の新規開業企業への影響については，第 6 章で改めて詳述する．

26)　ただし，サンプルサイズが小さいため，数字がぶれやすいことに注意する必要がある．

図1-20　東日本大震災の売り上げへの影響（全体）

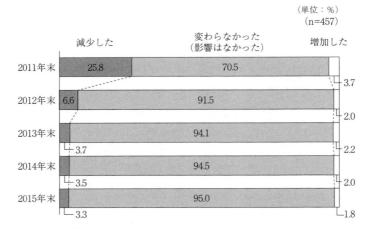

（注）各年末時点の東日本大震災の売り上げへの影響をすべて回答した企業について集計した.

図1-21　東日本大震災の売り上げへの影響（被災地域）

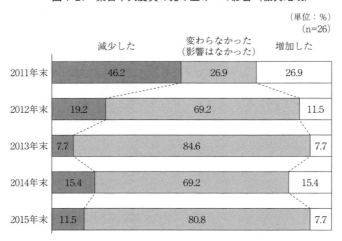

（注）1. ここでは，地震と津波の被害が大きかった，青森県，岩手県，宮城県，福島県，茨城県の5県を「被災地域」とした.
2. 図1-20の集計対象のうち，「被災地域」の企業について集計した.

第 8 節　東日本大震災の影響

図 1-22　東日本大震災の開業時期への影響

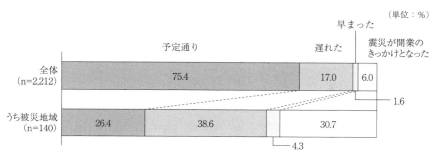

（注）1. 第 1 回調査の回答．
　　　2. 東日本大震災（2011 年 3 月 11 日）の翌日（同 3 月 12 日）以後に開業した 2,309 件のうち当該質問に回答した企業を集計対象とした．
　　　3. 「被災地域」は図 1-21 の（注）1 に同じ．

年末には 80.8％ を占めるまでになっている．

　このように，当然のことではあるが，震災の影響は，プラスの意味でもマイナスの意味でも「被災地域」で相対的に大きかった．ただ，震災から約 5 年経過した 2015 年末には，影響は少なくなってきているといえそうだ．

　震災は，開業の時期や開業するかどうかの判断にも影響を与えている．震災よりあとに開業した企業について震災が開業時期に与えた影響を尋ねたところ，全体でみると「予定通り」だったのは 75.4％ で，17.0％ が開業時期が「遅れた」と回答している（図 1-22）．震災直後は生産活動が停止したり物流が混乱したりすることで開業に必要となる備品の調達が遅れたり，災害復旧のため改装工事があと回しになったり，飲食店などでは自粛ムードのため開店を延期したりといったケースがあったようだ．一方，1.6％ と割合は低いものの，開業が震災によって「早まった」企業もみられた．このほか，「震災が開業のきっかけとなった企業」も 6.0％ 存在している[27]．「被災地域」に限ると，「予定通り」は 26.4％ にとどまり，震災によって開業時期が「遅れた」企業の割合が 38.6％ と高くなっている．一方，開業が震災によって「早まった」企業は 4.3％，「震災が開業のきっかけとなった企業」は 30.7％ と，開業の時期や開業するかどう

---
[27] 「震災が開業のきっかけとなった」企業については，第 7 章で詳述する．

図1-23 東日本大震災との関係別にみた廃業率

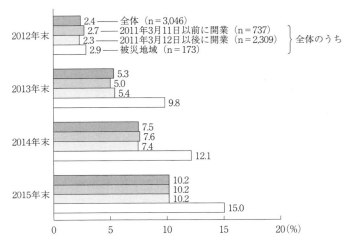

(注)「被災地域」は図1-21の(注)1に同じ.

かの判断に対する震災の影響が,「被災地域」で特に大きかったことがみてとれる.

ここで,震災が企業の存続にどのような影響を与えたのかをみてみよう.まず,「被災地域」の廃業率をみると,2012年末時点で2.9%と,すでに全体の2.4%よりやや高い(図1-23).これが2013年末には一気に9.8%まで高まり,2015年末には15.0%と,全体の10.2%よりかなり高い割合となった[28].このことから,「被災地域」の経済状況は,新規開業企業にとっても厳しかったと推測される.

ただ,それぞれの年に廃業した企業の割合を計算すると,2013年には全体の2.9%に対し「被災地域」は6.9%とかなり高かったが,2014年には全体が2.2%,「被災地域」が2.3%,2015年には全体が2.7%,「被災地域」が2.9%と,差があまりなくなってきている.

さらに,震災を受けて慎重な開業が増えることで廃業率が変化する可能性が

---

[28] 第6章の計量分析では,業種構成や規模の違いなどによる影響を除いても,被災地域での廃業率が被災地域以外よりも有意に高かったことを示している.

あると考え，震災前に開業した企業と震災後に開業した企業の廃業率を比較した．すると，2015 年末には両者の廃業率は 10.2% と同じであり，その他の調査年においても大きな差はみられなかった．

第 9 節　まとめ

　本章では，2011 年に開業した企業を 5 年間継続して観察した新規開業パネル調査（第 3 コーホート）の結果について概観した．

　そのうえで，廃業する企業はあるものの，事業を継続している新規開業企業の従業員数や売上高は平均すると徐々に増えており，新規開業企業がおおむね順調に成長していることが確認された．また，これらを含め，開業企業や経営者の基本的な属性は前回の第 2 コーホートと大きくは変わっていないこと，就業時間が開業後に減少傾向にあること，事業からの収入が最初の数年で大きく増えることなど，企業の業績などに関する経年変化の傾向について多くの共通点がみられた．

　さらに，収入に対する満足度は低いものの，仕事のやりがいや開業に対する総合的な満足度は比較的高いなど，満足度に関するデータや，金融機関等からの借り入れは年々増加しているが，当初は多かった日本公庫からの借り入れが減少し，民間金融機関からの借り入れにシフトしていることなど，金融取引に関するデータも多くの点で類似している．サンプルの抽出方法が共通しているということもあるが，コーホートが変わった 5 年間で新規開業企業の成長の傾向は，それほど変わっていないようにみえる．このように，多くの指標が第 2 コーホートとよく似た傾向であることは，第 2 コーホートで得られた知見に一定の頑健性があることを示している．

　一方，変化の幅をみると，経済の状況の変化もあって，従業者数と売上高の伸びは相対的に大きく，最終的な黒字企業の割合も高くなった．これら業績との因果関係は明確ではないものの，5 年経過後の廃業割合も 5 ポイントほども低下していることがわかった．また，経営で苦労している点について，第 3 コーホートは第 2 コーホートに比べて人材面で苦労している企業が相対的に多いことが明らかになった．

さらに，サンプル抽出の対象期間中に発生した震災の影響についての設問も
アンケートに盛り込んだことで，震災をきっかけにした開業の存在や，震災に
よる影響が数年で落ち着いてきていることが示された．「被災地域」で震災の
影響が特に大きく，廃業率も高かったこともわかった．

ここまでみてきたように，第3コーホートの新規開業企業は全体を通じて順
調に成長しており，雇用の創出や商品・サービスの提供などを通じて，日本の
経済に一定の貢献を果たしていることがみてとれる．経営者にとっても，開業
はおおむね良い選択であったといえそうだ．民間金融機関にとっても，徐々に
新たな顧客としての重要性が高まっているといえるだろう．こうした新規開業
を育成していくことが重要であることが，今回の一連の調査を通じて再確認さ
れた．

一方，経済状況の変化や震災の発生といった，企業がおかれた環境の違いに
よって，新規開業企業の業績や廃業率の動き，あるいは経営上苦労する点など
に，いくつかの相違点があることもわかった．このことは，新規開業に対する
支援の方法を，経済の状況や地域の事情に合わせて変えていくことの必要性を
示唆しているのではないだろうか．

以下，本書の各章では，個別のテーマごとに，さらに詳しい分析を進めてい
くことにする．

参考文献*

竹内英二（2001）「新規開業企業のパフォーマンスからみた創業支援の課題」国
民生活金融公庫総合研究所『2001年版新規開業白書』中小企業リサーチセン
ター，pp. 61-107

* 新規開業パネル調査の第1コーホートと第2コーホートに関する参考文献については，本章
では頻出するため個別の記載は省略する．詳細は**表1-1**を参照されたい．

第2章　廃業の要因

第1節　はじめに

　本章では，新規開業企業の廃業の要因について，企業や経営者の属性，経営状況などによる違いをみていくことにする．廃業企業の特徴を分析することは，裏返せば存続企業がどのような特徴をもっているのかを示すことでもある[1]．

　新規開業企業の廃業の要因については，新規開業パネル調査の第1コーホートおよび第2コーホートですでに詳しい分析が行われている[2]．第1コーホートを分析した鈴木（2007a）では，クロス集計によって，小売業や飲食店で相対的に廃業率が高いこと，存続企業のほうが黒字基調の割合や予想月商達成率からみた業績が良いこと，廃業企業は存続企業に比べて，資金繰りが厳しい，顧客開拓やマーケティングがうまくいかない，人件費・経費・支払利息などの経費がかさんでいる，などの経営上の課題を挙げているケースが相対的に多いといった事実を示した．そのうえで，新規開業企業がアンケートの翌年に廃業する確率をサバイバル分析によって推定している[3]．その結果，廃業率は，経営者の年齢が高いほど高く，斯業経験（現在の事業に関連する仕事の経験）の年数が長いほど低いこと，クロス集計でみれば女性の廃業率は男性よりも高く

---

1)　今回のパネル調査では，ごくわずかであるが廃業しているか存続しているかが不明の企業があるため，厳密には一致しない．

2)　企業の廃業要因に関するそのほかの先行研究は鈴木（2007a），鈴木（2012b）でより詳しく整理されている．

3)　サバイバル分析（生存分析）とは，あるイベントの持続可能性の決定要因を分析するもので，ここでは，企業の存続の確率，裏返せば廃業の確率を明らかにするものである．詳しくは，山本（2015）を参照されたい．

みえるが，他の要因を考慮した推定では差がなくなることを明らかにした．さ
らに，開業時の従業者規模や自己資金額が大きくなるほど低くなること，市場
の要因として開業率が高い業種で高く，従業者数や利益率が伸びている業種で
低くなることを示した．また，岡室（2007）は，2001 年に開業して 2005 年末
まで存続した企業の存続確率を地域の観点から分析し，都市圏の規模，地域の
成長率や開業率といった地域特性は存続率に影響を与えないことを示した．ま
た，コントロール変数として，従業者規模が大きい，開業資金が多い，自己資
金比率が高い，日本政策金融公庫（以下，日本公庫という）からの借入比率が
高いなどの場合に，存続率が高くなることを示した[4]．さらに，事業の新規性
が高いと存続率は低くなる一方，同業他社との差別化の度合いが強くなると存
続率が高くなることも明らかにした[5]．原田（2007）も，業種，開業費用，性
別，斯業経験などについて鈴木（2007a），岡室（2007）と同様の結果を示して
いる．また，ある時点の売上傾向（増加傾向，横ばい，減少傾向），採算状況
（黒字基調，赤字基調），業況（良い，やや良い，やや悪い，悪い），資金繰り
（厳しい，厳しくない）といった経営状況が悪い場合には，次の年の廃業率が
高くなることをクロス集計で示した．このほか，村上（2007a）は，開業時の
金融機関からの借入額が少ない場合に，廃業率が高いことを示した．

　続いて，第 2 コーホートを分析した鈴木（2012b）では，飲食店・宿泊業，
情報通信業，小売業で廃業率が高いことを改めて示したうえで，廃業企業は
2 期連続赤字基調のケースが多いことを示した．また，計量的手法による分析
の結果，従業者数の多い場合や経営者の斯業経験が長い場合に廃業率が低くな
ることを再確認したほか，廃業率は経営者が 20 歳代と 60 歳以上の場合，文系
大卒の場合，ポートフォリオ起業家（従来経営していた事業に加えて新たに事
業を始める起業家）や連続起業家（従来経営していた事業をやめて新たに事業
を始める起業家）の場合に高く，仕事のやりがいを重視している場合，事業拡
大意欲がある場合，統計でみた業種別廃業率が低い場合に低いこと，相対的に
3 年目の廃業率が高いことを明らかにした．このほか，他の推定では，開業時

---

4)　日本政策金融公庫は 2008 年 10 月の設立であり，それ以前のデータは，前身の国民生活金融公庫
　のものであるが，本章では便宜的に，すべて日本政策金融公庫（日本公庫）と表記する．
5)　ただし，差別化は新規性に比べて効果が弱く頑健ではないとしている．

第2節　企業の属性　　45

に勤務先の顧客を確保していた場合，住宅ローンのない不動産を所有している
場合に，5年目の生存率が高まるという結果も得ている．

　本章では，このような第1コーホートと第2コーホートの分析結果を踏まえ
たうえで，新規開業企業の廃業に与える要因の全体像をクロス集計により再確
認していくことにする[6]．

　第1章で概説したとおり，廃業率の計算は2011年末に存続が確認されてい
た企業を母集団としており，2012年末から2015年末まで，四つの時点の数値
が求められる．各時点での廃業率は，2012年末が2.4%，2013年末が5.3%，
2014年末が7.5%，2015年末が10.2%であった（第1章表1-4参照）．

　ここで各年のデータをみていくと，一部のカテゴリーではサンプルサイズが
非常に小さくなり，1件の廃業のウエートが高くなる[7]．そのため，数値が大
きくぶれることがあり，またデータも煩雑になる．そこで以下では，主として
2015年末の廃業率を基に，分析を進めていくことにする．

　また，一連のクロス集計の結果を検証するため，計量的手法による分析を加
える．具体的には，2015年末に廃業しているかどうかを被説明変数とし，アン
ケートから得られた開業時点と2011年末のデータを説明変数としたロジス
ティック回帰分析を行う．また，各年の廃業の有無を被説明変数とし，前年の
業績を説明変数としたサバイバル分析も併せて実施する[8]．

第2節　企業の属性

1　業　　種

　本節では，企業の属性ごとの2015年末の廃業率を確認する．まず，業種別
の廃業率をみてみると，「飲食店・宿泊業」が18.9%と最も高い（図2-1）[9]．

---

　6)　ここに示した以外にもさまざまな結果が得られているが，紙幅の制約からすべては詳述しない．
　　　本章で行った分析に対応する第1コーホート，第2コーホートの結果については，必要に応じて紹
　　　介していく．
　7)　例えば，2012年末で廃業が確認されたのは，全体の3,046件のうち73件である．
　8)　一部前々年の業績のデータも用いる．
　9)　「飲食店・宿泊業」の調査対象企業598件のうち，「飲食店」が593件，「宿泊業」が5件と，ほとん
　　　どが「飲食店」である．そのため，以降の分析でも「飲食店・宿泊業」の傾向は「飲食店」のそれ
　　　とほぼ同じである．なお，2015年末の廃業率は，「飲食店」が18.9%，「宿泊業」が20.0%であった．

第 2 章 廃業の要因

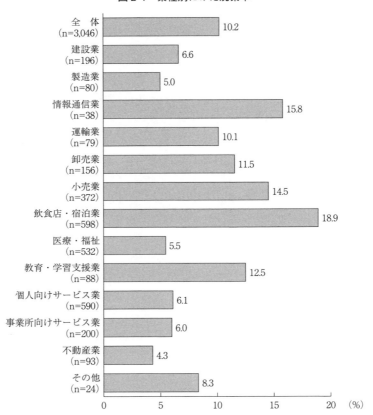

図 2-1 業種別にみた廃業率

資料：日本政策金融公庫総合研究所「新規開業パネル調査（第 3 コーホート）」（以下同じ）
（注） 廃業率は 2015 年末時点．以下，断りのない限り同じ．

それに次いで「情報通信業」が 15.8%，「小売業」が 14.5%，「教育・学習支援業」が 12.5% などとなっている．一方，「不動産業」（4.3%），「製造業」（5.0%），「医療・福祉」（5.5%），「事業所向けサービス業」（6.0%），「個人向けサービス業」（6.1%）などは，廃業率が全体の 10.2% を下回っている．

ここで，前回の第 2 コーホートの業種別廃業率をみると，飲食店・宿泊業が 23.2%，情報通信業が 20.8%，小売業が 19.2%，教育・学習支援業が 18.0% など

の順であった．ほとんどの業種で今回のほうが廃業率は低いものの，業種による廃業率の違いには大きな変化はみられなかった[10]．

2　経営形態とフランチャイズチェーン

　このほか企業属性を示すものとして，経営形態別の廃業率をみると，「個人経営」が10.3%，「法人経営」が9.1%と大きな差はなかった．回答数は少ないものの「法人経営」のうち「NPO法人」に限れば5.3%と低い[11]．

　また，フランチャイズチェーン加盟の有無による廃業率を比較すると，「加盟」が10.3%，「非加盟」が10.2%と，加盟の有無による差はほとんどなかった．第7節の計量分析で他の要因をコントロールしても，有意な差はみられない．第1コーホート，第2コーホートでは，フランチャイズチェーンに加盟していたほうが廃業率が高いという結果が得られているが，今回はそれらと異なる結果となっている．個別のフランチャイズ名が不明であるため明確にはいえないものの，相対的に加盟者の業績の良くないフランチャイズが淘汰されてきている，あるいは新規開業企業に選択されにくくなってきているといった可能性が考えられる．

3　事業規模

　続いて，開業時の事業規模と廃業の関係をみてみる．ここでは，開業時点の投資額を示す開業費用，開業時の従業者規模，2011年末時点の月商（1カ月当たりの売上高）を規模の指標とした[12]．

　まず，開業費用のカテゴリー別では，「5,000万円以上」が2.9%，「1,000万円以上5,000万円未満」が7.5%，「500万円以上1,000万円未満」が9.8%と，投資額の大きい開業で廃業率が相対的に低くなる傾向にある（図2-2）．ただ，500万円未満の三つのカテゴリーでは，金額によって廃業率に大きな違いはみられなかった[13]．

10）　第1コーホートもおおむね同様の傾向であった．
11）　「NPO法人」の回答数（n）は19件．
12）　売上高は，後述する業績の指標と捉えることもできる．なお，開業時点では売り上げが十分にあがっていないケースも多いと考えられるため，ここでは2011年末のデータを採用した．アンケートでは，「現在の月商（1カ月当たりの売上高）はどれくらいですか」と尋ねている．

図 2-2 開業費用別にみた廃業率

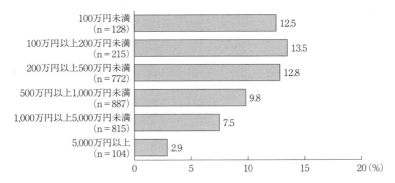

図 2-3 開業時の従業者規模別にみた廃業率

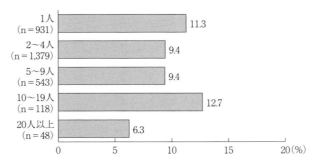

　開業時の従業者規模では,「20人以上」は廃業率が6.3%と,全カテゴリーで最も低くなっている(図2-3).「10〜19人」が12.7%と高くなっているのを除けば,その他のカテゴリーは「5〜9人」と「2〜4人」がともに9.4%,経営者のみで稼働している「1人」のケースが11.3%と,開業費用と同様に規模が大きいほうが廃業率が低くなる傾向がうかがえる[14].

　2011年末時点の月商のカテゴリーごとにみると,「1,000万円」以上で5.1%,「500万円以上1,000万円未満」で8.4%,「100万円以上500万円未満」で7.9%,

---

13) この傾向は,第1コーホートを分析した岡室(2007)の結果とおおむね整合している.
14) 第1コーホート,第2コーホートでも,開業時の従業者規模が大きいほうが,廃業率がより低くなるという結果が得られている.

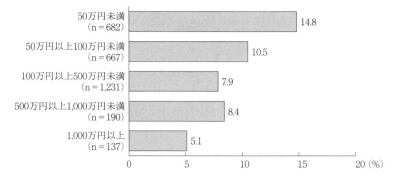

図 2-4　2011 年末の月商別にみた廃業率

「50 万円以上 100 万円未満」で 10.5％, 「50 万円未満」で 14.8％ と, 月商規模が大きいほど, 廃業率が低くなる傾向にある（図 2-4）.

このように, 全体として規模が大きい開業のほうが, 開業率が低くなる傾向にあることがわかる[15]. こうした傾向は, 第 1 コーホート, 第 2 コーホートでもみられた. 規模が相対的に大きい開業においては, 事業計画の策定がより慎重に行われていること, 日本公庫を含む金融機関や, その他の支援機関などによる事業計画の精査が, より丁寧に行われていることなどによる影響がある可能性が考えられる.

第 3 節　経営者の属性

1　年　　齢

経営者の属性は廃業率にどのような影響を与えているのだろうか. まず経営者の開業時点の年齢カテゴリー別に, 2015 年末の廃業率をみてみると, 「30 歳代」が 6.7％ と最も低くなった（図 2-5）. この数字は, 全体の 10.2％ を大きく下回っている. 2015 年末時点ではおおむね 30 歳代後半から 40 歳代前半に当たるこの世代は, 関連する事業に一定の経験をもっている経営者の割合が高い[16]. また, もちろん個人差はあるものの, 体力や気力も充実している. そ

---

15)　第 7 節の計量分析でも, おおむね規模が大きいほうが廃業率が低くなるという結果となった.

図2-5 開業時の年齢別にみた廃業率

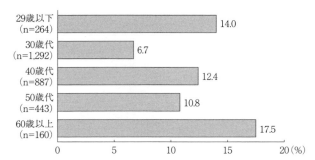

うしたことが，廃業率を押し下げる要因になっていると推測される．

　一方，「29歳以下」の廃業率は14.0％と相対的に高くなっている．これは，関連する事業の経験や社会人としての経験の少なさが影響していると考えられる[17]．また，後述のとおり，この年代の女性の廃業率が特に高いことが，数字を押し上げている．

　このほか，「60歳以上」の廃業率も17.5％とかなり高い．この年代は，経験がある場合はその経験年数は相対的に長くなるものの，一方で経験のない業種での開業も多い[18]．さらに，厚生労働省「患者調査」（2014年）によれば，「60～64歳」の受療率は，「入院」が人口10万対1,064（1.1％），「外来」が6,514（6.5％）で，「50～54歳」の「入院」591（0.6％），「外来」4,664（4.7％）と比べてもかなり高い．経営者が高齢になるほど，健康問題が発生する確率も高くなっていると推測される[19]．このことが，「60歳以上」の廃業率が高まっ

---

16) 「30歳代」で斯業経験のある割合は91.2％，斯業経験のある経営者のうち5年以上の経験がある割合は90.2％であった．各年齢のカテゴリーを合わせた全体では，それぞれ87.1％，89.4％である．なお，第1章第3節の本文中データでは，勤務経験のない経営者を斯業経験なしに含めたが，本章では除いている．
17) 「29歳以下」で斯業経験のある割合は94.7％と高いが，5年以上の経験がある割合は78.6％と「30歳代」と比べて低かった．
18) 「60歳以上」で斯業経験のある割合は67.5％にとどまるものの，5年以上の経験がある割合は93.9％に達する．
19) 第8章の休職企業の分析でも，年齢が高くなるにつれて「経営者自身の健康問題」を休職の理由とするケースが増えている．

第3節　経営者の属性　　　　　　　　　　　　　　　　51

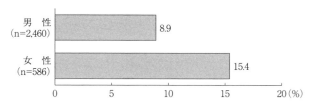

図2-6　男女別にみた廃業率

ている要因の一つとして考えられよう[20]．

これら年齢による傾向は，第7節の計量分析でも同じ結果が得られている．また，第2コーホートの分析結果とも整合的であった[21]．

2　性　別

次に，経営者の性別による違いをみてみると，2015年末の廃業率は「男性」が8.9％，「女性」が15.4％と，女性は男性より廃業率がかなり高い（図2-6）．このクロス集計の結果は，第1コーホート，第2コーホートと同じ傾向であった．これは，女性が相対的に廃業率の高い「飲食店・宿泊業」「小売業」で開業しているケースが多いことや，斯業経験が短い経営者の割合が高いことなどが要因となっている．ただし，第7節の計量分析で他の要因を考慮したうえでも，女性のほうが男性より有意に廃業率が高いという結果となっており，アンケートで十分に把握できていない女性特有の廃業要因の存在が推測される[22]．

そこで，男女別に年齢階層ごとの廃業率をみてみると，「女性」の廃業率は，「29歳以下」が39.0％，「30歳代」が10.8％，「40歳代」が16.0％，「50歳代」が10.0％，「60歳以上」が30.3％で，「50歳代」を除いて「男性」よりも高い割合となっている（図2-7）．特に「29歳以下」と「60歳以上」で，水準が高

---

20)　「40歳代」「50歳代」については，斯業経験のある割合は84.8％，81.9％，5年以上の経験がある割合は90.8％，89.5％であった．
21)　鈴木（2012b）参照．
22)　第1コーホート，第2コーホートの計量的手法による分析では，性別による廃業率の差はみられなかった．今回の調査の女性経営者割合は19.2％で，第1コーホートの17.8％，第2コーホートの16.2％よりもやや高まっており，女性経営者の開業行動に何らかの質的な変化が起こっているのかもしれない．

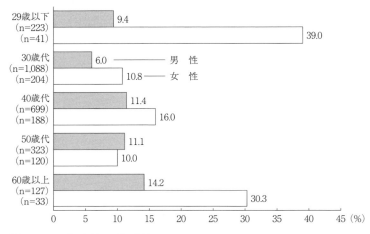

図 2-7 男女別・開業時の年齢別にみた廃業率

(注) n は，上段が男性，下段が女性．

く，「男性」との差も大きい．

　廃業の具体的理由はアンケート結果からは得られないが，第 8 章の休職理由の分析から推測すると，結婚や配偶者の転勤などによる転居，出産や育児などによる事業への影響が，女性経営者により強く表れている可能性があるのではないだろうか[23]．第 7 節の計量分析では，「29 歳以下」を除いて分析すると，性別による差は有意ではなくなった．このことからも，「29 歳以下」で開業した女性経営者で，こうした問題が事業の存続に大きく影響していると推測される．

3　斯業経験と学歴

　次に斯業経験と廃業率の関係をみてみよう．斯業経験の有無別に廃業率をみると，「斯業経験なし」では 16.1%，「斯業経験あり」では 9.2% と，斯業経験があるほうが廃業率は低くなっている（図 2-8）．ただ，斯業経験の長さのカ

---

[23] 第 8 章で触れる休職企業の分析でも，女性経営者のほうが休職割合が高く，特に 39 歳以下の女性で高い割合となった．また，休職の理由としては「出産・育児」を挙げる割合が，最も高くなっている．

第 3 節　経営者の属性　　　　　　　　　　　　　　　　　　　53

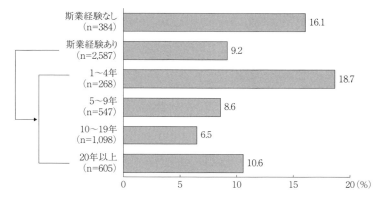

図 2-8　斯業経験の長さ別にみた廃業率

(注)「斯業経験あり」で斯業経験年数を回答していない企業があるため，斯業経験年数カテゴリーの回答数（n）の合計は，「斯業経験あり」の回答数（n）とは一致しない．

テゴリーごとにみると，「1～4年」では18.7％と，斯業経験がない場合よりもやや高くなる．経験を積むことで実力と仕事への自信が培われるが，相対的に経験が短い場合は，自分で事業がうまくいくと判断しても，実際には実力が伴わないケースもあるためではないかと推測される．斯業経験がより長く「5～9年」になると廃業率は8.6％へ大きく低下し，「10～19年」では6.5％とさらに低くなる．

ただ，「20年以上」では10.6％とやや高くなる[24]．斯業経験が「20年以上」になると，経営者の年齢もそれだけ高くなることによるものと考えられる．そこで年齢をそろえると，斯業経験が長いほど廃業率が低下する傾向は，より明確に表れる．例えば「30歳代」に限れば，「4年以下」が16.3％，「5～9年」が6.4％，「10～19年」が5.1％，「20年以上」が2.5％となった．

また，斯業経験以外にも，管理職の経験がある場合の廃業率は9.6％と，ない場合の10.5％をやや下回っており，事業のマネジメントに関する経験が，廃業率を下げる要因となっている可能性がある．

このほかの経営者の属性として，学歴別の廃業率をみると，「中学・高校」

---

[24] 第1コーホート，第2コーホートでは，経験年数の対数値による推定で，斯業経験が長くなるほど廃業率が低下するという結果を示している．

が14.6%，「短大等」が8.9%，「大学・大学院」が6.8%となった[25]．これは，最も廃業率が高い「飲食店・宿泊業」の割合が，「中学・高校」では29.2%，「短大等」では17.1%，「大学・大学院」では12.7%であるなど，業種構成が学歴で大きく異なることも影響している[26]．ただ，第7節の計量分析の結果は，業種要因などを取り除いた場合でも，学歴による差が存在することを示すものとなっている[27]．

第4節　経営状況

1　2011年末時点の業績

　開業した年に当たる2011年の年末の業績と，それから4年経過した2015年末の廃業の状況をみてみよう．当然ながら経営状況が良いほうが廃業率は下がると考えられるが，どの程度の差が出るものなのだろうか．

　まず採算別に廃業率をみると，「黒字基調」の企業では6.4%であるのに対し，「赤字基調」では13.5%と，ほぼ2倍の違いとなった（図2-9）．個人経営と法人経営とでは採算に対する考え方が異なる可能性があるため，別々に集計しても，個人経営の場合は，「黒字基調」が6.4%，「赤字基調」が14.0%，法人経営の場合は，「黒字基調」が5.7%，「赤字基調」が16.7%と，傾向は変わらなかった．

　次に，開業時に予想していた2011年末時点の月商と実際の月商から予想月商達成率を計算し，廃業率との関係をみてみる．予想月商達成率が「125%以上」の企業では5.0%，「100%以上125%未満」では6.0%と，予想月商を達成している場合には，全体の10.2%に比べて，かなり廃業率が低くなっている（図2-10）．一方，「50%以上75%未満」は14.3%，「50%未満」では21.2%と，

25）「中学・高校」は「中学」「高校」を，「短大等」は「短大」「高専」「専修・各種学校」を，「大学・大学院」は，「大学」「大学院」を，それぞれ合算したものである．

26）　上位3業種は，「中学・高校」では「飲食店・宿泊業」（29.2%），「小売業」（15.4%），「建設業」（10.9%），「短大・専門学校」では「個人向けサービス業」（36.9%），「医療・福祉」（19.2%），「飲食店・宿泊業」（17.1%），「大学・大学院」では「医療・福祉」（26.4%），「飲食店・宿泊業」（12.7%），「事業所向けサービス業」（11.9%）となっている．

27）　第1コーホートを分析した鈴木（2007a）の結果とおおむね一致している．

第 4 節　経営状況

図 2-9　2011 年末の採算別にみた廃業率

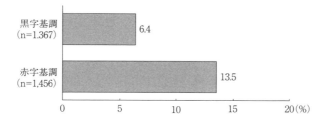

図 2-10　2011 年末の予想月商達成率別にみた廃業率

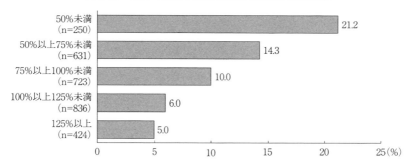

（注）　予想月商達成率の定義は以下のとおり．データは，ともに 2011 年末時点のアンケートによるもの．
　　　予想月商達成率 ＝ 2011 年末時点の月商／開業時点に予想していた 2011 年末時点の月商．

予想月商達成率が低くなるほど廃業率は高くなる．

　さらに，開業した事業からの家計収入を業績の指標と捉え，廃業率との関係をみてみよう．ここでは，経営者本人と家族が事業から得ている収入を合算して分析した[28]．まず，2011 年末時点の 1 カ月当たりでみると，「0 万円（収入なし）」が 17.4％，「0 万円超 20 万円以下」が 11.1％，「20 万円超 50 万円以下」が 7.2％，「50 万円超」が 6.9％ となった（図 2-11）．事業からの収入は，事業を継続している場合には徐々に増える傾向にあること，経営者本人に事業以外からの別収入があったり，開業した事業以外で家族が働いていたりと，家計全体としては事業以外から収入を得ているケースも多いことなどの理由から，事業収入が少ない場合も直ちに家計が維持できなくなるわけではない[29]．ただ，一

---

[28]　第 1 章図 1-8 の事業からの月間収入は経営者本人のみの収入であり，ここでの家計収入とは異なる．

図 2-11 2011 年末の開業した事業からの家計収入別にみた廃業率

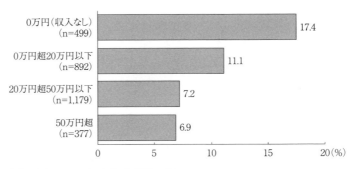

(注) 金額は 1 カ月当たりを万円単位で尋ねている.

定の収入が開業した事業から得られない場合には，倒産には至らないまでも，いずれは廃業を選択する可能性が高くなるといえる[30]．

ここで，家計収入の事業依存度と廃業率の関係をみてみると，事業からまったく収入が得られていない「0％」では 18.8％，事業への依存度が相対的に低い「0％超 25％未満」では 14.2％と，やはり廃業率が高くなっている（図 2-12）．これに対し，家計収入が事業のみから得られている「100％」では，廃業率は 8.1％であった．事業以外からの収入があれば，仮に事業がうまくいかなくても，ある程度資金を補填できる一方で，無理に事業を続ける必要性も低くなることが要因ではないかと考えられる[31]．

このように，2011 年末の経営に関する指標と 2015 年末の廃業率の関係を分析すると，経営状況が良いほど廃業率が低くなるという結果になった[32]．2012 年以降に経営状況が改善するケースもあるとはいえ，事業の立ちあがりが順調にいくかどうかが，将来の企業の存廃に大きな影響を与えていることがみてと

---

29) 経営者の別収入について，具体的な内容はアンケートでは尋ねていないが，家賃収入や年金などが考えられる．
30) 第 7 節の計量分析も，これを支持する結果となった．
31) 開業した事業以外からの 1 カ月当たりの家計収入と廃業率の関係をみても，「収入なし」が 9.4％，「0 万円超 20 万円以下」が 11.3％，「20 万円超 50 万円以下」が 10.9％，「50 万円超」が 13.6％と，事業以外からの収入が多いほうが廃業率が高くなる傾向にあり，事業への依存度の結果と整合する．
32) 第 2 節で規模の指標として示した月商は，経営状況の指標と考えることもできる．月商は多いほど廃業率は下がるという結果になっており，傾向は一致している．

第4節 経営状況

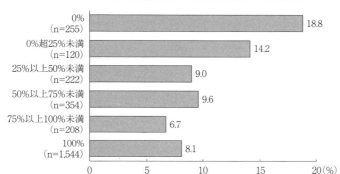

図 2-12 2011 年末の家計収入の事業依存度別にみた廃業率

（注） 家計収入の事業依存度は，家計収入に占める開業した事業からの収入の割合．事業からも事業以外からも家計収入がない場合は集計対象から除外した．

れる[33]．

2 前年の業績

続いて，2011 年から 2014 年の各年末の企業業績と，翌年の廃業との関係をみてみることにする．

まず，採算状況と翌年における廃業率の関係をみると，2011 年末で「赤字基調」であった企業のうち 2012 年に廃業した企業の割合は 3.6％で，「黒字基調」であった企業の 1.1％を大きく上回っている（表 2-1）[34]．それ以降でも，2012 年末の「赤字基調」企業の 2013 年の廃業率は 3.9％，2013 年末の「赤字基調」企業の 2014 年の廃業率は 3.7％，2014 年末の「赤字基調」企業の 2015 年の廃業率は 3.9％と，それぞれ「黒字基調」だった企業の 0.9％，1.0％，0.4％よりも高い割合となっている．通期では，「赤字基調」が 3.7％，「黒字基調」が 0.9％と，約 4 倍の違いとなった．

次に，採算の変化と廃業率の関係をみてみると，2012 年末に「2 年連続黒字

---

33) 第 7 節の計量分析も，この結果をおおむね支持するものとなった．また，第 1 コーホート，第 2 コーホートの結果とも整合的である．
34) それぞれアンケートの設問に回答した企業が翌年 1 年間で廃業した割合であるため，全回答企業を基準にした第 1 章の表 1-4 で示した各年の廃業率とは異なる．

58　　　　　　　　　　　第 2 章　廃業の要因

表 2-1　経営状況と翌年の廃業率

実　績		2011 年末	2012 年末	2013 年末	2014 年末	通　期
廃業年		2012 年	2013 年	2014 年	2015 年	
全　体		2.4	2.7	2.4	2.4	2.5
採　算	黒字基調	1.1	0.9	1.0	0.4	0.9
	赤字基調	3.6	3.9	3.7	3.9	3.7
採算の変化	2 年連続黒字基調	—	0.7	0.4	0.0	0.4
	黒字基調から赤字基調	—	3.3	8.6	3.0	4.8
	赤字基調から黒字基調	—	0.6	1.5	1.4	0.9
	2 年連続赤字基調	—	3.8	2.1	3.7	3.3
予想月商達成率	50％未満	5.6	7.7	7.5	5.1	6.2
	50％以上 75％未満	4.0	3.4	3.6	2.3	3.5
	75％以上 100％未満	2.2	1.7	1.0	0.3	1.5
	100％以上 125％未満	0.6	1.2	1.0	0.3	0.8
	125％以上	0.9	0.4	0.8	0.4	0.7
開業した事業からの家計収入	0 万円（収入なし）	5.6	2.3	1.4	3.5	3.7
	0 万円超 20 万円以下	1.9	2.5	1.9	1.0	1.9
	20 万円超 50 万円以下	1.5	1.4	1.5	0.3	1.3
	50 万円超	2.4	1.4	1.1	0.0	1.5

（注）　2012 年以降はすべての企業がアンケートに答えているわけではないため，比較のため全体は前年のアン
　　　ケートに回答した企業の廃業率を示した．そのため，第 1 章**表 1-4** の各年の廃業率とは数値が異なる．

基調」だった企業の 2013 年の廃業率は 0.7％で，同時点の「黒字基調」企業の
0.9％より低くなった[35]．2013 年末で「2 年連続黒字基調」だった企業の 2014
年の廃業率は 0.4％とさらに低下し，同じく 2014 年末で「2 年連続黒字基調」
だった企業の 2015 年の廃業率は 0.0％で該当する回答企業のなかに廃業はみら
れなかった．このように，当然ではあるが，業績の良い状態が続いた場合に廃
業する可能性が非常に低くなっていることが確認できる．

　その他のカテゴリーはサンプルサイズが小さいこともあって年によって数値
が上下するため，通期で比べてみる．「赤字基調から黒字基調」の廃業率は通
期で 0.9％と，「2 年連続黒字基調」の水準よりは高いものの，全体の通期の
2.5％よりは低くなっている．一方，「黒字基調から赤字基調」は 4.8％で，
「2 年連続赤字基調」の 3.3％よりも高い割合となった．要因は明確ではないが，

────────────
35）　2011 年末と 2012 年末の両方とも「黒字基調」と回答した企業である．「2 年連続黒字基調」は連
　　続する二つの年の設問に回答した企業を基準としているため，単年度のみ回答した「黒字基調」企
　　業よりも数が少なくなる．

「黒字基調から赤字基調」はすべて採算状況が悪化しているのに対し，「2期連続赤字基調」には赤字ながらも採算状況が好転している企業も含まれている可能性があるためとも考えられる．

続いて，予想月商達成率区分による違いをみてみると，2011年末に「50%未満」の場合には，2012年の廃業率は5.6%となった[36]．それ以降も，7.7%，7.5%，5.1%と，相対的に高い割合となっている．通算の廃業率は6.2%であった．その他のカテゴリーにおける通算の廃業率は，「50%以上75%未満」で3.5%，「75%以上100%未満」で1.5%，「100%以上125%未満」で0.8%，「125%以上」で0.7%と，月商達成率が高まるほど低くなっている．

最後に，各年末時点の事業からの家計収入と，翌年の廃業率をみると，「0万円（収入なし）」の場合は，それぞれ5.6%，2.3%，1.4%，3.5%となった．通期の廃業率は3.7%で，「0万円超20万円以下」の1.9%，「20万円超50万以下」の1.3%，「50万円超」の1.5%と比べて高くなっている．

このように，各年ともすべての企業が設問に回答しているわけではないこと，すでに廃業した企業がアンケートの対象から除かれていることといったバイアスはあるものの，前年の業績が翌年の廃業に大きく影響していることが確認できた[37]．

第5節　事業の新規性と差別化

新規開業企業が競争の激しい市場に参入していくには，商品・サービスの差別化は欠かせない要素である．これまでに市場になかったものを提供したり，ライバル企業と比べた何らかの優位性をもたせたりすることは，新規開業を成功させる一つの鍵になると考えられる．

そこでまず，開業した事業の新規性に関する経営者自身の自己評価と廃業率の関係をみてみる．2011年末のアンケートで，事業の新規性が「大いにある」と

---

36)　月商達成率は，それぞれのアンケートの年における，開業時に予想していた月商に対する実際の月商の割合．

37)　一連の結果は，原田（2007），鈴木（2012b）とも整合している．また，第7節の計量分析の結果も，これらを支持するものとなっている．

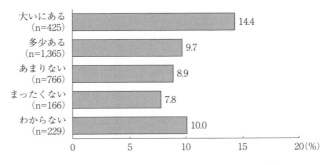

図 2-13 事業の新規性別にみた廃業率

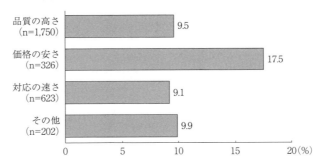

図 2-14 事業で最も重視するもの別にみた廃業率

回答した企業の2015年末の廃業率は14.4％で，「多少ある」（9.7％），「あまりない」（8.9％），「まったくない」（7.8％）と比べて，かえって高くなった（図2-13）．あくまで自己評価ではあるため正確さにはやや欠ける面があるものの，新規性がある事業は，うまく市場ニーズに合致していれば伸びる可能性がある一方で，斬新すぎて顧客に受け入れられなかったり，十分な市場規模が存在しなかったりするおそれもあり，相対的にリスクが高くなっていると推測される[38]．

さらに，事業で最も重視するものについての回答ごとに廃業率をみてみると，「価格の安さ」が17.5％と，「品質の高さ」（9.5％）や「対応の速さ」（9.1％）と比べると，飛び抜けて高くなった（図2-14）[39]．もちろん，低価格による差別

---

[38] この結果は第1コーホートを分析した岡室（2007）と整合的である．第7節の計量分析の結果も，クロス集計の結果と整合的であった．
[39] 第7節の計量分析でも，整合的な結果が得られた．

化戦略は選択肢の一つではある．ただ，経営基盤が既存企業に比べて相対的に弱い新規開業企業は，むしろ価格以外の要素で差別化を図ったほうが，良い結果を得られる可能性が高いことを，このデータは示唆している．

第6節　経営課題と情報収集

　2011年末時点で経営上苦労している点と，廃業率の関係をみると，「資金繰りが苦しい」とした企業の廃業率が16.6%，同じく「商品・サービスの開発がうまくいかない」が15.2%,「金融機関からの借り入れが難しい」が14.2%,「顧客開拓・マーケティングがうまくいかない」が13.0%などとなっている（図2-15)[40]．開業後の早い時点において，すでに資金が不足している場合や，そもそも核となる商品・サービスの開発あるいは顧客の確保が不十分である場合には，廃業率が高まっていることがわかる．こうした企業は，そもそも開業前における資金計画の精査や，商品・サービスの開発，顧客の確保などに対する見通しの検討が，不十分だったのかもしれない．経営者自身による準備も重要だが，こうした分野でのさらなる外部サポートの必要性を示す結果ともなっている．

　一方，「従業員が量的に不足している」(5.6%),「従業員をうまく育成できていない」(6.9%),「必要な能力をもった従業員を採用できない」(7.7%) など，人材に関する課題があるケースでは，廃業率は全体の10.2%よりも低い．こうした課題は，成長へのボトルネックになる可能性はあるものの，そもそも業績が良好で規模拡大を目指している企業だからこそ発生しているものなのだろう．

　情報収集や経営能力向上への取り組みとして，アンケートでは，経営者が，創業や事業に関するセミナーや講演会に参加したかどうか，開業予定者や経営者が集まる交流会や会合に参加したかどうかを尋ねている[41]．

　そこで，開業前の1年間に経営者が交流会・会合やセミナー・講演会に参加したかどうかと廃業率の関係をみると，「両方とも参加」が8.6%,「交流会・

---

40)　第1コーホートを分析した鈴木（2007a）では廃業企業と存続企業の各項目を選択する割合の違いで分析しているが，おおむね同様の結果を得ている．
41)　会合は，組合，商工会議所・商工会などによるものを含む．

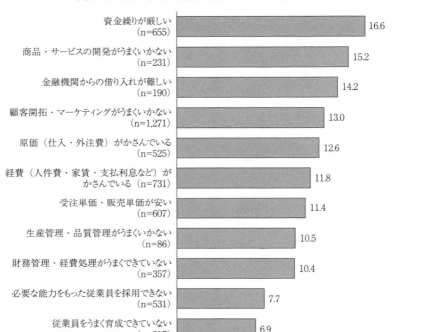

図 2-15　2011 年末に経営上苦労している点別にみた廃業率

(注)　経営上苦労している点は，複数回答（当てはまるものすべてに回答）．

会合のみ参加」が 6.3%，「セミナー・講習会のみ参加」が 9.2% となった（図 2-16）．いずれも「両方とも不参加」の 10.9% よりも低くなっており，参加に一定の効果があったことがわかる．開業してから 2011 年末までの参加状況でみても，同様の結果が得られた[42]．このように，セミナー・講演会や交流会・会合に参加することで廃業率を下げる効果があることが観察された．この結果

図2-16 セミナー・講演会や交流会・会合への参加状況（開業前1年間）別にみた廃業率

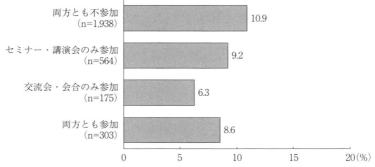

はセミナー・講演会や交流会・会合そのものの効果だけではなく，経営者自身の情報収集や経営能力向上への積極性が表れたものとも考えられる[43]．

第7節 計量的手法による検証

本節では，ここまでクロス集計でみてきた結果を補強するために，計量的手法により分析を加える．まず，2015年末の廃業の有無（「廃業」を1とするダミー変数）を被説明変数とした，ロジスティック回帰分析を行う．続いて，ある年の業績が次の年の廃業に影響を与えているかどうかを確認するために，各年の廃業の有無を被説明変数としたCox比例ハザードモデルによる推定を行う．

1 2015年末時点の廃業率の推定

まず，2015年末の廃業の有無を被説明変数とした，ロジスティック回帰分析の結果を紹介する[44]．説明変数には，クロス集計で取り上げた2011年末の第1回調査のデータを採用した．具体的には，次のとおりである[45]．

---

42) 「両方とも参加」が8.3%，「交流会・会合のみ参加」が7.8%，「セミナー・講演会のみ参加」が9.1%に対し，「両方とも不参加」が10.9%であった．なお，開業してから2011年末までの期間は企業によって異なることに注意する必要がある．
43) 第7節の計量分析の結果も，おおむねクロス集計を支持する結果となった．
44) 存廃が「不明」の企業は，「存続」に含めて推定した．
45) 本章で言及した変数のみであるため，記述統計量の一覧表は掲載を省略した．

64 第 2 章 廃業の要因

　企業の属性を示す変数としては，「業種」（「製造業」を基準とするダミー変数），「フランチャイズ加盟」（「加盟」を 1 とするダミー変数）を採用した．

　事業規模を示す変数はいくつかあるが，変数間の相関が高く多重共線性の問題が発生する可能性があることから，「開業費用」（図 2-2 のカテゴリーに基づき「100 万円未満」を基準とするダミー変数）のみを用いた[46]．

　経営者の属性を示す変数としては，「年齢」（図 2-5 のカテゴリーに基づき「30 歳代」を基準とするダミー変数），「性別」（「女性」を 1 とするダミー変数），「斯業経験年数」（図 2-8 のカテゴリーに基づき「1 ～ 4 年」を基準とするダミー変数），「学歴」（「中学・高校」を基準に，「短大等」「大学・大学院」をそれぞれ 1 とするダミー変数）を採用した[47]．

　企業の業績を反映する変数は，「採算」（「赤字基調」を 1 とするダミー変数）を代表として使用した[48]．

　さらに，事業の新規性と差別化については「事業の新規性」（図 2-13 のカテゴリーに基づき「大いにある」を基準とするダミー変数）と「事業で最も重視するもの」（図 2-14 のカテゴリーに基づき「価格の安さ」を基準とするダミー変数），情報収集については「セミナー・講演会や交流会・会合への参加」（図 2-16 のカテゴリーに基づき「両方とも参加」を基準とするダミー変数）を用いた．

　なお，図 2-7 でみたとおり，開業時の年齢が「29 歳以下」の「女性」で廃業率が特に高く，廃業要因が男性や他の年代とは異なる可能性が考えられることから，サンプルを 30 歳以上に限定した推定も実施した．

　推定結果は表 2-2 のとおりである．モデル①は全体，モデル②は開業時の年齢が 30 歳以上の企業に絞ったものである．以下，順に結果を確認する．

　まず，「業種」については，「情報通信業」「飲食店・宿泊業」「教育・学習支援業」についてはいずれのモデルも，「小売業」についてはモデル①で，「製造業」と比較した場合の係数が有意にプラスとなり，図 2-1 でみたクロス集計と

---

46)　事業規模を示す変数を入れ替えた推定結果は後述する．
47)　「斯業経験なし」は，「0 年（斯業経験なし）」とした．
48)　多重共線性が発生する可能性があるため業績を示す変数は採算のみを使用した．業績について別の変数を使った推定については後述する．

第7節　計量的手法による検証

表2-2　ロジスティック回帰分析の結果（1）

被説明変数 2015年末時点の廃業の有無　（「廃業」=1,「存続」=0）

説明変数	カテゴリー	モデル① 全体 係数(β)	頑健標準誤差	オッズ比(Exp(β))	モデル② 30歳以上 係数(β)	頑健標準誤差	オッズ比(Exp(β))	対応する図表
業　種	製造業	(基準)			(基準)			図2-1
	建設業	0.519	(0.611)	1.680	0.443	(0.618)	1.557	
	情報通信業	1.474**	(0.697)	4.367	1.356*	(0.734)	3.881	
	運輸業	0.841	(0.677)	2.319	0.880	(0.681)	2.411	
	卸売業	0.587	(0.628)	1.799	0.627	(0.628)	1.872	
	小売業	0.944*	(0.549)	2.570	0.872	(0.554)	2.392	
	飲食店・宿泊業	1.344**	(0.539)	3.834	1.218**	(0.541)	3.380	
	医療・福祉	0.290	(0.573)	1.336	0.319	(0.578)	1.376	
	教育・学習支援業	1.138*	(0.662)	3.121	1.134*	(0.661)	3.108	
	個人向けサービス	-0.005	(0.572)	0.996	0.008	(0.582)	1.008	
	事業所向けサービス	0.069	(0.642)	1.071	0.015	(0.656)	1.015	
	不動産業	-0.207	(0.806)	0.813	-0.164	(0.802)	0.849	
	その他	0.556	(1.124)	1.744	0.498	(1.095)	1.645	
フランチャイズ加盟	非加盟	(基準)			(基準)			図表なし
	加盟	-0.018	(0.327)	0.982	-0.042	(0.336)	0.959	
開業費用	100万円未満	(基準)			(基準)			図2-2
	100万円以上200万円未満	-0.301	(0.394)	0.740	-0.333	(0.409)	0.717	
	200万円以上500万円未満	-0.524	(0.352)	0.592	-0.635*	(0.367)	0.530	
	500万円以上1,000万円未満	-0.758**	(0.360)	0.469	-0.801**	(0.375)	0.449	
	1,000万円以上5,000万円未満	-0.994***	(0.380)	0.370	-0.950**	(0.396)	0.387	
	5,000万円以上	-2.046*	(1.066)	0.129	-2.124**	(1.072)	0.120	
年　齢	29歳以下	0.690***	(0.251)	1.994				図2-5
	30歳代	(基準)			(基準)			
	40歳代	0.478**	(0.192)	1.613	0.497***	(0.193)	1.644	
	50歳代	0.147	(0.261)	1.158	0.185	(0.264)	1.203	
	60歳以上	0.792**	(0.328)	2.208	0.784**	(0.331)	2.190	
性　別	男性	(基準)			(基準)			図2-6
	女性	0.481***	(0.180)	1.618	0.297	(0.199)	1.346	
斯業経験年数	0年（斯業経験なし）	-0.369	(0.262)	0.691	-0.343	(0.291)	0.710	図2-8
	1～4年	(基準)			(基準)			
	5～9年	-0.474*	(0.254)	0.623	-0.340	(0.303)	0.712	
	10～19年	-0.782***	(0.240)	0.457	-0.735***	(0.269)	0.480	
	20年以上	-0.540**	(0.269)	0.583	-0.529**	(0.288)	0.589	
学　歴	中学・高校	(基準)			(基準)			図表なし
	短大等	-0.126	(0.180)	0.882	-0.243	(0.194)	0.784	
	大学・大学院	-0.421**	(0.197)	0.656	-0.548***	(0.208)	0.578	
採　算	黒字基調	(基準)			(基準)			図2-9
	赤字基調	0.803***	(0.156)	2.232	0.825***	(0.167)	2.282	
事業の新規性	大いにある	(基準)			(基準)			図2-13
	多少ある	-0.385*	(0.206)	0.680	-0.395*	(0.219)	0.674	
	あまりない	-0.349	(0.230)	0.705	-0.338	(0.242)	0.713	
	まったくない	-0.334	(0.363)	0.716	-0.391	(0.379)	0.676	
	わからない	-0.360	(0.312)	0.698	-0.382	(0.333)	0.682	
事業で最も重視するもの	品質の高さ	-0.268	(0.206)	0.765	-0.320	(0.220)	0.726	図2-14
	価格の安さ	(基準)			(基準)			
	対応の早さ	-0.243	(0.255)	0.784	-0.418	(0.273)	0.658	
	その他	-0.433	(0.333)	0.649	-0.627*	(0.368)	0.534	
セミナー・講演会や交流会・会合への参加	両方とも不参加	0.306	(0.272)	1.358	0.331	(0.293)	1.392	図2-16
	セミナー・講演会のみ参加	0.241	(0.308)	1.273	0.318	(0.330)	1.374	
	交流会・会合のみ参加	-0.064	(0.417)	0.938	0.095	(0.437)	1.099	
	両方とも参加	(基準)			(基準)			
定数項		-2.110***	(0.745)	0.121	-1.930**	(0.762)	0.145	
観測数		2,370			2,155			
疑似決定係数		0.119			0.112			
対数尤度		-678.8			-603.0			
Wald検定：Wald統計量		190.7			172.9			
Wald検定：p-value		0.000			0.000			

（注）　1.　***は1％水準，**は5％水準，*は10％水準で有意であることを示す．以下同じ．
　　　　2.　存廃が「不明」の企業は「存続」に含めた．以下同じ．
　　　　3.　オッズ比は，ここではダミー変数の基準を1とした場合の廃業確率を倍率で示したもの．例えば本表のモデル①では，業種が「情報通信業」の場合，基準である「製造業」に比べて，廃業確率が4.367倍になる．

一致する結果となった[49].　クロス集計で「加盟」「非加盟」で数値がほぼ同じであった「フランチャイズ加盟」については，いずれのモデルでも有意な差はみられなかった.

　開業時の事業規模を示す「開業費用」は「100万円未満」を基準として，ほとんどの変数が有意にマイナスとなっており，係数の大きさからは，開業費用が多いカテゴリーほど廃業確率が下がるという図2-2の傾向が再確認できた.

　経営者の属性を示す変数は，まず「年齢」は，モデル①では「30歳代」を基準として「29歳以下」「40歳代」「60歳以上」で有意に廃業確率が高まるという結果になった.　モデル②でも同様の結果となっている.「50歳代」はいずれの推定でも有意にはならなかったものの係数はプラスであり，全体としておおむね図2-5の結果を支持する結果となった.　経営者の「性別」については，モデル①ではクロス集計と同様，「女性」が「男性」に比べて有意に廃業確率が高いという結果となった.　ただ，モデル②では係数はプラスではあるが有意にはなっておらず，30歳以上だけをみれば経営者の性差は統計的には確認できないという結果になった.　このことは，「29歳以下」の開業において性差が非常に大きくなっている，言い換えれば，第3節で検討した女性に多くみられる問題による廃業が特にこの年代で多く発生していることを示唆しているといえよう[50].「斯業経験年数」は，「1〜4年」を基準として，モデル①では，5年以上のカテゴリーすべてで，モデル②では「5〜9年」を除く二つのカテゴリーで，それぞれ有意となり，斯業経験が長くなると廃業率が下がるという図2-8の結果と一致した.　ただし，「0年（斯業経験なし）」との差は有意にはならなかった.「学歴」は，モデル①，モデル②ともに，「中学・高校」を基準として，「大学・大学院」で有意にマイナスとなった.　これもクロス集計の結果と一致している[51].

　企業の業績を示す変数の代表として採用した「採算」は，いずれのモデルで

---

49)　それ以外の業種では，モデル①の「個人向けサービス業」を除き，係数の符号はクロス集計の結果と整合しているものの，統計的に有意にはならなかった.

50)　サンプルサイズが小さく係数の多くが有意にならないため詳細は紹介しないが，「29歳以下」のみで同じ推定式を用いて廃業確率を推定したところ，「女性」の係数は2.548とモデル①よりかなり大きく，1%水準で有意となった.

51)　「短大等」は係数の符号は一致したものの，有意にはならなかった.

第7節　計量的手法による検証　　　67

も「赤字基調」のほうが有意に廃業確率が高いという結果で、図 2-9 の結果を
支持するものとなった.

　事業の新規性と差別化の変数では，まず「事業の新規性」は，いずれのモデ
ルでも「大いにある」に比べて「多少ある」場合には有意に廃業確率が低いと
いう結果になった．その他のカテゴリーは，係数の符号は図 2-13 と一致はし
ているものの，統計的に有意にはならなかった[52]．「事業で最も重視するもの」
は，モデル②の「価格の安さ」を基準として，「その他」のみ有意に廃業確率
の差が確認できた．係数はすべてマイナスで符号は一致しているものの，「価
格の安さ」を重視している場合に他のカテゴリーと比べて廃業率が高いという
図 2-14 のクロス集計結果を十分に支持するものとはならなかった．「セミ
ナー・講演会や交流会・会合への参加」についても，係数の符号は図 2-16 と
大きく矛盾はしないもの，いずれの係数も統計的に有意とはならなかった．

　続いて，事業規模と業績を示す変数を入れ替えた分析を実施した．事業規模
については，「開業費用」の代わりに，開業時点の「従業者数（図 2-3 のカテ
ゴリーに基づき「1 人」を基準とするダミー変数）」，2011 年末時点の「月商
（図 2-4 のカテゴリーに基づき「50 万円未満」を基準とするダミー変数）」を
それぞれ採用した推定を行った．業績を表す変数としては，「採算」の代わり
に，「予想月商達成率（図 2-10 のカテゴリーに基づき「50% 未満」を基準とす
るダミー変数）」「開業した事業からの家計収入（図 2-11 のカテゴリーに基づ
き「0 円万円（収入なし）」を基準とするダミー変数）」「家計収入の事業依存
度（図 2-12 のカテゴリーに基づき「100%」を基準とするダミー変数）」の三
つを用いた．推定は表 2-2 と同様に全体と 30 歳以上について行い，入れ替え
た変数以外の説明変数は，それぞれモデル①，モデル②と同じとした．

　推定結果は表 2-3 のモデル③（全体），モデル④（30 歳以上）のとおりであ
る．入れ替えた変数以外の推定結果は記載を省略した．まず事業規模を示す変
数をみると，「従業者数」は，「2 〜 4 人」に関しては，いずれの推定でもマイ
ナスに有意となり，図 2-3 の結果を支持するものとなった．ただ，その他のカ
テゴリーでは有意とはならなかった．「月商」は，「500 万円以上 1,000 万円未

─────────
52)　後述の変数を入れ替えた推定の一部では，「多少ある」「まったくない」「わからない」が有意に
　　マイナスとなる結果が得られた．

表 2-3　ロジスティック回帰分析の結果（2）

被説明変数	2015 年末時点の廃業の有無（「廃業」=1,「存続」=0）							
説明変数	カテゴリー	モデル③ 全　体			モデル④ 30 歳以上			対応する 図表
		係　数 (β)	頑健 標準誤差	オッズ比 (Exp(β))	係　数 (β)	頑健 標準誤差	オッズ比 (Exp(β))	
事業規模｜従業者規模	1 人	（基準）			（基準）			図 2-3
	2～4 人	-0.342*	(0.176)	0.710	-0.447**	(0.193)	0.640	
	5～9 人	-0.167	(0.238)	0.846	-0.178	(0.244)	0.837	
	10～19 人	0.205	(0.383)	1.228	0.025	(0.417)	1.025	
	20 人以上	-0.202	(0.626)	0.817	-0.230	(0.616)	0.795	
	観測数	2,406			2,190			
事業規模｜月　商	50 万円未満	（基準）			（基準）			図 2-4
	50 万円以上 100 万円未満	-0.530***	(0.204)	0.589	-0.589***	(0.225)	0.555	
	100 万円以上 500 万円未満	-0.747***	(0.210)	0.474	-0.676***	(0.222)	0.509	
	500 万円以上 1,000 万円未満	-0.371	(0.367)	0.690	-0.438	(0.394)	0.645	
	1,000 万円以上	-1.133**	(0.514)	0.322	-0.983*	(0.515)	0.374	
	観測数	2,383			2,168			
業績｜予想月商達成率	50％未満	（基準）			（基準）			図 2-10
	50％以上 75％未満	-0.340	(0.226)	0.712	-0.293	(0.235)	0.746	
	75％以上 100％未満	-0.952***	(0.241)	0.386	-0.954***	(0.253)	0.385	
	100％以上 125％未満	-1.270***	(0.253)	0.281	-1.283***	(0.268)	0.277	
	125％以上	-1.331***	(0.303)	0.264	-1.341***	(0.335)	0.262	
	観測数	2,417			2,191			
業績｜開業した事業からの家計収入	0 万円（収入なし）	（基準）			（基準）			図 2-11
	0 万円超 20 万円以下	-0.574***	(0.190)	0.563	-0.599***	(0.205)	0.549	
	20 万円超 50 万円以下	-0.910***	(0.200)	0.403	-0.998***	(0.212)	0.369	
	50 万円超	-0.847***	(0.284)	0.429	-0.936***	(0.306)	0.392	
	観測数	2,438			2,214			
業績｜家計収入の事業収入依存度	0％	0.782***	(0.234)	2.186	0.728***	(0.254)	2.071	図 2-12
	0％超 25％未満	0.501	(0.328)	1.650	0.665*	(0.342)	1.944	
	25％以上 50％未満	0.087	(0.297)	1.091	0.213	(0.309)	1.237	
	50％以上 75％未満	0.033	(0.239)	1.033	0.085	(0.248)	1.088	
	75％以上 100％未満	0.172	(0.315)	1.188	0.132	(0.336)	1.141	
	100％	（基準）			（基準）			
	観測数	2,248			2,039			

（注）　推定式は，モデル①，モデル②の規模または業績を示す変数を入れ替えたもの．入れ替えた変数以外の結果の記載は省略した．便宜的にモデル③，モデル④と記述したが，それぞれ 5 種類の推定を行っている．

満」を除き，規模が大きくなるにつれておおむね廃業率が下がる傾向にあることが有意に示された．

　次に業績の変数をみると，「予想月商達成率」は，「50％以上 75％未満」を除き，達成率が高まると廃業率が下がるという図 2-10 の結果を統計的にも支持する結果となった．「開業した事業からの家計収入」はすべての変数が有意

にマイナスとなり，図2-11の結果と整合した．「家計収入の事業依存度」は，基準となる「100%」から大きく離れた「0%」「0%超25%未満」（モデル④のみ）で統計的に有意となった．ただ，その他のカテゴリーでは，係数の符号は図2-12と矛盾はしないものの，有意とはならなかった．なお，記載を省略した業績以外の説明変数については，係数の符号はおおむねモデル①，モデル②の結果と一致していた．

このように，2011年末の第1回調査のデータを説明変数として2015年末の廃業確率を推定したロジスティック回帰分析の結果は，一部有意にならない結果はあったものの，全体の傾向としてはおおむねクロス集計の結果を支持するものとなっている[53]．

2 翌年の廃業率の推定

続いて，表2-1で示した業績の変数を説明変数とし，翌年の廃業の有無を被説明変数とした，Cox比例ハザードモデルによる推定結果を紹介する．業績を代表する変数としては，まず「前年の採算」を用い，後段で他の変数による推定結果を示す．

前年の採算以外の説明変数は，基本的にはロジスティック回帰分析と同じものを採用している．ただし，いくつかの変数については，ロジスティック回帰分析と同じカテゴリーでは係数が計算できない場合があったため，次のように変数の統合を行った．まず，業種については，クロス集計でみたときに廃業率が最も高い「飲食店・宿泊業」はそのままとし，他の業種は廃業率の高さの順に，三つのグループに統合した．開業費用は，「1,000万円以上5,000万円未満」と「5,000万円以上」を統合し，「1,000万円以上」とした．年齢は「50歳代」と「60歳以上」を統合し，「50歳以上」とした．斯業経験年数は，「0年（斯業経験なし）」と「1～4年」を統合して「0～4年」とした．

また，ロジスティック回帰分析と同様，全体と，年齢を30歳以上に限定した二つの推定を実施した．

結果は全体がモデル⑤，30歳以上がモデル⑥のとおりである（表2-4）．まず，

---

53) 係数が有意にならなかった変数もあるが，係数の符号がクロス集計と矛盾する変数は，ほとんどなかった．

表2-4　Cox比例ハザードモデルの推定結果（1）

被説明変数　　翌年の廃業の有無（「廃業」=1,「存続」=0）		モデル⑤ 全体			モデル⑥ 30歳以上			対応する図表
説明変数	カテゴリー	係数 (β)	頑健標準誤差	ハザード比 Exp(β)	係数 (β)	頑健標準誤差	ハザード比 Exp(β)	
前年の採算	黒字基調	(基準)			(基準)			表2-1
	赤字基調	1.105***	(0.220)	3.019	1.171***	(0.243)	3.225	
業　種	飲食店・宿泊業	(基準)			(基準)			図2-1
	グループ1	-0.844**	(0.331)	0.430	-0.787**	(0.357)	0.455	
	グループ2	-1.032***	(0.307)	0.356	-0.906***	(0.329)	0.404	
	グループ3	-0.451*	(0.247)	0.637	-0.330	(0.262)	0.719	
フランチャイズ加盟	非加盟	(基準)			(基準)			図表なし
	加盟	-0.256	(0.442)	0.774	-0.430	(0.478)	0.651	
開業費用	100万円未満	(基準)			(基準)			図2-2
	100万円以上200万円未満	-0.445	(0.515)	0.641	-0.410	(0.512)	0.664	
	200万円以上500万円未満	-0.583	(0.436)	0.558	-0.703	(0.443)	0.495	
	500万円以上1,000万円未満	-0.498	(0.436)	0.608	-0.582	(0.444)	0.559	
	1,000万円以上	-1.008**	(0.475)	0.365	-0.976**	(0.480)	0.377	
年　齢	29歳以下	0.541	(0.373)	1.718				図2-5
	30歳代	(基準)			(基準)			
	40歳代	0.626**	(0.265)	1.870	0.636**	(0.265)	1.889	
	50歳以上	0.255	(0.310)	1.290	0.267	(0.313)	1.306	
性　別	男　性	(基準)			(基準)			図2-6
	女　性	0.411*	(0.238)	1.508	0.305	(0.254)	1.357	
斯業経験年数	0～4年	(基準)			(基準)			図2-8
	5～9年	0.062	(0.310)	1.064	0.143	(0.337)	1.154	
	10～19年	-0.359	(0.302)	0.698	-0.381	(0.321)	0.683	
	20年以上	-0.188	(0.291)	0.829	-0.198	(0.295)	0.820	
学　歴	中学・高校	(基準)			(基準)			図表なし
	短大等	-0.144	(0.248)	0.866	-0.199	(0.268)	0.820	
	大学・大学院	-0.169	(0.260)	0.845	-0.202	(0.279)	0.817	
事業の新規性	大いにある	(基準)			(基準)			図2-13
	多少ある	-0.349	(0.276)	0.705	-0.472*	(0.287)	0.624	
	あまりない	-0.420	(0.313)	0.657	-0.493	(0.316)	0.611	
	まったくない	-0.640	(0.540)	0.527	-0.669	(0.545)	0.512	
	わからない	-0.553	(0.434)	0.575	-0.523	(0.437)	0.593	
事業で最も重視するもの	品質の高さ	-0.616**	(0.251)	0.540	-0.702***	(0.262)	0.496	図2-14
	価格の安さ	(基準)			(基準)			
	対応の早さ	-0.522*	(0.317)	0.593	-0.678**	(0.325)	0.508	
	その他	-0.775*	(0.450)	0.461	-0.902*	(0.501)	0.406	
セミナー・講演会や交流会・会合への参加	両方とも不参加	0.252	(0.378)	1.287	0.292	(0.402)	1.339	図2-16
	セミナー・講演会のみ参加	0.451	(0.407)	1.570	0.531	(0.434)	1.701	
	交流会・会合のみ参加	0.474	(0.509)	1.606	0.490	(0.553)	1.632	
	両方とも参加	(基準)			(基準)			
観測数		6,047			5,522			
疑似決定係数		0.062			0.066			
対数尤度		-735.7			-649.1			
比例ハザード性の検定：カイ二乗値		25.36			17.31			
比例ハザード性の検定：p-value		0.608			0.923			

（注）　1. ハザード比は，ここではダミー変数の基準を1とした場合の，次期の廃業確率を倍率で示したもの．ロジスティック回帰分析のオッズ比と同じものと考えてよい．例えば本表のモデル⑤では，前年の採算が「赤字基調」の場合，基準である「黒字基調」に比べて，次期の廃業確率が3.019倍になる．

　　　2. 比例ハザード性の検定は，Schoenfeld 残差による．

　　　3. 業種グループは以下のとおり．「飲食店・宿泊業」は，そのままとした．
　　　　　グループ1：「製造業」「医療・福祉」「不動産業」
　　　　　グループ2：「建設業」「個人向けサービス業」「事業所向けサービス業」
　　　　　グループ3：「情報通信業」「運輸業」「卸売業」「小売業」「教育・学習支援」「その他」
　　　　　なお，各グループの標本数（全体3,046件の内訳）は，「グループ1」が705,「グループ2」が896,「グループ3」が757,「飲食店・宿泊業」が598である．

第7節　計量的手法による検証　　　71

「前年の採算」の係数をみると，いずれのモデルも有意にプラスとなった．これは，前年が「赤字基調」であった場合に翌年の廃業確率が上がることを示しており，表2-1のクロス集計の結果と一致している．

　その他の変数についてモデル①，モデル②と比較すると，「業種」「年齢」についての結果は，カテゴリーの変更はあるもののおおむね整合的である．「学歴」「斯業経験年数」ですべての係数が有意でなくなり，「開業費用」でも有意である係数が少なくなったものの，「事業で最も重視するもの」は係数が有意となる変数が増えており，クロス集計の結果とも整合している．また，全体として係数の符号は大きく変わってはいない．なお，「性別」についても，全体（モデル⑤）では「女性」の廃業確率が有意に高くなったものの，30歳以上（モデル⑥）では，有意な性差が確認できないという，モデル①，モデル②と同様の結果となった．このように，これら変数の係数の傾向は，ほぼロジスティック回帰分析（モデル①，モデル②）や一連のクロス集計の結果と整合している．

　次に，前年の業績を表す変数として，「前年の採算」の代わりに，「前年の予想月商達成率（表2-1のカテゴリーに基づき「50%未満」を基準とするダミー変数）」と「前年の開業した事業からの家計収入（表2-1のカテゴリーに基づき「0円（収入なし）」を基準とするダミー変数）」を使用した推定を実施した．また，前年度と前々年度の業績が廃業に与える影響をみるために，「採算の変化（表2-1のカテゴリーに基づき「2年連続黒字基調」を基準とするダミー変数）」を用いた推定も行った．

　結果は全体がモデル⑦，30歳以上がモデル⑧のとおりである（表2-5）．ここでは，業績を示す変数の推定結果のみを表示した．これをみると，「前年の予想月商達成率」と「前年の開業した事業からの家計収入」は，それぞれすべてのカテゴリーで係数が有意にマイナスとなり，表2-1の結果と一致している．「採算の変化」は，「2年連続黒字基調」と比べて，「2年連続赤字基調」「黒字基調から赤字基調」の場合に廃業率が大きく上昇するという結果となった[54]．「赤字基調から黒字基調」の係数は，有意とはならなかったものの，符号条件は表2-1とは矛盾していない．

───────────────
54)　係数の絶対値は表2-4のなかで1番目と2番目に大きい．

表 2-5　Cox 比例ハザードモデルの推定結果 （2）

被説明変数		翌年の廃業の有無（「廃業」=1，「存続」=0）					
		モデル⑦ 全体			モデル⑧ 30歳以上		
説明変数	カテゴリー	係数 (β)	頑健 標準誤差	ハザード比 Exp(β)	係数 (β)	頑健 標準誤差	ハザード比 Exp(β)
前年の予想月商達成率	50%未満	(基準)			(基準)		
	50%以上75%未満	-0.517**	(0.262)	0.596	-0.488*	(0.278)	0.614
	75%以上100%未満	-1.189***	(0.298)	0.305	-1.200***	(0.321)	0.301
	100%以上125%未満	-1.808***	(0.363)	0.164	-1.695***	(0.378)	0.184
	125%以上	-1.578***	(0.414)	0.206	-1.437***	(0.440)	0.238
	観測数	6,080			5,547		
前年の開業した事業 からの家計収入	0万円（収入なし）	(基準)			(基準)		
	0万円超20万円以下	-1.034***	(0.242)	0.356	-0.934***	(0.252)	0.393
	20万円超50万円以下	-1.376***	(0.270)	0.253	-1.307***	(0.282)	0.271
	50万円超	-1.275***	(0.401)	0.279	-1.158***	(0.431)	0.314
	観測数	6,115			5,588		
採算の変化（前々年と 前年の採算）	2期連続黒字基調	(基準)			(基準)		
	黒字基調から赤字基調	2.138***	(0.608)	8.482	1.809***	(0.670)	6.104
	赤字基調から黒字基調	0.906	(0.672)	2.474	0.346	(0.905)	1.413
	2期連続赤字基調	1.972***	(0.525)	7.185	1.908***	(0.567)	6.740
	観測数	3,069			2,819		

（注）　1．推定式は，モデル⑤，モデル⑥の業績を示す説明変数を入れ替えたもの．入れ替えた説明変数以外の結果の記載は省略した．便宜的にモデル⑦，モデル⑧と記述したが，それぞれ3種類の推定を行っている．
　　　　2．説明変数はすべて表2-1に対応している．

　なお，記載は省略した業績以外の説明変数の係数については，「前年の予想月商達成率」「前年の開業した事業からの家計収入」を採用した推定では，「前年の採算」を用いた推定でみられた傾向とほぼ同じであった．「採算の変化」で推定した結果でも，有意となった係数では符号は整合的ではあった．ただし，有意となる係数の数は他の推定と比べて少ない．これは，2期連続回答企業にサンプルが限定されるため，標本数が少なくなっていることが要因と考えられる．

　このように，モデル⑤，モデル⑥，モデル⑦，モデル⑧によって，表2-1でみた，前年あるいは前々年の業績が悪い場合に廃業確率が高まる傾向にあるということを改めて確認できた．また，ロジスティック回帰分析のモデル①，モデル②の結果と比較すると，有意となった係数の数は少なくなるが，それらの符号条件はほぼ一致するという結果となった[55]．

55）　有意とならなかった係数も，ほとんどが係数の符号は一致している．

第8節 まとめ

　本章では，新規開業企業の廃業の要因について，企業や経営者の属性，経営状況などを軸に分析を行った．多くの分析結果は，新規開業パネル調査の第1コーホートと第2コーホートですでに明らかになっていたものと大きな違いはみられなかった．このことは，今回を含むこれまでの新規開業パネル調査の分析結果が，頑健であることを示しているといえよう．

　一方，こうした頑健性があるということは，廃業の可能性が高いグループが，一部を除き少なくとも第1コーホートの調査開始時点の2001年から第3コーホートの調査終了時点の2015年まで，あまり変化しないで存在し続けているということになる．これは裏返せば，新規開業企業や経営者の特定の属性に付随する廃業率を高める要因が，この間に克服されていないことを意味している．そうだとすれば，本章で改めて示したリスクの高いグループに対して，特に廃業との関係が強そうな，資金繰り，商品・サービスの開発，顧客の確保などに関する計画の策定や精査を中心に，開業前の支援を一層充実させる必要があるのではないだろうか．

　また，開業1年以内の段階での業績が，廃業に大きな影響を与えている一方，業績が改善すれば廃業の可能性は低下することを，クロス集計と計量的手法を用いた分析で示した．仮に事業が順調に立ちあがらなかった場合でも，業績の改善を可能にする有効なサポートが行われれば，廃業を免れる可能性は高まる．これは，開業前の計画段階での支援に加えた，開業後の継続的な経営支援の重要性を示唆しているのではないだろうか．

　さらに本章では，29歳以下の女性の廃業率が特に高いことを示した．要因は必ずしも明らかではないが，第8章の休職企業の分析からは，出産や育児などによって廃業を余儀なくされているケースが含まれていたことが容易に予想できる．このような経営者のもつ課題に対する支援がより充実すれば，年齢，性別を問わず，広く新規開業企業の経営者一般にとっても，廃業を抑止する効果があると考えられよう．

　なお，新規開業企業の具体的な廃業理由については，データの制約から十分

に分析することができなかった．実際に何が廃業を決定づけるトリガーとなったのかがさらに明らかになれば，どうすれば廃業を減らすことができるのかを，より明確に示すことができるだろう．これは，今後の廃業に関する研究における大きな課題である．

参考文献

岡室博之（2007）「存続・成長と地域特性」樋口美雄・村上義昭・鈴木正明・国民生活金融公庫総合研究所編著『新規開業企業の成長と撤退』勁草書房（2007年10月），pp. 95-122

鈴木正明（2007a）「廃業企業の特徴から見る存続支援策」樋口美雄・村上義昭・鈴木正明・国民生活金融公庫総合研究所編著『新規開業企業の成長と撤退』勁草書房（2007年10月），pp. 13-54

─────（2012b）「誰が廃業したのか─自発的，非自発的廃業の実証分析─」日本政策金融公庫総合研究所編集・鈴木正明著『新規開業企業の軌跡─パネルデータにみる業績，資源，意識の変化─』勁草書房（2012年9月），pp. 21-57

原田信行（2007）「追跡調査に見る新企業の動態」樋口美雄・村上義昭・鈴木正明・国民生活金融公庫総合研究所編著『新規開業企業の成長と撤退』勁草書房（2007年10月），pp. 123-160

村上義昭（2007a）「新規開業融資に見る金融機関の役割」樋口美雄・村上義昭・鈴木正明・国民生活金融公庫総合研究所編著『新規開業企業の成長と撤退』勁草書房（2007年10月），pp. 161-186

山本勲（2015）『実証分析のための計量経済学─正しい手法と結果の読み方─』中央経済社（2015年11月）

第3章　開業後の業績の推移

第1節　はじめに

　本章では，新規開業企業の業績を分析する．その指標として，売り上げと採算，そして企業規模を示す従業者数を取り上げる．

　新規開業企業の業績に対する関心は高く，国内外で数多くの調査研究が行われている．わが国では，日本政策金融公庫総合研究所（以下，当研究所という）の新規開業パネル調査がその一翼を担ってきた．鈴木（2012c）は過去2回の調査結果から，新規開業企業の業績についていくつかの共通点を見出している[1]．

　売り上げについては，①売り上げは開業2～3年目にかけて大きく伸びるが，その後の伸びは傾向的に小さくなる，②業種によって売り上げの成長度合いは異なる，③事業所を主な顧客・販売先とする企業のほうが一般個人を主な顧客・販売先とする企業よりも売り上げを伸ばしている，が挙げられる．

　採算については，④黒字基調の企業の割合は開業2～3年間が最も高いが，5年目にかけて半分程度まで低下する，⑤黒字または赤字の基調は定着する傾向がある，が挙げられる．

　雇用については，⑥廃業を勘案しても新規開業企業全体では新たな雇用を生み出している，⑦雇用創出力は企業によって大きく異なる，が挙げられる．

　では，本書が分析する新規開業パネル調査第3コーホートにも同じ傾向がみられるのだろうか．本章では，第2コーホートの結果と比較しながら，検証していくことにしたい．本章では，第3コーホートの調査対象企業，すなわち

---

1)　このほか国外の先行研究に関する丹念なサーベイも鈴木（2012c）が詳しい．

図 3-1 業況判断 DI の推移

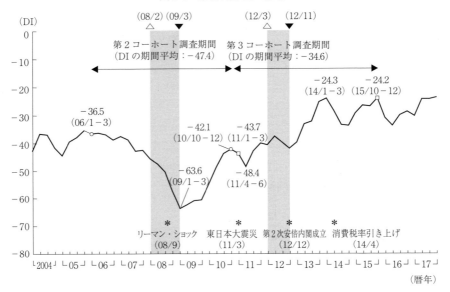

資料：日本政策金融公庫総合研究所「全国中小企業動向調査（小企業編）」
(注) 1. 業況判断 DI は，調査対象企業の業況が「良い」と回答した企業割合から「悪い」と回答した企業割合を差し引いた値．
 2. △は景気の山，▼は景気の谷，シャドー部分は景気後退期を示す．

2011 年に開業した企業を「2011 年企業」，第 2 コーホートの調査対象企業，すなわち 2006 年に開業した企業を「2006 年企業」と表記する．

　分析に入る前に，新規開業企業を取り巻く経済環境を振り返っておきたい．図 3-1 は当研究所が四半期ごとに実施している「全国中小企業動向調査（小企業編）」[2]の業況判断 DI である．これは，業況が「良い」と回答した企業割合から「悪い」と回答した企業割合を差し引いた指数である．DI の水準が高いほど，小企業の景況感は良いといえる．

　まず第 3 コーホートの調査期間（2011〜2015 年）をみると，2011 年は，3 月 11 日に発生した東日本大震災（以下，震災という）の影響で 4-6 月期の DI

---

[2] 調査対象は，日本政策金融公庫国民生活事業の取引先のうち，従業者数が原則 20 人未満の企業 1 万社である．

が大きく落ち込んだ．年の後半は復旧・復興需要の顕現化や経済活動の正常化を受けて，DIが反転した．2012年に短い低下局面を経たあと，同年12月に第2次安倍内閣が成立すると，DIは回復の勢いが増した．2014年に入ると，4月に消費税率が5%から8%に引き上げられた影響でDIは一時的に低下したが，2015年にかけて再び持ち直しに転じた．景気基準日付[3]をみると，2012年3月から11月の景気後退局面（図のシャドー部分）を除き，第3コーホートの調査期間は景気拡大局面にあったことがわかる．開業当初こそ震災の影響で大きく混乱したが，2011年企業を取り巻く経済環境は比較的良好であったとみてよいだろう．

他方，第2コーホートの調査期間（2006〜2010年）をみると，期間後半にかけてDIは大幅に低下した．2008年9月のリーマン・ショックにより日本は深刻な不況に陥った．2009年以降は，政府による経済対策の効果もあってDIは持ち直しに転じたとはいえ，2006年企業を取り巻く経済環境は，開業3年目ごろから非常に厳しいものになった．DIの期間平均は−47.4で，第3コーホートの−34.6に比べて12.8ポイント低い．このように，2011年企業と2006年企業では経営を取り巻く経済環境に大きな違いがあった．この点を意識しながら，分析を進めていく．

本章の構成は次のとおりである．第2節では，新規開業企業の売り上げと採算の推移をみる．第3節では，従業者数の推移を示すとともに，人手不足が新規開業企業の成長のボトルネックとなっている可能性を示す．これらを受けて第4節では企業事例から，新規開業企業の人材確保策を考える．第5節はまとめである．

第2節　売り上げと採算

1　売り上げ

新規開業パネル調査では，各調査時点（毎年12月）の月商（1カ月当たりの売上高）を尋ねている．このため，本節で示すデータは月商であり，年商では

---

3)　内閣府経済社会総合研究所の景気動向指数研究会が，景気動向指数の中長期的な動きを基に決定している．景気基準日付の決定までは数年を要することが多い．

図 3-2　月商（毎年 12 月）の推移

資料：日本政策金融公庫総合研究所「新規開業パネル調査（第 3 コーホート）」，鈴木（2012c）（以下，断りのない限り同じ）．
（注）1．各年末時点の月商をすべて回答した企業について集計した．ただし，月商が「0」と回答した企業や，月商が前年に比べて 10 倍以上または 10 分の 1 以下だった企業は集計から除外した．
　　 2．2011 年企業の分析対象は 625 件，2006 年企業の分析対象は 680 件である．

ない点に注意されたい．

　分析対象は，各年末時点の月商をすべて回答した企業である．ただし，月商が「0」と回答した企業や，月商が前年に比べて 10 倍以上または 10 分の 1 以下の企業は集計から除いている．アンケートに回答する際，桁数を誤って記入している可能性が高いと考えられるため，第 2 コーホートを分析した鈴木（2012c）でも同じ方法をとっている．アンケートに回答しなかった企業や調査期間中に廃業した企業は分析対象に含まれていない点にも留意されたい．

　集計対象企業の月商を平均すると，開業 1 年目に当たる 2011 年の年末時点は 251.1 万円，2012 年末は 320.6 万円，2013 年末は 369.6 万円，2014 年末は 419.6 万円，そして開業 5 年目に当たる 2015 年末は 490.9 万円であった（図 3-2）．平均値をみる限り順調に増加している．中央値をみると，2011 年末は 100 万円，2012 年末は 140 万円，2013 年末は 150 万円，2014 年末は 160 万円，2015 年末は 180 万円と，平均値と比べてかなり伸びが緩やかになっている．

平均値と中央値の乖離は 2011 年末に 151.1 万円だったものが，2015 年末には 310.9 万円まで拡大した．月商を大きく増やした企業がある一方で，開業時とあまり変わらない企業もあるようだ．

　2011 年企業の月商の平均を 2006 年企業と比較すると，開業 1 年目の年末時点は，2011 年企業のほうが 57.0 万円低い．ただし，両者の差は時間の経過とともに縮小していき，開業 5 年目の年末になると，2011 年企業のほうが 33.7 万円高くなる．第 1 節でみたとおり，2011 年企業は開業 1 年目に震災があり，震源に近い東北地方での直接被害をはじめ，サプライチェーンの寸断や自粛ムードの高まりなど，全国で経済活動に大きな影響があった[4]．この年に開業した企業が売り上げを確保することは，2006 年企業よりも困難であった可能性が高い．しかしそのあとは被災地での復旧・復興需要や全国的な景気回復の動きが，売り上げの増加につながったとみられる．他方，2006 年企業は，開業 3 年目に当たる 2008 年にリーマン・ショックがあり，調査期間後半にかけて景気が低迷した．このため，月商が伸び悩んだとみられる．

　前年末と比べた月商の増減の分布はどうなっているだろうか．2011 年企業について，月商が前年末に比べて「増加」した企業の割合をみると，2012 年末は 67.8%，2013 年末は 56.5%，2014 年末は 50.4%，2015 年末は 46.7% となっている（図 3-3）．分布を詳しくみると，「50% 超」増加した企業の割合は 2012 年末の 27.0% をピークに，年を追うにつれて低下している．「0% 超 50% 以下」（「0% 超 25% 以下」と「25% 超 50% 以下」の合計）増加した企業の割合は毎年 4 割程度で安定している．他方，前年末に比べて月商が「減少」した企業の割合をみると，2012 年末が 17.8%，2013 年末が 21.0%，2014 年末が 25.8%，2015 年末が 26.4% となっている．「減少」企業の割合は，5 年間で約 10 ポイント増えている．

　2006 年企業について月商が「増加」した企業の割合をみると，開業 2 年目の 2007 年末は 2011 年企業と同じ 67.8% であったが，開業 5 年目の 2010 年末には 41.5% に低下する．2011 年企業（46.7%）と比べて 5.2 ポイント低い．反対に，月商が「減少」した企業の割合は，リーマン・ショックがあった 2008 年の末に大きく上昇し，そのあとは毎年 3 割を超えている．5 年目の 2010 年

---

4)　震災の新規開業企業への影響については，第 6 章で改めて詳述する．

図 3-3 前年末と比べた月商の増減

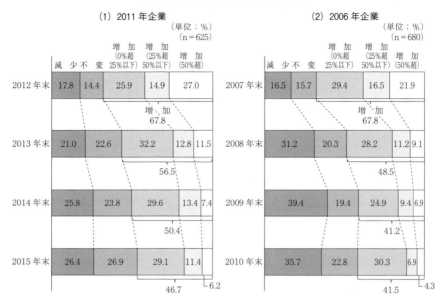

（注） 1. 図 3-2 の（注）1, 2 に同じ.
2. 前年末と比較した増減を示しているため, 開業 1 年目に当たる 2011 年末のデータはない.

末は 35.7% と, 2011 年企業 (26.4%) に比べて 9.3 ポイント高い. 前掲図 3-2 のように, 2011 年企業の月商の推移が 2006 年企業と違うのは, 2006 年企業に比べて「増加」した企業の割合が高く,「減少」した企業の割合が低いことによって生じているといえる. 月商が「不変」の企業の割合は 2011 年企業と 2006 年企業であまり差がない.

続いて業種別に月商をみてみる. ここでは開業 1 年目の年末と 5 年目の年末の月商を比較する. まず, 2011 年企業についてみると, 2011 年末の月商が最も多かったのは卸売業 (927.9 万円) で, 以下, 建設業 (470.5 万円), 小売業 (417.7 万円) が続く (表 3-1). 他方, 最も少ないのは教育・学習支援業 (60.7 万円) で, 少ない順に個人向けサービス業 (117.3 万円), 運輸業 (141.7 万円) となっている. 卸売業と教育・学習支援業では 15 倍以上の開きがある.

2006 年企業についてみると, 2006 年末の月商が最も多かったのは卸売業

第2節　売り上げと採算　　　　　　81

表 3-1　月商の平均（業種別，主な販売先・顧客別）

(1) 2011 年企業

①業種別

（単位：万円，％）

	2011年末	2015年末	増加額	増加率	n
建設業	470.5	1,533.4	1,062.9	225.9	67
製造業	258.5	479.2	220.7	85.4	37
情報通信業	333.4	1,178.5	845.1	253.5	13
運輸業	141.7	447.7	306.0	215.9	35
卸売業	927.9	1,482.6	554.7	59.8	66
小売業	417.7	767.6	349.9	83.8	125
飲食店・宿泊業	181.7	252.9	71.2	39.2	216
医療・福祉	184.9	431.2	246.3	133.2	263
教育・学習支援業	60.7	131.5	70.8	116.6	40
個人向けサービス業	117.3	186.2	68.9	58.7	260
事業所向けサービス業	259.1	560.2	301.1	116.2	103
不動産業	157.2	923.4	766.2	487.4	41

②主な販売先・顧客別

（単位：万円，％）

対個人	195.9	383.4	187.5	95.7	975
対事業所	431.0	983.1	552.1	128.1	296

(2) 2006 年企業

①業種別

（単位：万円，％）

	2006年末	2010年末	増加額	増加率	n
建設業	404.1	574.1	170.0	42.1	94
製造業	633.8	884.3	250.5	39.5	57
情報通信業	459.5	703.9	244.4	53.2	28
運輸業	147.3	313.0	165.7	112.5	63
卸売業	784.5	1,136.4	351.9	44.9	96
小売業	437.8	577.3	139.5	31.9	159
飲食店・宿泊業	155.8	183.9	28.1	18.0	182
医療・福祉	207.1	375.8	168.7	81.5	194
教育・学習支援業	74.4	192.1	117.7	158.2	23
個人向けサービス業	93.0	136.1	43.1	46.3	203
事業所向けサービス業	301.7	546.9	245.2	81.3	133
不動産業	163.5	413.7	250.2	153.0	34

②主な販売先・顧客別

（単位：万円，％）

対個人	207.6	316.7	109.1	52.6	880
対事業所	489.4	740.8	251.4	51.4	394

（注）　1．開業1年目と5年目の各年末の月商を回答した企業について集計した．ただし，開業1年目の月商が「0」の企業は除外した．

2．主な販売先・顧客は開業1年目の回答に基づく．

3．その他の業種は，回答数が少なかったことから記載を省略した．

（784.5 万円）で，製造業（633.8 万円）と情報通信業（459.5 万円）が続く．他方，最も少なかったのは教育・学習支援業（74.4 万円）で，2 番目が個人向けサービス業（93.0 万円），3 番目が運輸業（147.3 万円）となっている．卸売業が最大である点と下位 3 業種の顔ぶれは 2011 年企業と 2006 年企業で同じである．

　この理由として考えられるのは，販売先の違いである．卸売業の多くは企業や事業所を相手とした B to B のビジネスであり，開業時点で販売先を確保できているケースが多いし，販売ロットも大きいという特徴がある．他方，教育・学習支援業や個人向けサービス業は一般消費者を相手とした B to C のビジネスである．このため開業時に販売先を確保できているケースは少なく，多くの企業が開業後に販売先を獲得していくことになる．したがって開業当初の売り上げが少ないのだろう．なお，新規開業企業における運輸業の多くは個人タクシー業者が占めており，ほぼ B to C の業種といえる．2011 年末の月商を主な顧客・販売先別にみると，主な販売先が「対事業所」と回答した企業の月商は 431.0 万円であるのに対し，「対個人」と回答した企業の月商は 195.9 万円と，「対事業所」の半分に満たない．この傾向は 2006 年企業でも同様である．

　2011 年企業のうち，開業 5 年目の月商が最も多かったのは建設業（1,533.4万円）で，以下，卸売業（1,482.6 万円），情報通信業（1,178.5 万円）となっている．2006 年企業は，開業 5 年目の上位 3 業種が卸売業，製造業，情報通信業であるから，建設業が最上位となった点が 2011 年企業の特徴で，その額は2006 年企業よりも約 1,000 万円多い．

　震災の翌年以降，東北地方では復旧・復興需要が本格化した．また，被災地以外でも，建物の耐震補強工事や道路河川などの防災対策といった工事が活発化した．このため建設工事価格は上昇し，建設業の月商が大きく増えたと考えられる[5]．他方，2006 年企業の建設業の月商があまり伸びなかったのは，2005 年の耐震偽装問題や，これを受けた 2007 年 6 月の建築基準法の改正[6]に

---

5)　国土交通省が毎月公表している「建設工事費デフレーター」（2011 年度を 100 とする指数）をみると，2012 年度が 99.3，2013 年度が 101.7，2014 年度が 105.2，2015 年度が 105.6 となっている．震災の翌年度こそ建設工事費はやや低下したものの，それ以降は上昇を続けていることがわかる．

6)　建築確認・検査の厳格化や指定確認検査機関の業務の適性化，建築士等の業務の適性化と罰則の強化などが盛り込まれた．

より工事が中止，あるいは先送りになったケースが多かったことなどが影響したと考えられる．

2011年企業のうち，開業5年目の月商が最も小さかったのは教育・学習支援業（131.5万円）で，2番目が個人向けサービス業（186.2万円），3番目が飲食店・宿泊業（252.9万円）であった．下位3業種の顔ぶれは2006年企業と同様で，やはり個人を顧客とする業種で月商が低い．主な顧客・販売先別にみても，「対事業所」の企業の月商は983.1万円であるのに対し，「対個人」の企業の月商は383.4万円にとどまっている．両者の差は599.7万円で，開業1年目の235.1万円からさらに広がっている．顧客・販売先別にみた月商規模の差が拡大する傾向も2006年企業と同様である．

2　採　　算

次に採算の推移をみていく．採算は，月商と同様で各年12月の状況を「黒字基調」「赤字基調」の2択で尋ねている．ここでも，2006年企業と比較するために，鈴木（2012c）と分析方法をそろえた．具体的には，各年末時点の廃業率から存続企業割合を算出し，これに「黒字基調」「赤字基調」の回答割合をかけることで，「黒字基調」「赤字基調」「廃業」の3カテゴリーを作成する．「黒字基調」「赤字基調」の回答割合は各年末時点の採算状況をすべて回答した企業（2011年企業は615件，2006年企業は626件）から算出した．

2011年企業について「黒字基調」の企業割合をみると，開業1年目の2011年末は55.4％と，半数以上の企業が黒字化を果たしている（**図3-4**）．その後の推移をみると，2012年末が70.8％，2013年末が74.1％，2014年末が72.6％，そして2015年末が70.5％となっている．開業から5年が経過した時点で7割の企業が「黒字基調」である．

2006年企業について「黒字基調」の企業割合をみると，開業1年目の2006年末は60.9％であった．2011年企業に比べて5.5ポイント高い．2年目は70.8％まで上昇する．しかし，3年目以降は低下し，5年目は54.2％となっている．2011年企業（70.5％）に比べて16.3ポイント低い．

このように，2011年企業と2006年企業で採算状況は異なる．売り上げと同様に，2011年企業のほうがパフォーマンスは良好である．景気が良ければ黒

図 3-4　採算の推移

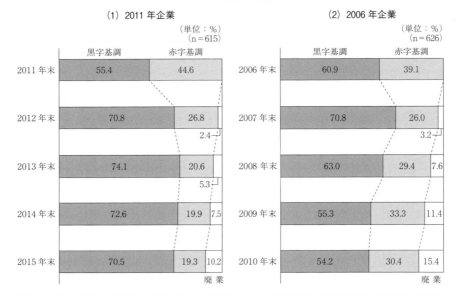

(注) 1. 各年末時点の廃業率から存続企業割合を算出し，これに「黒字基調」「赤字基調」の回答割合をかけることで，「黒字基調」「赤字基調」「廃業」の 3 カテゴリーを作成した．
2. 「黒字基調」「赤字基調」の回答割合は各年末時点の採算状況をすべて回答した企業（2011 年企業は 615 件，2006 年企業は 626 件）から算出した．

字になりやすく，反対に景気が悪ければ赤字になりやすくなるのは自然といえるから，経済環境の違いが新規開業企業の採算に大きく影響しているのであろう．

ほかにも考えられる理由はある．それは，開業時や開業後のサポートが充実してきたことである．一例が，2014 年に施行された産業競争力強化法である．同法は，市区町村が民間の創業支援事業者（地域金融機関，NPO 法人，商工会議所・商工会等）と連携し，ワンストップ相談窓口の設置，創業セミナーの開催，コワーキング事業等の創業支援を行う「創業支援事業計画」（最長 5 年間）について，国による認定制度を設けている．認定を受けた創業支援事業者は，国から補助金を受け取ることができる．また，同計画に基づいて経営や財務，人材育成，販路開拓等の知識習得を目的に継続的に行われる「特定創業支

援事業」による支援を受けた創業者（創業後5年未満の者を含む）は，株式会社の設立登記にかかる登録免許税の軽減や，都道府県の信用保証協会による信用保証枠の拡大といった措置も受けられる．2015年10月2日時点で47都道府県771市区町村が認定を受けており，施行から1年の間に全国で創業支援の態勢整備が大きく進んだ[7]．新規開業パネル調査では，特定創業支援事業によるサポートを受けたかどうかは尋ねていないため，業績への効果を検証することはできない．ただ，当研究所が毎年実施している「新規開業実態調査」[8]のデータから算出した採算DI（「黒字基調」と回答した企業割合から「赤字基調」と回答した企業割合を引いたもの）の水準は，リーマン・ショック（2008年），震災（2011年）などを経ても，一段と改善している．この理由について，藤井・藤田（2017）は，開業後の経営支援態勢の充実が，DIの水準向上に貢献したと推測している．2006年企業と2011年企業の間には，経済環境だけでなく，支援体制にも大きな違いがあり，これが企業の業績に影響していると思われる．

　業種別に採算状況をみると，開業1年目の2011年末に「黒字基調」の企業割合が最も高かったのは情報通信業（78.6%）で，次いで建設業（64.6%），卸売業（62.7%）などの順となっている．他方，最も低かったのは教育・学習支援業（27.5%）で，次いで低い順に事業所向けサービス業（55.8%），医療・福祉（46.3%），個人向けサービス業（48.6%）などとなっている（**表3-2**）．売り上げの場合ほど顕著ではないものの，B to Bの業種でパフォーマンスが良い傾向がみてとれる．主な顧客・販売先別に「黒字基調」の企業割合をみると，「対事業所」は56.9%と，「対個人」（49.2%）よりも7.7ポイント高くなっている．

　2015年末をみると，「黒字基調」の企業割合が最も高いのは製造業（80.2%）で，以下，建設業（79.0%），医療・福祉（78.5%）が続く．他方，最も低いの

---

7)　2017年12月25日現在，認定自治体の数は47都道府県1,379市町村と，2015年10月に比べて約2倍に増えている．

8)　日本政策金融公庫国民生活事業の融資を受けて開業した人に対し，開業の翌年に実施するアンケート調査．新規開業パネル調査とは異なり，毎年アンケートの対象先が異なるが，設問の内容は毎年ほぼ同じであり，データの時系列比較が可能である．結果は毎年『新規開業白書』にまとめられている．

表 3-2 採算の推移（業種別，主な販売先・顧客別）

(1) 2011 年企業

①業種別

（単位：%）

	2011 年末		2015 年末			n
	黒字基調	赤字基調	黒字基調	赤字基調	廃業	
建設業	64.6	35.4	79.0	14.4	6.6	65
製造業	56.3	43.8	80.2	14.8	5.0	32
情報通信業	78.6	21.4	66.2	18.0	15.8	14
運輸業	50.0	50.0	57.4	32.5	10.1	36
卸売業	62.7	37.3	60.7	27.7	11.5	67
小売業	48.8	51.2	57.0	28.5	14.5	123
飲食店・宿泊業	52.9	47.1	56.1	25.0	18.9	208
医療・福祉	46.3	53.7	78.5	16.1	5.5	259
教育・学習支援業	27.5	72.5	59.1	28.4	12.5	40
個人向けサービス業	48.6	51.4	78.3	15.6	6.1	259
事業所向けサービス業	55.8	44.2	75.9	18.1	6.0	104
不動産業	55.0	45.0	74.2	21.5	4.3	40

②主な販売先・顧客別

	2011 年末		2015 年末			n
対個人	49.2	50.8	68.4	21.0	10.6	597
対事業所	56.9	43.1	71.6	19.7	8.7	297

(2) 2006 年企業

①業種別

（単位：%）

	2006 年末		2010 年末			n
	黒字基調	赤字基調	黒字基調	赤字基調	廃業	
建設業	72.8	27.2	53.9	30.2	15.9	92
製造業	73.6	26.4	49.0	34.8	16.2	53
情報通信業	57.1	42.9	25.5	53.8	20.8	28
運輸業	66.1	33.9	45.8	44.3	9.8	59
卸売業	64.1	35.9	51.2	31.4	17.4	92
小売業	52.5	47.5	46.1	34.8	19.2	158
飲食店・宿泊業	57.9	42.1	40.9	35.9	23.2	171
医療・福祉	55.2	44.8	78.9	14.6	6.5	192
教育・学習支援業	43.5	56.5	57.0	24.9	18.0	23
個人向けサービス業	50.5	49.5	62.7	27.8	9.5	192
事業所向けサービス業	51.6	48.4	53.5	29.4	17.1	124
不動産業	66.7	33.3	55.8	31.9	12.3	33

②主な販売先・顧客別

	2006 年末		2010 年末			n
対個人	56.3	43.7	55.9	29.3	14.8	838
対事業所	60.5	39.5	50.5	32.7	16.8	387

（注）　1. 開業1年目と開業5年目の各年末の採算状況を回答した企業について集計した.
　　　　2. 主な販売先・顧客は開業1年目の回答に基づく.
　　　　3. その他の業種は，回答数が少なかったことから記載を省略した.

第2節　売り上げと採算　　　　87

表3-3　前年末と比べた採算状況の変化

(1) 2011 年企業

	2012 年末	2013 年末	2014 年末	2015 年末
改善割合	22.0	12.0	7.6	9.1
悪化割合	5.8	6.4	7.0	8.3
黒字基調 継続割合	45.2	64.2	71.2	70.2
赤字基調 継続割合	26.9	17.4	14.2	12.4
変動割合	27.8	18.4	14.6	17.4
固定割合	72.2	81.6	85.4	82.6
n	1,566	1,097	952	959

(2) 2006 年企業

	2007 年末	2008 年末	2009 年末	2010 年末
改善割合	16.7	9.5	9.0	11.4
悪化割合	7.8	13.4	15.2	10.4
黒字基調 継続割合	48.3	54.8	52.5	53.0
赤字基調 継続割合	27.3	22.2	23.3	25.2
変動割合	24.4	23.0	24.2	21.8
固定割合	75.6	77.0	75.8	78.2
n	1,519	1,093	1,025	973

(注)　1．2時点連続の採算状況が確認できた企業について集計した.
　　　　2．改善（悪化）割合とは期中に赤字（黒字）基調から黒字（赤字）基調へ変化した企業の割合である.
　　　　3．変動割合とは改善割合と悪化割合の合計，固定割合とは黒字基調継続割合と赤字基調継続割合の合計である.
　　　　4．前年末からの変化を示しているため，開業1年目に当たる2011年末のデータはない.

は飲食店・宿泊業（56.1%）で，2番目には小売業（57.0%），3番目には運輸業（57.4%）が続いている.

　では，採算状況は年ごとにどう変化したのだろうか．まず，前年末は「黒字基調」だったが当年末は「赤字基調」，つまり赤字に転落した企業の割合（「悪化割合」）をみると，2012年末が5.8%，2013年末が6.4%，2014年末が7.0%，そして2015年末が8.3%となっている（表3-3）．逆に，「赤字基調」から「黒字基調」に転換した企業の割合（「改善割合」）をみると，2012年末は22.0%，2013年末は12.0%，2014年末は7.6%，2015年末は9.1%となっている．「悪化割合」が5%～8%台であまり変わらないのに対し，「改善割合」は年を追うごとに低下している．この結果，翌年に採算状況が変わった企業の割合（「悪化割合」と「改善割合」を合わせた「変動割合」）は，2012年末に27.8%となったあと，徐々に低下し，2015年末に17.4%となっている．開業からの時間が経過するにつれて，採算状況は固定的になっていくことが確認できる．これは2006年企業と同じ傾向である．開業直後は，売り上げを増やすことに目

が向きがちであるが，鈴木（2012c）も指摘するように，安定的に利益をあげられる体制を早期に築くことが重要といえる．

3　小　　括

　本節では，2011年に開業した「2011年企業」の売り上げや採算の推移について，2006年に開業した「2006年企業」と比較分析を行った．第1節で挙げた，過去の研究から明らかになった点のうち，②業種によって売り上げの成長度合いは異なる，③事業所を主な顧客・販売先とする企業のほうが一般個人を主な顧客・販売先とする企業よりも売り上げを伸ばしている，⑤黒字または赤字の基調は定着する傾向がある，については，第3コーホートにも当てはまることがわかった．

　他方，①売り上げは開業2～3年目にかけて大きく伸びるが，その後の伸びは傾向的に小さくなる，④黒字基調の企業の割合は開業2～3年間が最も高いが，5年目にかけて半分程度まで低下する，については，過去の調査とは異なる結果となった．第3コーホートの企業は，少なくとも5年の間は売り上げの拡大ペースは変わらなかった．また，黒字基調の企業の割合も，開業から5年が経過した時点で7割を超えている．この理由について，本節では経済環境と開業後のサポート体制など，外部環境の違いを挙げた．このほかにも理由はあるかもしれないが，新規開業企業の業績を分析するうえでは，経営資源の準備状況や事業の運営体制といった内部環境だけではなく，外部環境の違いにも注目する必要があるだろう．

　本節では分析できなかったが，新規開業パネル調査や新規開業実態調査の結果から推測すると，経済環境の悪化などによる業績へのマイナスの影響は，開業後のサポートによって軽減できる可能性もある．新規開業企業の成長を後押しするためにも，引き続き支援体制を強化していく必要がありそうだ．こうした支援制度の存在を新規開業企業や開業希望者に幅広く周知し，利用を促していくことも重要だろう．

第3節　従業者数

　本節では，新規開業企業の従業者数の推移をみていく．新規開業企業が生み出す雇用は，個々の企業の成長の証であるとともに，経済社会全体にも効果をもたらす．開業により雇用が生み出され，その後も雇用が維持・拡大されているのならば，開業とその後の経営を支援する意義は大きい．では，2011年企業はどれだけの雇用を生み出したのだろうか．また，その雇用は開業後も維持・拡大できているのだろうか．本節では，前節と同様，2006年企業の分析と集計条件をそろえたうえで比較する．

　分析対象は次の条件のいずれかを満たす企業である．一つは，開業時と2011年から2015年までの各年末時点の従業者数をすべて回答した企業である．これを満たす企業は702件あった．もう一つは，廃業した企業のうち，廃業年以前の各年末の従業者数をすべて回答した企業である．こちらは125件ある．両者を合わせた827件が分析対象である．分析対象に廃業企業が含まれているので，廃業によって失われた雇用を考慮したネットの雇用創出効果を捉えることができる．

　従業者数の推移をみると，開業時の従業者数の平均は3.6人であった（図3-5）．内訳は経営者（1人）のほか，家族従業員が0.4人，常勤役員・正社員が0.8人，パート・アルバイト・契約社員が1.3人となっている．派遣社員は0.0人であった．さらに年ごとの推移をみると，2011年末が4.5人，2012年末が4.7人，2013年末が5.4人，2014年末が5.7人，2015年末が6.0人となっている．開業から5年の間に，従業者数の平均は2.4人増えている．827件の従業者数の合計をみると，開業時に2,959人となったあと増加を続け，2015年末には4,927人となった．調査期間中に廃業した企業の雇用喪失分を考慮しても，開業時点と比較して雇用が1,968人分増加したことになる．

　2006年企業の従業者数の平均は開業時が3.7人，開業5年目に当たる2010年末が4.7人であった[9]．増加数は1.0人で，2011年企業に比べると少ない．従業者数の合計は，開業時が3,268人，2010年末が4,129人であったので，5

---

9)　2006年企業については，2006年末時点の従業者数を尋ねていない．

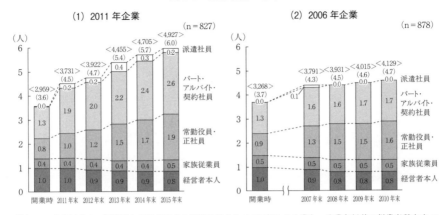

図3-5 従業者数の分布

(注) 1. 集計対象は，開業時と各年末時点の従業者数をすべて回答した企業と，廃業年以前の従業者数をすべて回答した廃業企業である．
2. 廃業企業については廃業以降の従業者数を「0」とした．
3. （ ）内は1企業当たりの従業者数の平均，〈 〉内は集計対象企業における従業者数の合計である．
4. 2006年企業については，2006年末時点の従業者数を尋ねていない．

表3-4 開業時と開業5年目を比較した従業者数の増減状況

(1) 2011年企業 (単位：件，％，人)

	企業ベース		従業者数ベース	
	企業数	構成比	増加数	1企業当たり
増加企業	371	44.9	2,603	7.0
不変企業	254	30.7	0	0.0
減少企業	77	9.3	-137	-1.8
廃業企業	125	15.1	-498	-4.0

(2) 2006年企業 (単位：件，％，人)

	企業ベース		従業者数ベース	
	企業数	構成比	増加数	1企業当たり
増加企業	342	39.0	1,584	4.6
不変企業	250	28.5	0	0.0
減少企業	117	13.3	-220	-1.9
廃業企業	169	19.2	-503	-3.0

(注) 図3-5の(注)1に同じ．

年間で861人分の雇用増となっている．調査対象企業数が異なるため厳密な比較ではないが，2011年企業のほうが雇用創出力は強かったといえるのではないだろうか．

2011年企業の従業者数の増減状況を詳しくみると，2015年末の従業者数が開業時に比べて増えた「増加企業」は371件（44.9％），変わらなかった「不変企業」は254件（30.7％），減った「減少企業」は77件（9.3％）であった（表3-4）．ほかに調査期間中に廃業した「廃業企業」が125件（15.1％）ある．こ

第3節 従業者数

図3-6 従業者数の分布の推移

(注) 図3-5の(注)1, 4に同じ.

の構成割合は2006年企業と類似している．「増加企業」371件が開業後に増やした従業者数の合計は2,603人である．他方，減少した従業者数の合計は635人で，内訳は，「減少企業」が137人，「廃業企業」が498人となっている．新規開業企業の雇用の喪失は事業を継続している企業が雇用を減らしたことよりも，廃業によってもたらされている部分が大きい．2011年企業の廃業率は15.1%と，2006年企業（19.2%）に比べて4.1ポイント低い．したがって，2011年企業の雇用創出力が2006年企業に比べて強いのは，廃業率が低かったためと考えられる．

続いて従業者数の分布の推移をみてみよう．開業時をみると，「1人」のカテゴリーが31.3%と最も多く，次いで「2人」が24.2%となっている（図3-6）．2011年企業の55.5%が経営者を含めて2人以内で事業を開始している．開業後の推移をみると，「1人」や「2人」の割合は低下し，2015年末にはそれぞれ18.4%，17.9%となっている．両者の合計は36.3%で，開業時に比べて19.2ポイント低下している．同様に「3人」や「4人」のカテゴリーも，時間の経過とともに割合が低下している．他方，開業時に比べて割合が上昇しているのが「10人以上」のカテゴリーである．開業時に5.3%であったものが，2015年

末には 15.6% となっており，10.3 ポイント上昇している．「5 〜 9 人」のカテゴリーが開業時と 2015 年末で 1.0 ポイントしか変わらないことも踏まえると，一部の企業が大きく雇用を増やし，従業者数の平均を引き上げているとみられる[10]．

　従業者数の平均を業種別にみると，開業時に最も多かった業種は医療・福祉（4.8 人）で，次いで飲食店・宿泊業（4.7 人），小売業（4.4 人）などの順となっている（**表 3-5**）．他方，開業時の平均従業者数が最も少ない業種は不動産業（1.6 人）で，次は運輸業と卸売業（ともに 1.9 人）である．医療・福祉にはデイケアセンターやリハビリステーションなど介護関連施設が多く含まれている．あらかじめスタッフを確保しておかなければ利用者を受け入れることができないため，開業時の従業員が多くなりやすいのだろう．飲食店・宿泊業や小売業の従業員が多いのは，営業時間が長いためとみられる．これらの業種は不特定の消費者がターゲットであるから，販売機会を増やすためには，従業員を交替で多く使い，営業時間を長めに確保することが得策である．そのために，人手が必要ということなのだろう．他方，不動産業や卸売業などは必ずしも営業時間の長さで売り上げが決まるわけではないから，少人数でも事業が成り立ちやすい．運輸業については，ドライバーを雇う貨物運送業者もあるが，多くは個人タクシー業者である．このため平均でみた従業者数は少なくなっている．

　開業 5 年目の従業者数が最も多かった業種は，情報通信業（21.5 人）で，次いで医療・福祉（10.1 人），事業所向けサービス業（8.7 人）の順となっている．開業時と比べて最も雇用を増やしたのもこの 3 業種で，それぞれ 19.2 人，5.3 人，4.5 人の増加となっている．情報通信業で雇用が大きく増加しているのは，2006 年企業においても同様である．鈴木（2012c）も指摘するように，成長産業だからだろう．例えば，総務省『情報通信白書（平成 29 年版)』によると，スマートフォンの普及率は 2011 年に 29.3% だったものが，2015 年には 72.0%

---

10)　鈴木（2012c）によると，2006 年企業のうち，開業時から開業 5 年目（2010 年末）までに従業員を増やした企業（増加企業）は 342 件で，これらの企業による雇用創出人数は 1,584 人である．このうち 829 人（52.3%）は，増加企業のうち 40 件（11.7%）によってもたらされたとしている．同様の手法で 2011 年企業について分析したところ，増加企業 371 件による雇用創出人数は 2,603 人，このうち 1,317 人（50.6%）は，増加企業のうち 36 件（9.7%）によるものであった．一部の企業が多数の雇用を生み出していることがわかる．

第3節　従業者数

表 3-5　開業時と開業 5 年目を比較した従業者数の増減（業種別）

(1) 2011 年企業

（単位：人，%）

	開業時	2015 年	増減数	増減率	n
建設業	3.2	5.2	2.0	62.5	41
製造業	2.2	3.0	0.8	36.4	24
情報通信業	2.3	21.5	19.2	834.8	8
運輸業	1.9	4.5	2.6	136.8	19
卸売業	1.9	3.5	1.6	84.2	43
小売業	4.4	5.8	1.4	31.8	90
飲食店・宿泊業	4.7	5.2	0.5	10.6	154
医療・福祉	4.8	10.1	5.3	110.4	161
教育・学習支援業	3.0	7.3	4.3	143.3	24
個人向けサービス業	2.2	2.9	0.7	31.8	174
事業所向けサービス業	4.2	8.7	4.5	107.1	56
不動産業	1.6	3.5	1.9	118.8	27

(2) 2006 年企業

（単位：人，%）

	開業時	2010 年	増減数	増減率	n
建設業	3.6	4.0	0.4	11.1	65
製造業	5.5	6.9	1.4	25.5	42
情報通信業	4.1	9.9	5.8	141.5	26
運輸業	2.1	2.9	0.8	38.1	36
卸売業	2.8	3.4	0.6	21.4	77
小売業	4.2	4.4	0.2	4.8	118
飲食店・宿泊業	4.3	3.1	-1.2	-27.9	133
医療・福祉	4.7	7.2	2.5	53.2	120
教育・学習支援業	—	—	—	—	—
個人向けサービス業	2.4	2.5	0.1	4.2	132
事業所向けサービス業	3.8	7.2	3.4	89.5	92
不動産業	2.9	4.1	1.2	41.4	23

(注)　1.　図 3-5 の(注)1 に同じ.
　　　2.　その他の業種と 2006 年企業の教育・学習支援業は，回答数が少なかったことから記載を省略した.

　と，大きく上昇している．同様にタブレット端末も 2011 年の 7.2% から 2015 年には 31.4% に上昇した．新しい端末の登場や普及にともなって，ウェブサイトを再構築する，あるいは新たなアプリケーションを開発するといった需要が生まれ，これに対応するために従業員を増やしている企業もあるのだろう．
　医療・福祉も，需要が拡大している産業といえる．厚生労働省『平成 27 年度介護保険事業状況報告（年報)』によると，介護保険制度における要介護または要支援の認定を受けた人の数は，2015 年度末時点で 620.4 万人となり，2011 年度末時点の 530.6 万人から 89.8 万人増加した．介護を必要とする人は，今後も増えていくとみられる．

こうしてみると，新規開業企業は社会の変化によって生まれた新たな需要を先んじて捉えているといえる．一つ一つの企業規模は小さいとはいえ，新規開業企業全体が新産業の創出に果たしている役割は大きい．

　このように，成長産業といわれる業種で雇用の増加が目立つが，他方で近年は，企業規模を問わず人手不足が深刻化してきている．新規開業企業でも，人手不足に悩む企業は多く，成長のボトルネックになっているようである．図3-7は，経営上苦労している点の推移をみたものである[11]．2011年に最も回答が多かった項目は「顧客開拓・マーケティングがうまくいかない」（43.1%）で，次に「経費（人件費・家賃・支払利息など）がかさんでいる」（24.7%），「資金繰りが厳しい」（22.0%）などの順となっている．2013年以降の推移をみると，「顧客開拓・マーケティングがうまくいかない」や「経費（人件費・家賃・支払利息など）がかさんでいる」「資金繰りが厳しい」の回答割合は低下していくのに対し，「従業員の人数が不足している」や「必要な能力をもった従業員を採用できない」などの回答割合は上昇していることがわかる．

　さらに各年の月商規模から，集計対象全体を3等分する企業数となるように三つの企業グループ（月商規模が小さい「低位グループ」，中間層に当たる「中位グループ」，月商規模が大きい「高位グループ」）をつくり，経営上苦労している点とクロス集計した結果が図3-8である．ここでは，「販売関連」の課題3項目（「顧客開拓・マーケティングがうまくいかない」「受注単価・販売単価が安い」「商品・サービスの開発がうまくいかない」）と，「人材関連」の課題3項目（「従業員の人数が不足している」「必要な能力をもった従業員を採用できない」「従業員をうまく育成できていない」）に注目した．

　「販売関連」をみると，「顧客開拓・マーケティングがうまくいかない」については，低位グループで回答割合が他のグループより高くなる傾向がうかがえる．他方，「受注単価・販売単価が安い」「商品・サービスの開発がうまくいかない」については，グループ間での差はあまりない．売り上げを増やすうえでは，商品・サービスの価格や質よりも，顧客を獲得できるかどうかのほうが，影響が大きいようだ．

---

11)　ここでは，後掲図3-8で業績との関係をみるために，各年末の月商を回答した企業について集計している．

第 3 節　従業者数

図 3-7　経営上苦労している点（複数回答）

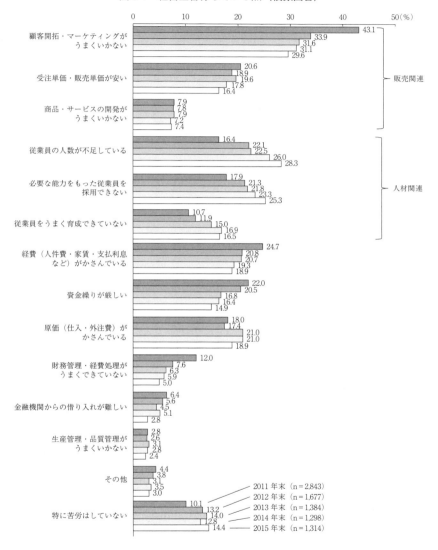

（注）1. 各年末の月商を回答した企業について集計した．
2. 「従業員の人数が不足している」は，2011 年末のみ選択肢を「従業員が量的に不足している」としている．

図 3-8 月商規模別にみた経営課題（販売関連・人材関連）

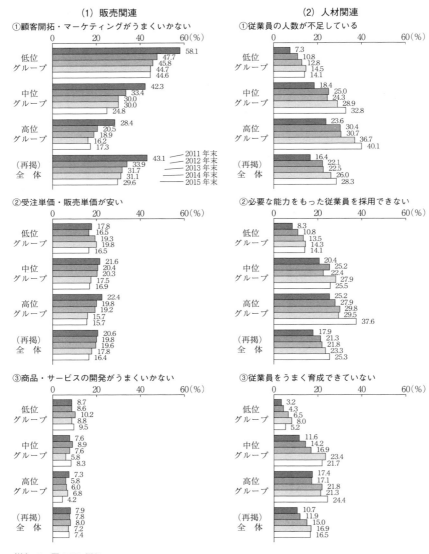

(注) 1. 図 3-7 に同じ．
2. n 値の記載は省略した．

「人材関連」をみると，各項目ともにグループ間で差がみられる．「従業員の人数が不足している」の回答割合をみると，低位グループでは7.3%〜14.5%であるのに対し，高位グループでは23.6%〜40.1%となっている．「必要な能力をもった従業員を採用できない」「従業員をうまく育成できていない」についても，高位グループの回答割合が低位グループよりも高い．さらに，これらの回答割合は開業から時間が経過するにつれて特に高位グループで上昇する傾向にある．

　顧客を獲得し売り上げを増やしてきた企業は，人手不足の問題に直面する．人手不足が成長を妨げている可能性もある．そこで次節では，新規開業企業の人材確保策，特に企業活動の要ともいえる正社員の確保について，アンケートのデータと企業へのヒアリングから考えることにしたい．

第4節　正社員の確保に向けた取り組み

　本節では，新規開業企業による正社員の確保に焦点を当てて分析する．正社員を確保する方法は大きく二つある．一つは採用である．詳しくは後述するが，2011年企業の約3割が公共職業安定所（ハローワーク）を経由して正社員を採用している．民間の就職あっせんサービスを利用する企業もある．

　もう一つは非正社員（パート・アルバイト・契約社員，派遣社員）からの転換である．もともと非正社員として働いていた従業員を正社員にすれば，採用や教育にかかるコストを抑えられるメリットがある．なお，調査期間中の2013年4月1日には労働契約法が改正され，有期労働契約（契約期間の定めのある労働契約）が繰り返し更新されて通算5年を超えたときは，労働者の申し込みにより，期間の定めのない労働契約（無期労働契約）に転換できるようになった．雇止めに対する不安を解消し，有期労働契約者であるパート・アルバイト・契約社員などが安心して働き続けられるようにするためである．本章の主要な分析対象は2011年に開業した企業であるため，調査期間中に有期労働契約期間が通算5年を上回るケースはないが，労働契約法の改正をきっかけに，労働契約や就業環境を見直し，さらには正社員への転換を推進した企業があったかもしれない．以下では，採用と正規雇用への転換を切り口としてアンケートの結果を分析していく．

98　　　　第3章　開業後の業績の推移

表3-6　正社員の採用状況

（単位：件，％，人）

	2011 年 (n=779)	2012 年 (n=712)	2013 年 (n=691)	2014 年 (n=670)	2015 年 (n=678)
採用実施企業数	132	149	154	158	143
採用実施割合	16.9	20.9	22.3	23.6	21.1
採用人数（1 企業当たり）	2.1	2.1	2.1	2.1	1.9

（注）　採用企業割合は採用の実施の有無を回答した企業を母数とする割合である．

1　正社員の採用

　まず，正社員の採用についてみると，開業1年目の2011年に採用を行った企業の割合は132件，16.9％であった（**表3-6**）．2012年以降の新規採用企業割合をみると，2012年が20.9％，2013年が22.3％，2014年が23.6％，2015年が21.1％となっている．開業1年目を除き，20％台前半で推移している．2011年は震災の影響で，採用がしにくかったのかもしれない．新規採用した人数の平均は各年ともに2人前後であった．

　新たに採用した正社員と経営者の関係をみてみよう．ここでは，採用した従業員が「前勤務先の「上司」「同僚」「部下」」「前勤務先の仕事上の知り合い」「友人・知人」「親族」であった場合に「知り合いから採用」，それ以外の場合に「知り合い以外から採用」と分類して集計した．まず，2011年をみると「知り合いから採用」した企業の割合が60.9％，「知り合い以外から採用」した企業の割合が74.4％となった（複数回答，**表3-7**）．「知り合いから採用」を詳しくみると，「友人・知人」が16.5％と最も多く，次いで「前勤務先の部下」（15.8％），「前勤務先の仕事上の知り合い」（12.0％）の順となっている．「友人・知人」と一緒に開業するケースや，仕事を通じて能力をよく知っていた「前勤務先の部下」を引き連れて開業するケースはイメージしやすい．加えて，「前勤務先の仕事上の知り合い」とともに開業するケースとして考えられるのは，前勤務先の取引先や外注先の人を活用することである[12]．これには，新たな取引・協力関係を構築する時間が短縮できるメリットがある．経営資源の

---

[12]　選択肢が異なるため単純比較はできないが，2006年企業で「前勤務先の取引先勤務者」から採用した企業の割合は7.5％であった．

第 4 節　正社員の確保に向けた取り組み　　　　　99

表 3-7　採用した正社員と経営者の関係（複数回答）

（単位：％）

	2011 年 (n=133)	2012 年 (n=101)	2013 年 (n=156)	2014 年 (n=157)	2015 年 (n=143)
知り合いから採用　（①〜⑥の合計）	60.9	56.4	38.5	40.1	41.3
①　前勤務先の上司	1.5	1.0	0.0	0.6	1.4
②　前勤務先の同僚	10.5	10.9	7.1	6.4	6.3
③　前勤務先の部下	15.8	16.8	12.2	10.2	10.5
④　前勤務先での仕事上の知り合い	12.0	6.9	7.1	7.6	4.2
⑤　友人・知人	16.5	17.8	9.0	9.6	14.0
⑥　親　族	4.5	3.0	3.2	5.7	4.9
知り合い以外から採用　（⑦〜⑮の合計）	74.4	78.2	106.4	104.5	102.1
⑦　①〜⑥の紹介者	9.8	11.9	13.5	12.7	16.8
⑧　学校からの紹介者	0.0	1.0	5.8	6.4	7.0
⑨　自社ホームページの募集広告への応募者	3.8	5.9	7.1	4.5	4.2
⑩　インターネットの募集広告への応募者	6.8	4.0	10.9	10.2	8.4
⑪　求人雑誌・チラシの募集広告への応募者	12.8	10.9	19.2	15.3	13.3
⑫　公共職業安定所（ハローワーク）のあっせん者	31.6	33.7	28.8	35.7	30.1
⑬　民間職業紹介所からのあっせん者	1.5	3.0	3.2	4.5	9.1
⑭　社員からの紹介者	5.3	3.0	10.9	10.2	9.8
⑮　その他	3.0	5.0	7.1	5.1	3.5

獲得に要する時間や労力が省け，事業を軌道に乗せやすくなるのだろう．ここで特徴的な事例を紹介しよう．

【事例 1】勤務時代の人脈を生かして高い競争力を実現

　　さいとう PC 建設(株)

　代表者名：齊藤 孝則　　　　所 在 地：広島県広島市

　事業内容：建設業　　　　　資 本 金：1,000 万円

　従業者数：（開業時）1 人　→　（2015 年 12 月）49 人

　広島市中区にある，さいとう PC 建設(株)は大手ゼネコンの 1 次下請業者で，道路の橋梁や LNG ガスを貯蔵するタンクなどの施工を主力としている．PC とはプレストレスト・コンクリート（pre-stressed concrete）の略で，鉄筋の5〜6 倍の強度をもった棒鋼が入った特殊なコンクリートを指す．PC を専門に取り扱う建設業者は全国に 150 社ほどしかない．

100 第3章 開業後の業績の推移

　開業前，齊藤孝則さんは，PC 施工を手がける中堅建設会社に勤め，愛知県以西の地域を統括する広島支店長を務めていた．だが，勤務先は 2010 年に倒産してしまった．当時，広島支店は 8 件の受注を抱えており，なかには大規模な橋梁工事が含まれていた．工事に参加できなければ，道路建設のスケジュールに大きな影響が出る．そこで齊藤さんは，広島支店の部下とともに新会社を立ち上げて，受注を引き継ぐことを思いついた．従前の施工体制をそのまま維持すれば，元請業者の信頼も獲得しやすい．こう考えた齊藤さんは，下請会社のメンバーにも新会社に加わってもらうことにした．このアイデアに元請業者も賛同し，開業後の発注を約束してくれるとともに，新会社が建設業の許可を取得するまでの間，採用予定の従業員の雇用を一時的に引き受けてくれることになった．会社設立から約 3 カ月後の 2011 年 3 月に建設業の許可を取得して，10 人の従業員を採用．当初のスケジュールどおり工事を仕上げることができた．
　開業前後の齊藤さんの迅速な行動は元請業者から高く評価され，続々と受注が舞い込むようになった．すると，前勤務先の関東や東北の支店で働いていた従業員が相次いで同社に加わるようになり，開業から 5 年で従業者数は 49 人に増えている．

　齊藤さんは，元勤務先の部下に加え下請会社の従業員も引き連れて開業した．このおかげで，前勤務先で培ったノウハウや取引関係を引き継ぎ，経営を早期に軌道に乗せることができた．元請業者である大手ゼネコンからすれば，齊藤さんの開業はたいへん頼もしかったに違いない．齊藤さんの部下や下請業者からすれば，引き続き同じ仕事ができる点が大いに励みになったようである．また，施工実績を積み重ねることで，専門知識をもつ，かつての同僚を全国から採用，受注可能な案件がさらに増えるという好循環が生まれている．人手不足が深刻化している建設業界において，同社は特殊な PC 施工に通じた従業員を多数集め，競争力を高めている．

　ここで再び，採用した従業員と経営者の関係をみてみよう．2012 年以降をみると，「知り合いから採用」した企業の割合は低下し，2015 年には 41.3% となる（前掲**表 3-7**）．他方，「知り合い以外から採用」した企業の割合は 2011 年

に74.4%となったあと上昇傾向にあり，2015年には102.1%となった（複数回答のため100%を超える）．具体的な採用ルートをみると，「公共職業安定所（ハローワーク）のあっせん者」の割合が各年ともに最も高い．2番目に高い「求人雑誌・チラシの募集広告への応募者」と比べ各年ともに10〜20ポイント高い．新規開業企業にとって，ハローワークが主要な採用ルートになっている理由としては，コストがかからない点が考えられる．ただし，そのぶんハローワーク経由の求人数は多く，ライバル企業は多い．こうしたなかで，まだ小さい新規開業企業が求職者の目に留まることは簡単ではないだろう．

　最も望ましいのは，こうしたサービスを介さずに採用することだろう．しかも手間や費用を抑えられる方法として，自社のホームページに求人情報を掲載しているケースはよくあるし，飲食店や小売店などでは店内に求人チラシを貼っているところも多い．ただデータをみる限り，こうした取り組みは必ずしもうまくいっていないようである．「自社ホームページの募集広告への応募者」から採用した企業の割合は3.8%〜7.1%にとどまる．近年はホームページに加えて，SNSを使って採用に関する情報発信をする企業が増えてきているが，業歴が短く，知名度も低い新規開業企業が求職者の関心を集めるには，大いに工夫が必要なのかもしれない．

　次に紹介するのは，仕事内容を撮影した動画で自社の特徴を発信した結果，新規採用につながった事例である．

【事例2】動画で仕事をわかりやすく伝える

（株）マルイチ

代表者名：岩佐 治樹　　　　所 在 地：新潟県村上市

事業内容：樹木伐採　　　　資 本 金：1,000万円

従業者数：（開業時）1人 → （2015年12月）14人

　（株）マルイチは山間部を走る鉄道の線路脇に生えた樹木の伐採を行っている[13]．倒木による運行トラブルを未然に防ぐ仕事だ．通常は対象となる樹木

---

13)　本事例は日本政策金融公庫総合研究所『日本政策金融公庫調査月報』（2016年1月号）の「新時代の創業」に掲載した内容を再編集したものである．

にクレーンを横づけし，樹木をワイヤーで固定して伐採する．これにより切った木が線路や架線側に倒れないようにするわけだ．だが，山間部では重機を搬入できない場所が多く，この方法が使えない．そこで社長の岩佐治樹さんは「ウッドタワー工法」と呼ばれる独自の工法を考案した．この工法では，対象の樹木に隣接する丈夫な複数の樹木に小型のウインチを取りつけ，ここに巻きつけたロープで伐採対象の倒れる方向をコントロールする．重機を必要としないため，山間部や崖地での作業にうってつけである．ウッドタワー工法は国内に前例のない工法であったが，改良を重ねることで鉄道会社が定める厳しい安全基準をクリアし，今や新潟県や長野県をはじめ，東日本エリアで多くの作業を請け負っている．

　開業3年目までは，従業者6人態勢で仕事をしていたが，台風や大雪など自然災害が相次いだこともあって受注が急増，作業エリアも広範囲にわたるため，対応が困難になってきていた．増え続ける仕事に必要な人員を確保したいと考えていたが，ハローワークや民間の求人サービスを利用してもなかなか応募がなかった．

　転機となったのが，元請企業への作業報告用に製作していた動画である．ウッドタワー工法を同業他社に広めるために，自社のホームページとYouTubeに公開したところ，思いがけず動画を見た未経験者の若者から採用の応募があったのである．動画を製作しているのは同社の従業員で，前職は映像プロデューサーという経歴の持ち主である．作業現場の脇を鉄道が駆け抜ける臨場感あふれる動画が，格好よい仕事がしたいという若者の心に響いたようである．動画をきっかけとした応募は徐々に増え，おかげでコストをかけることなく，やる気のある人材を集めることができている．

　動画を使えば仕事の内容をわかりやすく伝えることができる．同社のように特殊な仕事の場合は，イメージが湧きやすい動画の活用が非常に有効といえるかもしれない．

　岩佐さんは思わぬ反応に喜びつつも，採用選考に当たって数日間の就業体験（インターンシップ）を課すことにしている．動画では簡単にみえても，実際は危険をともなう困難な仕事であることを知ってもらうためである．岩佐さん

からすれば応募者の適性を事前に見極めることができる．このインターンシップによって，雇い主と働き手の双方が納得したうえで採用ができている．採用に至らなかったケースもあるが，結果には応募者も十分納得しているという．

　採用には二つの情報の非対称性があるといわれている．一つは，雇い主が働き手の能力を採用前に見極められないことである．大企業などではこれを防ぐために，採用担当部署を置き，面接試験を複数回行うなど，経営資源と時間を割いて採用を行っている．また，適性を見極めるノウハウは採用活動を積み重ねていくことで培われていくものである．新卒採用や中途採用を毎年実施する大企業であれば，こうしたノウハウを獲得しやすい．他方，経営資源の限られる中小企業や新規開業企業は採用に多くの手間やコストを割く余裕はなく，また採用機会も少ないことから，ノウハウを蓄積しにくい．

　もう一つの情報の非対称性は，就業環境などが働き手からみえにくいことである．藪下（2015）は，特に中小企業でこの問題が大きいと指摘する．新規開業企業のホームページを見ると，大企業に比べて情報量が少なく，そこで働く従業員の様子はわからないことが多い．先ほど紹介した(株)マルイチは，仕事の様子を頻繁にアップロードしてタイムリーに情報発信している．さらにインターンシップを行うことで，二つの情報の非対称性の問題を解決することができている．

2　正規雇用への転換

　続いて，非正社員から正社員への転換についてみていく．1人以上の転換を行った企業の割合をみると，2011年が5.8％，2012年が7.4％，2013年が9.3％，2014年が8.9％，2015年が10.0％となっている（**表3-8**）．わずかではあるが，年を追うごとに割合が高まっている．転換により正社員になった人の数は各年ともに1.5人程度であった．2006年企業についても，転換を実施した企業の割合は5.9％〜11.8％，転換により正社員になった人の数は1.5人程度であまり変わらない．

　正規雇用への転換は，前項で挙げた情報の非対称性の問題を回避できるし，採用や教育にかかるコストを抑えられるメリットがある．さらに即戦力として

表 3-8　非正社員から正社員への転換

（単位：件，％，人）

	2011 年 (n=764)	2012 年 (n=687)	2013 年 (n=669)	2014 年 (n=653)	2015 年 (n=669)
職種転換実施企業数	44	51	62	58	67
職種転換実施企業割合	5.8	7.4	9.3	8.9	10.0
職種転換人数（1 企業当たり）	1.6	1.3	1.5	1.6	1.6

（注）　転換実施企業割合は転換の実施有無を回答した企業を母数とする割合である．

の活躍が見込めることから，転換後の人件費増を補って余りある業績への貢献が期待できる．ただ，企業で働く非正社員の全員が正社員になりたいと考えているわけではない．勤務時間や勤務形態を比較的自由に決められる点が，非正社員のメリットであるからだ．非正社員から正社員への転換を進めていくためには，多様なバックグラウンドをもつ人材が誰でも働きやすい環境を整えることが重要といえる．

　次に紹介するのは開業当初から，従業員の働きやすさを意識した勤務体系を構築し，従業員の獲得に成功している事例である．

【事例 3】勤務体制を見直して長時間勤務を改善

　　　　　L'AVENUE(株)

　　代表者名：平井 茂雄　　　　所 在 地：兵庫県神戸市

　　事業内容：洋菓子店　　　　資 本 金：300 万円

　　従業者数：(開業時) 1 人 → (2015 年 12 月) 14 人

　L'AVENUE(株)は神戸市三宮にある洋菓子店である．平井茂雄さんはチョコレートづくりの世界一を決める「ワールドチョコレートマスターズ」で優勝したことのある実力者で，開業が大きな話題を集めた．すぐに地元の住民のみならず神戸を訪れた観光客も多く立ち寄る人気店に成長，休日には店の前に行列ができる．

　業績の成長とともに正社員のパティシエや，パート・アルバイトの販売スタッフを相次いで採用してきたが，人気店ということもあり，従業員の勤務時間は次第に長くなっていった．その負担は大きく，すぐに辞めてしまう人もい

た．これでは人が育たず，店を維持できなくなる．こう考えた平井さんは，開業3年目の2013年から，就業環境の見直しに取り組んだ．

一つ目は，思い切った営業時間の短縮である．定休日は週1日から週2日に，開店時間は10時から10時半にした．19時としていた閉店時間も，日曜日と祝日については1時間繰り上げて，18時とした．営業時間は約20%減るが，売り上げを伸ばすことよりも従業員の負担軽減を優先した．

二つ目は，ジョブローテーション制度の導入だ．洋菓子店では製造部門と販売部門の仕事は完全に分かれていることが多い．平井さんはこれを改め，両部門を交互に経験する態勢をつくった．これにより従業員の多能化を促したのである．部門の垣根を越えて仕事ができる態勢を構築すれば，従業員が休みを取りやすくなる．合わせて，販売スタッフも正社員採用することとし，すでにパート・アルバイトとして働いている場合は，正社員に転換できるようにした．

三つ目は，社員寮の整備だ．従業員のなかには電車で1時間以上かけて通勤している人が多かった．そこで，店から徒歩15分圏内にあるマンションを会社が手配し，家賃を補助することにした．通勤時間を削減できれば，休息時間を増やせる．

こうした見直しの結果，離職者が減り，非正社員で働いていた人の多くが正社員になっている．また，採用応募数も増加している．有名店であることに加え，就業環境が魅力となって，全国から若者が集まるようになったのである．

営業時間を短縮してからも，売り上げは増加を続けている．その原動力は，平井さんと従業員が考案する新作スイーツである．従業員の働き方に余裕が生まれたことで，お客さまを魅了する独創的なスイーツづくりができていると，平井さんは話してくれた．

世界を代表するパティシエである平井さんは開業当初，菓子づくりこそが自身の仕事と考えていた．だが懸命に働く従業員の姿を見るにつけ，経営者の仕事は，従業員が働きやすい環境を整えることだと考えるようになった．いち早く従業員の働き方に着目し，戦略的に検討を進めてきたことが，今の同社の成長につながっている．

前節でみた経営課題が示すように，新規開業企業の目下の課題は顧客の開拓

やマーケティングなど，いかにして売り上げを増やすかである（前掲図 3-7，3-8）．だが，業績の伸長とともに経営課題は人材の確保や育成にシフトする．好業績な企業ほど人手不足が成長のボトルネックになりやすい．こうした事態を予測し，早めに手を打つことが成長を続けていくために重要といえる．

3 小 括

本節では，新規開業企業の人材確保策について採用と正規雇用への転換を切り口に分析した．また，企業事例から，新規開業企業が従業員を確保するためのポイントを探った．分析の結果，次の 2 点を指摘できる．

第 1 に，正社員の採用について，開業初期は経営者の知り合いから採用するケースが多いが，年を追うにつれて知り合い以外の採用が増えていく．このため，新規開業企業は採用における情報の非対称性に直面する．採用を円滑に進めるためには，情報の非対称性をいかにして克服するかがポイントになる．仕事の内容や職場の環境をわかりやすく発信する工夫が欠かせない．

第 2 に，情報の非対称性の克服には，非正社員の正社員化も有効である．このためには，多様な働き方を実現できる就業環境の構築が重要である．本節で紹介した企業は，独自の工夫によって人材確保に成功し，さらなる成長を遂げている．

第 5 節 まとめ

本章では，開業後の業績について分析した．第 2 節では売り上げと採算について，2006 年に開業した企業との比較分析を行い，過去の調査結果と共通点がある一方で，異なる点もあることを示した．この理由について，本章では経済環境と開業後のサポート体制といった外部環境の変化を挙げた．

第 3 節では，新規開業企業の雇用について分析した．廃業を勘案しても新規開業企業は新たな雇用を生み出している，雇用創出力が企業によって大きく異なるといった点は，過去の調査結果と同様であった．さらに，新規開業企業は開業から時間が経つにつれて人手不足が経営課題として浮上してくること，それは業績が好調な企業で特に顕著であることを指摘した．

この結果を踏まえて，第 4 節では，新規開業企業の人材確保，なかでも正社

第5節　まとめ

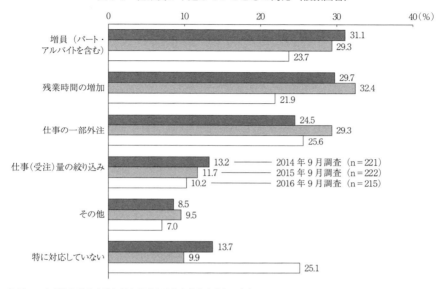

図3-9　従業員が不足しているときの対応（複数回答）

資料：日本政策金融公庫総合研究所「全国小企業月次動向調査」
(注)　このところ（3カ月程度）の仕事量からみた従業員の過不足について「不足」と回答した企業に尋ねたもの．

員の確保について検討した．正社員の採用について，開業当初は経営者の知り合いから採用するケースが多いが，年を追うにつれて知り合い以外から採用するケースが増えていく．このため，新規開業企業は採用にある情報の非対称性に直面する．採用を成功させるためには，情報発信の充実や非正社員の正社員化などによって情報の非対称性を克服することがポイントである．

ただ，人手不足は深刻化しており，従業員を募集しても簡単に人は集まらない．当研究所が実施している「全国小企業月次動向調査」で従業員が不足している場合の対応（複数回答）をみると，「増員（パート・アルバイトを含む）」を挙げた企業の割合は，2014年が31.1％，2015年が29.3％，2016年が23.7％となっており，年々低下している（図3-9）[14]．他方，回答割合が上昇してい

---

14)　調査対象は，日本政策金融公庫国民生活事業の取引先のうち，従業者数が20人未満（卸売業，小売業，飲食店は10人未満）の企業1,500社である．雇用に関する特別調査は2014～2016年の各年9月に実施した．

るのが「特に対応していない」である．このなかには，人手を募集したものの
応募がなかった企業や，そもそも募集をあきらめてしまった企業が多く含まれ
ている．既存の小企業にとって，人手不足の問題はもはや解決が困難になって
いる面があるかもしれない．新規開業企業が成長し続けるためには，今ある経
営資源を最大限活用する，つまり生産性を高めていくことも重要になるだろう．
そこで続く第4章では，新規開業企業の生産性について分析する．

参考文献

鈴木正明（2012c）「どのような企業の業績が優れているのか」日本政策金融公庫
　　総合研究所 編集・鈴木正明 著『新規開業企業の軌跡―パネルデータにみる
　　業績，資源，意識の変化―』勁草書房，pp. 59-91

藤井辰紀・藤田一郎（2017）「創業の構造変化と新たな動き―マイクロアントレ
　　プレナーの広がり―」日本政策金融公庫総合研究所『日本政策金融公庫調査
　　月報』No. 100（2017年1月号），pp. 4-15

藪下史郎（2015）『教養としてのマクロ経済学』東洋経済新報社

第4章　新規開業企業の TFP とその決定要因

第1節　はじめに

　第3章では新規開業企業の開業から5年間の業績推移をみた．そこから確認できたことは，経済環境の影響を受けつつも新規開業企業は売り上げを伸ばしていること，7割強の企業が開業5年目に黒字化を達成していること，そして事業の拡大とともに雇用を増やしている企業も少なくないことであった．他方，業績が好調な企業では，人手不足が大きな問題になっていることもわかった．
人手不足に対応するには，個々の企業が生産性を高めていく必要がある．詳しくはのちほど紹介するが，先行研究によると，業歴の浅い企業のほうが生産性は高く，新規開業企業の参入が産業全体の生産性向上に寄与するといわれている（森川，2014）．では，開業間もない時期から高い生産性をあげている企業はどのような企業なのだろうか．そこで本章では，新規開業企業の生産性について分析する．具体的には，新規開業パネル調査のデータを使って，生産要素の量や質，企業の技術水準や効率性などを考慮した生産性指標である全要素生産性（Total Factor Productivity; TFP）を計測し，それに経営者の属性がどう影響しているかを探る．
　分析に入る前に，企業を取り巻く雇用環境や，生産性に関する最近の議論，そして先行研究について整理しておきたい．
　国立社会保障・人口問題研究所（2017）によると，2015年に1億2,709万人であった日本の人口は，少子化・高齢化を背景に減少の一途をたどり，2053年には1億人を割ると予測されている[1]．2015年に7,728万人であった生産年

---

1)　死亡中位仮定に基づく推計値である．

齢人口（15 〜 64 歳人口）も，2053 年には 5,119 万人まで減少する見通しだ．

　人口減少時代に突入した今，企業では人手不足にどう対応するかが課題になっている．求職者数 1 人当たりの求人数を示す有効求人倍率（新規学卒者を除きパートタイムを含む，季節調整値）は 2017 年 10 月に 1.55 倍と，平成に入った 1989 年以降で最高の水準にある．中小企業庁（2017）は「中小企業の求人数は増加する一方で，中小企業に入職する新卒者，転職者とも大企業に比べて伸びておらず，中小企業の雇用者数は減少しており，人手不足感が強まっている」と指摘する．

　日本政策金融公庫総合研究所（以下，当研究所という）が 2017 年 9 月に実施した「小企業の雇用に関する調査」によると，従業員過不足 DI（現在の従業員数が最近の営業状況と比べて「不足」と回答した企業割合から「過剰」と回答した企業割合を引いたもの）は，2011 年に 3.8 だったが，2017 年には 29.1 まで上昇している[2]．業種別にみても，運輸業（58.8）を筆頭に，建設業（49.0），情報通信業（44.4），飲食店・宿泊業（36.5）などの順に，すべての業種で DI がプラスになっている．同調査は既存の小企業を対象としている．経営実績が少なく，経営基盤も盤石ではない新規開業企業が人手を確保していくことは，より困難と考えられる．

　このようななか，従業員一人ひとりが仕事の効率をあげて生産性を向上させる必要性が盛んに指摘されるようになってきた．政府は「生産性革命」と銘打ち，政策づくりを進めている．2017 年 6 月の未来投資会議では，「経済財政運営と改革の基本方針 2017 〜 人材への投資を通じた生産性の向上〜（案）」が議論され，事業の効率化のノウハウを全国津々浦々の中小企業に展開する「生産性国民運動推進協議会」の運営や，生産性向上に取り組む地域の中小企業，サービス業への支援を強化するといった政策が掲げられた（内閣府，2017）．

　先ほどの「小企業の雇用に関する調査」で人手不足への対応策をみると，「増員（パート・アルバイトを含む）」を挙げた企業が 55.8% と最も多い．他方，「仕事のプロセス（段取りの効率化）」や「従業員の多能化・兼任化」「仕事の機械化・IT 化」を挙げた企業もそれぞれ 28.2%，23.1%，8.5% 存在する．増員

2）　調査対象は日本政策金融公庫国民生活事業の取引先のうち，従業者数が原則 20 人未満の企業 1 万社，回答数は 6,967 件である．

ではなく，生産性を高めることで人手不足に対処しようと考える企業は少なくない．

　生産性については，学術研究も盛んに行われている．例えば，中小サービス産業の生産性について，政府統計の個票データを使って実証分析した森川（2014）は，企業年齢の若い企業のほうが生産性は高いとの結果を得ており，創業支援とともに創業から年数が浅い企業の成長を促すような環境整備がサービス産業全体の生産性向上に寄与すると指摘する．さらに，企業固有の効果をコントロールした分析から，「情報ネットワークの利用高度化が直ちに TFP の水準や伸び率を高めるとは言えず，背後にある企業固有の特性（「経営力」ないし「経営の質」）が，生産性を規定するより本質的な要素である」と指摘している．この研究からは，①新規開業企業の参入は産業全体の生産性向上に寄与する可能性がある，②IT を導入すれば必ずしも生産性が高まるというわけではない，③むしろ企業の生産性向上に重要なのは経営力や経営の質である，ことが示唆される．

　森川（2014）は生産性を規定する経営力の中身として，組織の活力・柔軟性，労働者のモチベーション，そして経営者の能力を挙げる．新規開業企業の経営力について考えると，新規開業企業はまさに生まれたばかりの事業体であるから，職場には活気がみなぎっているだろう．また，第 3 章でみたとおり，新規開業企業の従業者数の平均は開業時が 3.6 人，開業 5 年目時点でも 5.9 人と小規模であるため，組織の柔軟性は既存企業に比べて高いと考えられる．そうした職場で働く人のモチベーションは既存企業の従業員よりも高いとみるのが自然だろう．こうした前提に立って考えると，新規開業企業の生産性の高低を決定づける最大の要因は，経営者の能力といえそうだ．そこで本章は，経営者の能力に直接かかわるであろう，経営者のさまざまな属性を分析の切り口とする．

　既存の統計から経営者の属性を捕捉することは難しい．森川（2014）が分析に用いている「企業活動基本調査」から経営者の学歴や職歴といった属性情報を知ることはできない．同じく生産性の分析でしばしば用いられる「法人企業統計調査」[3]も，経営者自身に関する調査項目はなく，そもそも個人事業主は

3）「法人企業統計調査」の個票データを用いて生産性を分析したものとしては，例えば乾ほか（2011）がある．

調査対象外である.

　組織的な経営体制が整った大企業や中小企業のなかでも比較的規模の大きな企業の生産性を分析するのであれば，経営者に関する情報はさほど重要ではないかもしれない．しかし規模が小さい新規開業企業の場合，経営者の属性とそれを反映した経営への考え方によって生産性は大きく影響を受ける．米国の新規開業企業のパフォーマンスを分析した Hurst and Pugsley（2011）は，急成長するベンチャー企業の創業者がいる一方で，経営者の多くは社長になることや自由な時間をもてることといった非金銭的な動機で起業していること，必ずしも企業を大きく成長させたいと考えてはいないことを指摘し，さらに，こうした経営者が抱く開業に対する事前の期待（ex-ante expectations）が，開業後のパフォーマンスに影響を与えていることを明らかにしている.

　これは，日本の新規開業においても当てはまると考えられる．例えば，当研究所が1991年から毎年実施している「新規開業実態調査」で開業動機をみると，「自由に仕事がしたかった」「事業経営という仕事に興味があった」との回答が常に一定のボリュームを占め，「収入を増やしたかった」の割合を上回ることさえある（表4-1）．新規開業企業の経営者は必ずしも高い成長を求めているわけではないことがうかがえる．このような開業の場合，経営者は生産性をあげることにあまり関心をもたないかもしれない[4]．新規開業企業の生産性には，やはり経営者の属性や経営方針が大きく影響するといえそうだ.

　もっとも，日本の新規開業企業の生産性を計測し，経営者の属性との関係を分析した研究は見当たらない[5]．最大の理由は，新規開業企業に関するデータ，特に経営者に関する情報が少ないからであろう．そこで本章では，当研究所独自の新規開業パネル調査のデータを基に新規開業企業の TFP を計測し，経営者の属性との関係を探る（図4-1）．分析対象は，開業2年目に当たる2012年から5年目に当たる2015年までの月商や労働投入量，資本投入量のデータが

---

4)　ちなみに，2000年代後半から「収入を増やしたかった」という回答も増えているが，この多くは，年金以外の副収入を求めて開業するシニア層の開業が増えているためと考えられる（藤井・藤田，2017）.

5)　わが国のベンチャー企業の生産性について実証分析した論文として古賀（2012）がある．ただし同論文のいうベンチャー企業の業歴の平均は27.1年となっており，本章が分析対象とする新規開業企業とは，企業属性が異なる.

第1節　はじめに　　　113

表 4-1　開業動機

(単位：％)

調査年度	2007	2008	2009	2010	2011	2012	2013	2014	2015	2016
収入を増やしたかった	11.4	11.6	12.1	10.4	8.2	14.8	18.3	16.4	18.0	15.3
自由に仕事がしたかった	16.5	16.5	14.4	16.6	14.7	16.6	19.2	22.6	17.2	18.7
事業経営という仕事に興味があった	11.3	12.3	13.2	12.8	12.2	14.7	10.9	15.9	14.3	14.4
自分の技術やアイデアを事業化したかった	11.8	14.3	12.5	11.4	12.4	8.8	10.3	11.9	12.0	11.9
仕事の経験・知識や資格を生かしたかった	30.2	25.9	25.8	25.2	28.5	17.9	18.8	14.1	15.9	16.5
趣味や特技を生かしたかった	2.1	2.8	2.2	2.4	2.3	2.8	1.4	1.1	1.2	1.4
社会の役に立つ仕事がしたかった	5.5	6.6	4.5	8.9	6.1	7.1	8.0	10.0	8.9	8.3
年齢や性別に関係なく仕事がしたかった	1.7	2.3	2.5	4.0	3.1	1.9	2.8	2.2	2.4	2.0
時間や気持ちにゆとりが欲しかった	2.0	2.2	2.5	1.5	1.2	2.4	3.2	2.1	2.4	2.3
適当な勤め先がなかった	2.4	2.7	2.4	4.8	3.1	3.9	2.7	2.3	1.9	2.6
その他	5.0	4.9	5.6	3.8	6.2	6.6	1.0	6.7	6.0	6.6

資料：日本政策金融公庫総合研究所「新規開業実態調査」
(注)　2011 年度調査までは単一回答．2012 年度調査以降は三つまでの複数回答であるため，「最も重要な動機」
　　　として回答した項目を集計している．

図 4-1　分析のフレームワーク

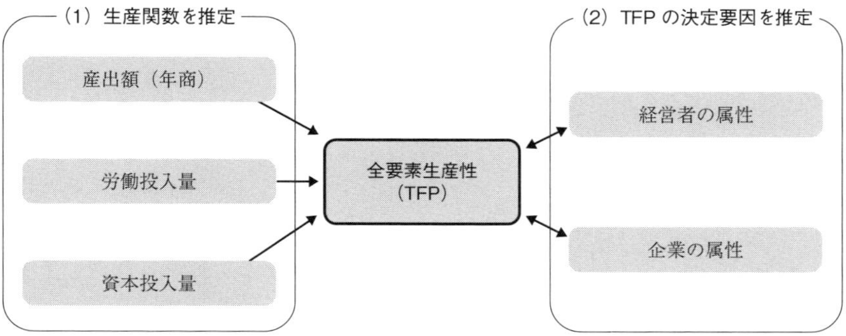

資料：筆者作成

表 4-2　業種分布

（単位：件，%）

	企業数	割合		企業数	割合
建設業	16	5.8	医療・福祉	71	25.5
製造業	11	4.0	教育・学習支援業	3	1.1
情報通信業	4	1.4	個人向けサービス業	63	22.7
運輸業	7	2.5	事業所向けサービス業	27	9.7
卸売業	16	5.8	不動産業	4	1.4
小売業	23	8.3	その他	1	0.4
飲食店・宿泊業	32	11.5	合　計	278	100.0

資料：日本政策金融公庫総合研究所「新規開業パネル調査（第3コーホート）」（以下，断りのない限り同じ）

そろう企業 278 件である[6]．業種の分布は表 4-2 のとおりである．アンケートに回答しなかった企業や，調査対象期間中に廃業した企業は分析対象から外した．このため，以下に示す分析結果には，サンプルセレクションバイアスや生存バイアスが含まれることに留意されたい．

　構成は次のとおりである．第 2 節では，TFP の計測方法を説明する．第 3 節では，生産関数の推定に使用するデータを詳しくみていく．第 4 節では，計測された生産性のデータについて検討する．第 5 節では，生産性と経営者の属性の関係を探る．第 6 節はまとめである．

第 2 節　TFP の計測方法

　本節では，本章で取り上げる TFP の計測方法を整理する．

　生産性とは，労働や資本といった生産要素の投入量と，それにより生み出された産出額の関係を示したものである．労働や資本の投入量が一定であった場合，より多くの産出額を生み出した企業のほうが，生産性は高いといえる．労働や資本といった投入量を増やしても，産出額は必ずしもこれに比例して増えるわけではない．生産性を高める要因としては，投入する労働や資本の質が向上すること，企業の保有する技術が進歩すること，ビジネスプロセスの見直し

---

6)　新規開業パネル調査の調査対象は 2011 年に開業した企業であるが，開業からの月数は 0 カ月超 12 カ月未満と幅広いことから，開業 2 年目以降を分析対象とした．また，第 3 章と同様，月商が「0」，あるいは月商が前年比 10 倍以上もしくは 10 分の 1 以下の企業は集計対象から除外している．

により効率性が高まることなどがある（小西，2014）.

　そこで本章では，生産要素の量や質，企業の技術水準や効率性などを考慮した生産性指標である TFP を計測する．TFP に含まれる要素としては，例えば，経営者や管理職が効率的なマネジメントを行った，あるいは，段取りの改善により時間当たりの生産量が増えた，などがある．これらの取り組みは生産性向上に寄与すると考えられるが，直接数値化することは困難である．詳細な財務データがあれば，個々の企業について産出額と生産要素の総額を計算し，それらを用いて各企業の TFP を算出することはできる[7]．だが，財務諸表が必ずしも十分に整備されていない中小企業や新規開業企業では，この方法は難しい.

　そこで本章では，生産関数の推定により TFP を計測したい．生産関数とは，経済活動における生産要素量と産出額の間の関係を定式化したものである．サンプル企業群の生産要素量と産出額から，両者の関係式を推定して，企業ごとの TFP を計測する．「推定」であることから，計測結果は幅をもって解釈する必要があるものの，取得できるデータが限られていても，TFP を簡便に計算できるメリットがある[8].

　労働と資本を生産要素とするコブ＝ダグラス型の生産関数を用いると，t 時点における企業 i の産出額 Y は次のように表せる.

$$Y_{it} = A_{it} L_{it}^{\alpha} K_{it}^{\beta} \tag{1}$$

（Y：産出額，A：TFP，L：労働投入量，K：資本投入量）

L は労働投入量，K は資本投入量で，これらは財務データによらずとも，新規開業パネル調査の回答から企業ごとに把握できる．α は労働分配率，β は資本分配率で，本来であれば企業ごとに異なるはずだが，データの制約により今回は，これらを個別に算出することができない．そこで，企業ごとの産出額 Y と労働投入量 L と資本投入量 K から，サンプル企業群における標準的な α と β を推定する．これを(1)式に代入すれば，企業ごとの TFP を示す A を求めることができる．A は労働投入量 L と資本投入量 K の積にかかるので，仮に

---

7)　こうした方法はインデックス法と呼ばれている.

8)　生産関数の推計手法と各手法の特徴や問題点を整理した論文や資料として，中村（2014）や小西（2014）がある.

表 4-3 TFP の数値例

	甲	乙
産出額（Y）	120 万円	
労働投入量（L）	30 マンアワー	20 マンアワー
資本投入量（K）	40 万円	60 万円
労働投入量（L）の α 乗（$\alpha = 0.5$）	5.5	4.5
資本投入量（K）の β 乗（$\beta = 0.3$）	3.0	3.4
TFP（A）	7.2	7.9

（注）　ここでは，$\alpha = 0.5$，$\beta = 0.3$ と仮定している．

生産要素の量が同じであった場合，A が大きい企業ほど産出額は大きくなる，つまり生産性が高いことになる．

　α と β の推定に当たっては，(1)式の対数をとり，(2)式のように線形の関数に変換することが一般的である．

$$\ln Y_{it} = \ln A_{it} + \alpha \ln L_{it} + \beta \ln K_{it} \tag{2}$$

産出額の対数値（$\ln Y$）は，TFP の対数値（$\ln A$）と，各投入量の対数値に係数を乗じたもの（$\alpha \ln L$ および $\beta \ln K$）の和で表せる．(2)式を回帰分析すれば α と β の値を推定できる．

　例えば，サンプル企業群のデータを使って(2)式を推定した結果，α が 0.5，β が 0.3 となった場合，生産関数は(3)式のようになる．

$$Y_{it} = A_{it} L_{it}^{0.5} K_{it}^{0.3} \tag{3}$$

　ここで，産出額（Y）がともに 120 万円の企業，甲と乙があるとしよう（表4-3）．両者が投じた生産要素の量は，労働投入量（L）については甲が 30 マンアワー，乙が 20 マンアワー，資本投入量（K）については甲が 40 万円，乙が 60 万円であったとする．これらを(3)式に代入して TFP（A）を計算すると，甲は 7.2，乙は 7.9 となる．乙のほうが甲よりも TFP（A）が高いので，乙の生産性が高いといえる．

　なお，(2)式の両辺は対数なので，α と β は産出額（Y）に対する各生産要素（L と K）の弾力性を示す．先の数値例でいうと，資本投入量（K）が一定の場合，労働投入量（L）が 1% 増加すると産出額（Y）は 0.5% 増加することになる．

また，α と β の和が 1 を上回っているときは労働投入量(L)と資本投入量(K)の増加分を上回って産出額(Y)が増えることになるので，規模に対して収穫逓増の状態にあり，規模の経済性が働いていると解釈される．和が 1 のときは，生産要素の増加割合と同じ割合だけ産出額(Y)が増える状態，つまり規模に対して収穫一定である．反対に和が 1 を下回っているときは，生産要素の増加割合ほどに産出額(Y)は増えない状態，規模に対して収穫逓減の状態ということになる．

さらに，$\alpha > \beta$ であれば，労働投入量(L)のほうが産出額(Y)に与える効果が大きいので，生産構造が労働集約的と解釈される．反対に $\alpha < \beta$ であれば，資本投入量(K)のほうが産出額(Y)に与える効果が大きいということであるから，生産構造は資本集約的と解釈される．このように，生産関数を推定することで各企業の TFP を計測できるとともに，サンプル企業群の生産構造の特徴も知ることができる．

第 3 節　使用するデータ

生産関数の推定に当たっては，産出額と労働投入量と資本投入量の三つのデータが必要になる．以下，使用するデータについて詳しくみていく．

1　産出額

本章では，産出額を示す指標として調査対象企業の売り上げを用いることにした．TFP を計測するために用いる産出額は，各企業の売り上げから中間投入額（売上原価，販売費および一般管理費）を差し引き，人件費（役員と従業員の給与・賞与，福利厚生費）と減価償却費を足し合わせた付加価値額を用いることが望ましいとされる（乾ほか，2011; 小西，2014）．ただし新規開業パネル調査では，調査対象企業の回答負担を軽減して一定の回答数を確保する観点から，中間投入額の数値を尋ねていない．そのため，売り上げに占める付加価値額比率は企業間で一定との仮定を置く．

また，労働投入量や資本投入量とデータの期間をそろえるため，各年 12 月時点の月商を 12 倍して年商換算し，さらに各年の GDP デフレーターで実質

図 4-2 年商の推移

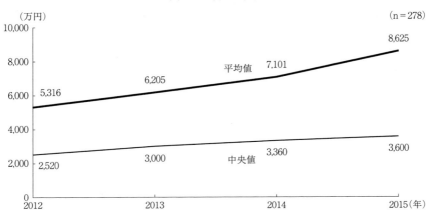

化したものを産出額とする[9]．

　調査対象企業の年商の平均は，2012年に5,316万円であった（図4-2）．そのあとは増加傾向が続き，2015年には8,625万円となった．2012年に比べて約1.6倍に増えている．他方，年商の中央値をみると，2012年に2,520万円となったあと増加傾向が続き，2015年には3,600万円となった．ただし，平均値との乖離は年々広がっている．平均値と中央値の乖離額は2012年に2,796万円だったが，2015年には5,025万円まで拡大している．調査対象企業の年商は年を追うごとに増加しているものの，増加のペースは企業ごとにばらつきがある．

　業種別に年商をみると，2012年の年商の平均が最も大きい業種は建設業（1億5,025万円）で，次いで卸売業（1億3,013万円），小売業（1億794万円）などの順となっている（章末表4A-1）[10]．他方，2012年の年商の平均が最も小さい業種は個人向けサービス業（1,339万円）で，次いで低いのは不動産業（1,905万円）であった．このように，開業年が同じ新規開業企業であっても，業種によって年商規模には大きな差があることもわかる．

---

[9] 売り上げを産出額として生産関数を推定している研究もある．例えば中村・開発・八木（2017）を参照．
[10] 以下で示す業種別のデータは章末に表としてまとめている．本文中では（章末表4A-○）と表記する．

第3節　使用するデータ　　　119

図4-3　労働投入量の算出式

労働投入量
(①＋②＋③)

① 経営者
　＝経営者の人数(1人)×1日当たり就業時間
　　×(7－1週間当たりの休日日数)×52週

② 正社員
　＝正社員の人数(家族従業員・常勤役員・正社員)
　　×正社員の1週間当たりの就業時間×52週

③ 非正社員
　＝非正社員の人数(パート・アルバイト・契約社員,派遣社員)
　　×正社員の1週間当たりの就業時間
　　×パートタイム労働者の労働時間比率(対フルタイム労働者)×52週

資料：筆者作成
(注)　下線部はアンケートで尋ねている項目である．一般労働者とパートタイム労働者の労働時間比率
　　　は，厚生労働省「毎月勤労統計調査」から算出する（章末**表4A-5**を参照）．

2　労働投入量

　新規開業パネル調査では，各年12月末時点における経営者，家族従業員，常勤役員・正社員，パート・アルバイト・契約社員，派遣社員の人数を尋ねている．また就業時間について，経営者の1日当たりの就業時間と1週間当たりの休日数，正社員の1週間当たりの平均的な就業時間を尋ねている．そこでこれらのデータを用いて企業全体のマンアワーベース（労働者数×就業時間）の労働投入量を計算する．図4-3のとおり，企業の労働投入量は経営者の労働投入量と正社員（家族従業員，常勤役員・正社員の合計）の労働投入量と非正社員（パート・アルバイト・契約社員，派遣社員）の労働投入量の合計で示される．下線部が新規開業パネル調査で尋ねている項目である．雇用形態ごとにデータを確認しておきたい．

(1)　経営者

　まず，経営者の1日当たり就業時間の平均の推移をみると，2012年は595分，2013年は584分，2014年は580分，2015年は569分であった（**図4-4**）．開業から時間が経過するにつれて短くなっている．中央値をみると，2012年から

図 4-4　経営者の 1 日当たり就業時間

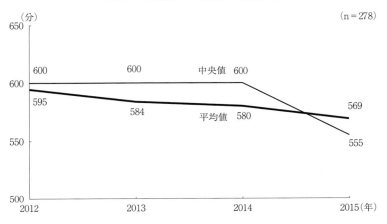

2014 年は 600 分，2015 年は 555 分となっている．

　業種別に経営者の 1 日当たり就業時間の平均をみると，2012 年の就業時間が最も長い業種は小売業（642 分）で，次いで飲食店・宿泊業（640 分），建設業（619 分）となっている（章末表 4A-2）．個人消費関連業種や，人手不足感の強い建設業で就業時間が長い．また，これら 3 業種に情報通信業（615 分）と製造業（605 分）を加えた 5 業種で，就業時間は 10 時間を超えている．他方，就業時間が最も短い業種は教育・学習支援業（520 分）で，次いで不動産業（525 分），卸売業（561 分）となっている．最も長い小売業と最も短い教育・学習支援業の差は 122 分と，2 時間以上の開きがある．2013 年以降の推移をみると，ほとんどの業種で就業時間は短縮していく傾向にある．2015 年時点の就業時間をみると，飲食店・宿泊業が 608 分と最も長く，以下，製造業が 600 分，小売業が 579 分で続く．就業時間の長い業種の顔ぶれは調査期間を通じてほとんど同じである．

　次に，経営者の 1 週間当たりの休日数をみてみよう．休日数の平均は 2012 年が 1.24 日，2013 年と 2014 年が 1.27 日，そして 2015 年が 1.33 日であった（図 4-5）．調査期間を通じて，休日数の平均は 1.3 日程度で推移している．言い換えれば，経営者は 1 週間のうち 5.7 日は働いていることになる．総務省

第 3 節　使用するデータ　　　　　　　　121

図 4-5　経営者の 1 週間当たりの休日数

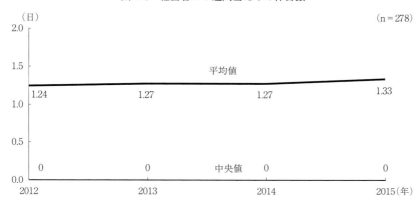

(注)　経営者の 1 週間当たりの休日数の中央値は各年ともに「0 日」であった．

「労働力調査」（2017 年 10 月）から月末 1 週間の平均就業日数をみると，従業上の地位が「自営業主」である人は 5.2 日，「役員」である人は 5.3 日となっている[11]．新規開業企業経営者の休日が特に少ないというわけではなさそうだ．もっとも，1 週間当たりの休日数の中央値は各年ともに 0 日であることから，調査対象企業経営者の半数以上は年中無休ということになる．1 年中働き続けることは現実的ではないため，0 日という回答は経営者の多忙感を代弁した回答である可能性が高いとはいえ，休日が 0 日と回答した経営者の就業状況については今後，詳細な実態把握が必要かもしれない．

業種別に経営者の 1 週間当たりの休日数をみると，2012 年に休日数が最も多かった業種は情報通信業（2.00 日）で，以下，医療・福祉（1.45 日），製造業（1.41 日）の順となっている（章末表 4A-3）．他方，休日数が最も少ない業種は教育・学習支援業（0.83 日）で，飲食店・宿泊業（0.96 日），小売業（1.04 日）が続く．教育・学習支援業と飲食店・宿泊業では，経営者の休日数が 1 日

---

11)　総務省「労働力調査」が「月末 1 週間の就業日数」や「月間就業日数」の調査を開始したのは 2013 年 1 月である．このほか，総務省が 5 年に 1 度実施する「社会生活基本調査」では 2011 年調査から有給休暇の取得日数を尋ねている．このように，就業者の休日数や休暇取得状況を把握する統計の整備は緒に就いたばかりである．

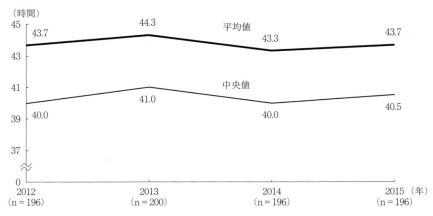

図 4-6　正社員の 1 週間当たりの就業時間

(注)　正社員のいない企業があるため，サンプルサイズは年ごとに異なる．

を下回っている．これらのデータから，一般消費者を顧客とする業種で休日数が短くなる傾向が読み取れる．同じサービス業でも，個人向けサービス業の休日数は 1.11 日と，事業所向けサービス業 (1.39 日) よりも休日数が少ない．このことは 2012 年だけでなく，そのあとも同様である．

(2) 正社員

　正社員の 1 週間当たり就業時間の平均は，2012 年が 43.7 時間，2013 年が 44.3 時間，2014 年が 43.3 時間，2015 年が 43.7 時間であった (図 4-6)．多少の変動はあるものの，毎年 43 〜 45 時間の範囲に収まっている．中央値も 40 〜 41 時間の範囲で推移しており，企業によって大きな違いがあるわけではなさそうだ．

　業種別に正社員の 1 週間当たり就業時間の平均をみると，2012 年に就業時間が最も長かった業種は飲食店・宿泊業 (56.7 時間) で，次いで小売業 (44.5 時間)，建設業と個人向けサービス業 (ともに 43.9 時間) の順となっている (章末表 4A-4)．2015 年時点の就業時間をみると，最も長いのは飲食店・宿泊業 (51.3 時間) で変わらない．ただし，2012 年に比べて 5.4 時間短くなっている．他方，2 番目に長い運輸業 (46.5 時間) や，3 番目の製造業 (45.8 時間)

の就業時間はそれぞれ6.5時間，4.8時間長くなっている．仕事の増加に人員の手当が追い付かず，残業で対応している企業が多いためであろう．

(3) 非正社員

企業の労働投入量を算出するうえでは，非正社員の労働投入量も考慮する必要がある．第3章でもみたように，新規開業企業で働く人の約4割はパート・アルバイト・契約社員，派遣社員である．ただし，こうした非正社員は，入れ替わりが多く，個々人が違った勤務体系で働いているケースも多いことから，就業時間をアンケートで捕捉することは難しい．

そこで本章では山本・黒田（2014）にならって，厚生労働省「毎月勤労統計調査」からフルタイム労働者とパートタイム労働者の労働時間比率を業種別に求め，この比率を各企業の正社員の就業時間にかけることで，非正社員の就業時間を算出した．なお，新規開業パネル調査と「毎月勤労統計調査」では業種の定義がやや異なる．業種の対応と労働時間比率は章末表4A-5のとおりである．

労働時間比率をみると，比率が最も高い業種は製造業で，0.67〜0.70の間で推移している．情報通信業や事業所向けサービス業，個人向けサービス業，建設業，運輸業なども0.6程度の高水準で推移している．他方，教育・学習支援業や飲食店・宿泊業は0.3〜0.4台で推移しており，労働時間比率がかなり低いことがわかる．この理由として，教育・学習支援業では，営業時間が短いことが挙げられる．実際，経営者の一日当たりの就業時間は，教育・学習支援業が最も短い（章末表4A-2）．例えば学習塾の場合，1人のアルバイト講師が1日に担当する授業の時間は2〜3時間程度であろう．授業前後の事務作業を含めても，1日の就業時間は他の業種ほど長くならないのだろう．反対に，飲食店・宿泊業は，営業時間が他の業種に比べて長かったり，不規則であったりすることがほとんどで，多くの企業がアルバイトやパートを含めた交代勤務によって長い営業時間をカバーしている．このため，労働時間比率が短くなっていると考えられる．

(4) 労働投入量の推移

ここまで，労働投入量の算出に用いるデータを雇用形態ごとにみてきた．労

図 4-7　労働投入量の推移

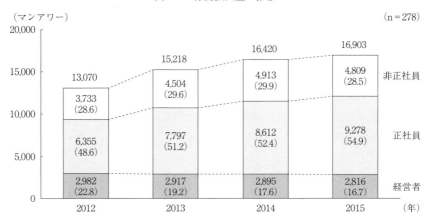

（注）（　）内は構成比（単位：％）．

働投入量を計算すると，2012年に13,070マンアワーとなり，以降，毎年増加している（図4-7）．2015年の労働投入量は16,903マンアワーと，2012年に比べて29.3％増加している．

雇用形態別にみると，経営者の労働投入量は2012年に2,982マンアワーとなったあと減少傾向にあり，2015年に2,816マンアワーとなった．2012年に比べて5.6％減少している．正社員の労働投入量は2012年に6,355マンアワーとなったあと増加を続け，2015年には9,278マンアワーとなった．2012年に比べて46.0％増加している．非正社員の労働投入量は2012年に3,733マンアワーとなったあと2014年にかけて増加したが，2015年はやや減少した．2015年の労働投入量は4,809マンアワーで，2012年に比べると28.8％の増加となっている．総じてみると，正社員と非正社員の労働投入量は増えた一方で，経営者の労働投入量は減少していることがわかる．

労働投入量の構成比をみると，2012年は経営者が22.8％，正社員が48.6％，非正社員28.6％であった．経営者の割合は年々低下し，2015年は16.7％となっている．他方，正社員の占める割合は年々上昇し，2015年には54.9％となった．非正社員の占める割合は2015年も28.5％と，期間を通して3割弱で変わらず推移している．

3 資本投入量

　新規開業パネル調査では，第1回アンケートにおいて開業にかかった設備資金の合計，第2回以降アンケートにおいて，各年の設備投資の実施の有無とその金額を尋ねている．そこで，乾ほか（2011）にならって，各年の設備投資金額と減価償却額を用いた恒久棚卸法により，各年の資本投入量を計算する．t 期における企業 i の資本投入量 K は次のように表せる．

$$K_{it} = (1 - \delta)K_{it-1} + I_{it} \tag{4}$$

（K：資本投入量，I：設備投資実施金額，δ：減価償却率）

　アンケートでは減価償却額を尋ねていないため，企業ごとの減価償却率を求めることはできない．そこで，内閣府「国民経済計算」のストック系列から，各年の「生産資産における固定資産」に占める「固定資本減耗」の比率を減価償却率とした．これにより計算した各年の資本投入量を内閣府「国民経済計算」の民間企業設備デフレーターで実質化する．資本投入量の計算に当たっては，設備の稼働率を考慮すべきである．ただ，規模が小さく，経営資源に限りのある新規開業企業の場合，設備に余裕をもっている企業は少なく，手元の設備をフル活用していると考えるのが自然だろう．また，アンケートで設備の稼働率を尋ねても回答しにくいことから，ここでは稼働率は企業間で一定と仮定している．このため，ここでの資本投入量は資本ストックと読み替えることができる．

　各年に設備投資を行っている企業の割合つまり設備投資実施比率と設備投資実施金額の推移をみると，設備投資実施比率は，2012 年に 43.6％ となった（図4-8）．そのあと，設備投資実施比率は低下し，2015 年は 32.1％ となった．もっとも，当研究所「小企業の設備投資動向調査」[12] によると，既存企業の設備投資実施比率は各年度ともに 26％ 程度なので，新規開業企業の設備投資実施比率は相対的に高いといえる．

　業種別に設備投資実施比率をみると，2012 年に最も高かった業種は建設業

---

12)　調査対象は，日本政策金融公庫国民生活事業の取引先のうち，従業者数が原則 20 人未満の企業1万社である．調査時点は毎年 3 月上〜中旬で，調査時点が属する年度における設備投資実施状況を尋ねている．

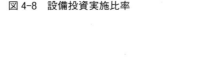

図 4-8　設備投資実施比率

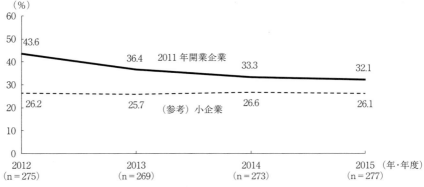

(注) 1. 設備投資実施の有無を回答しなかった企業があるため，サンプルサイズは年によって異なる．
    2. 小企業のデータは日本政策金融公庫総合研究所「小企業の設備投資動向調査結果」のデータである．
    3. 2011 年開業企業は暦年，小企業は年度のデータである．
    4. 小企業の設備投資には購入のほか，リース契約（土地建物の賃貸借契約を除く）を含む．

(53.3％) で，次いで医療・福祉 (52.1％)，飲食店・宿泊業 (48.4％) の順となっている（章末表 4A-6）．2015 年をみると，最も高いのは建設業と不動産業（ともに 50.0％）で，次いで医療・福祉 (42.3％) の順となっている．建設業が高いのはやはり人手不足感が強いためと考えられる．限られた人員で仕事を行うには作業効率を高めていく必要があり，そのために設備投資を行うケースが多いのだろう．

設備投資実施金額の平均をみると，2012 年に 483 万円となったあと，増加を続け，2015 年には 1,253 万円となった（図 4-9）．中央値をみると，2012 年が 200 万円，2015 年が 325 万円である．大規模な設備投資を実施した企業があるため，平均と中央値の乖離が大きくなっているが，中央値も年々上昇していることから，設備投資の規模自体が大きくなってきていることがわかる．

「小企業の設備投資動向調査」では，設備投資実施金額を実額ではなく金額のレンジで尋ねているため，単純比較はできないものの，各レンジの中央値を使って既存企業の設備投資実施金額を試算すると，新規開業企業の設備投資実施金額は，開業 3 年目に当たる 2013 年以降，既存企業よりも高くなっている

第3節　使用するデータ

図4-9　設備投資実施金額

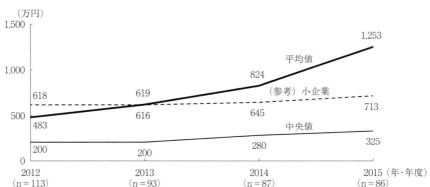

(注) 1. 図4-8の(注)2，3に同じ．
2. 設備投資実施金額を回答した企業について集計しているため，サンプルサイズは年によって異なる．
3. 小企業の設備投資実施金額は，設備を購入した企業を集計対象としている．
4. 小企業の設備投資実施金額は，実額ではなく，属する金額の幅を択一で尋ねている．そのため，各選択肢の中央値に回答割合を乗じたものを合算して求めた．

ことがわかる．この理由として考えられるのは，設備投資の目的の違いである．既存企業は「補修・更新」が毎年6割程度を占める．他方，新規開業企業は業歴が短いため「補修・更新」目的の投資は少数で，多くは新規設備の購入と考えられる．そのため，金額が高めに出ているのだろう．

ちなみに，業種別に設備投資実施金額の平均をみると，2012年に最も金額が多かった業種は建設業（1,459万円）で，次いで情報通信業と教育・学習支援業（ともに1,000万円）の順となっている（章末表4A-7）．2015年の実施金額が最も多かったのは運輸業（5,000万円），次いで建設業（1,746万円），医療・福祉（1,672万円）の順となっている．業種別にみるとサンプルサイズが小さくなるため，一部の企業が業種全体の水準を押し上げてしまっている面もあるが，一般に運輸業であればトラックの増車や駐車場用地の取得，建設業であれば建設機械の増強，介護事業者が多数を占める医療・福祉であれば，利用者に対応した新たな土地の取得や建物増築など，比較的高額な設備投資が行われているものと推測される．

　ここまで設備投資実施比率と設備投資実施金額の推移をみた．これらのデー

図 4-10 資本投入量の推移

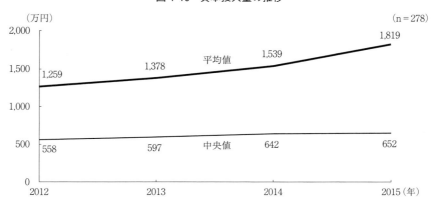

タから計算される資本投入量の平均をみると，2012 年に 1,259 万円となったあと，増加傾向が続き，2015 年には 1,819 万円となった（図 4-10）．2012 年に比べると 44.5％ 増加している．中央値をみると，2012 年に 558 万円となったあと微増したが，2014 年以降は横ばいで推移し，2015 年には 652 万円となった．2012 年に比べると 16.8％ の増加である．平均との乖離は 2012 年に 701 万円だったが，2015 年には 1,167 万円まで拡大している．この 4 年の間に資本投入量を大きく増やした企業と，そうでない企業が混在していることがわかる．

本節では，生産関数の推定に用いる産出額，労働投入量，資本投入量について計算方法を示すとともに，各データの推移を確認した．次節では，これらのデータを用いて生産関数を推定し，TFP を計測する．

第 4 節　新規開業企業の TFP

1　生産関数の推定

推定に用いるデータの記述統計量は表 4-4 のとおりである．前節でみた産出額，労働投入量，資本投入量は，それぞれ 1 を足して自然対数に変換している．278 企業のデータが 4 年分あるので，サンプルサイズは 278 × 4 = 1,112 である．

また，分析対象企業 278 件のうち，製造業が 11 件ある．分析対象企業に占める割合は高くないが，製造業と非製造業では生産構造が大きく異なることを

第4節　新規開業企業のTFP　　　129

表4-4　記述統計量

変数カテゴリー	変数名	定　義	観測数	平均値	標準偏差	最小値	最大値
被説明変数	$\ln Y$	（実質売上高＋1）の対数値	1,112	7.94	1.36	4.45	11.76
説明変数	$\ln L$	（労働投入量＋1）の対数値	1,112	9.10	1.01	6.95	12.17
	$\ln K$	（実質資本投入量＋1）の対数値	1,112	6.47	1.29	2.12	10.08
	製造業ダミー	製造業のときに1をとるダミー変数	1,112	0.04	0.20	0	1

(注)　年ダミーの記載は省略した.

考慮して，製造業ダミーを用意した．また各年の景気状況が産出額に与える影響を考慮して，2012年を基準とした年ダミーも推定式に加える．推定式は(5)式になる．

$$\ln Y_{it} = \ln A_{it} + \alpha \ln L_{it} + \beta \ln K_{it} + \gamma MANU_{it}$$
$$+ \varepsilon_1 YEAR_{2013} + \varepsilon_2 YEAR_{2014} + \varepsilon_3 YEAR_{2015} \tag{5}$$

（Y：産出額，A：TFP，L：労働投入量，K：資本投入量，
$MANU$：製造業ダミー，$YEAR$：年ダミー）

　推定モデルとして，まず労働投入量と資本投入量のみで最小二乗法により回帰し，これをベースライン推定（モデル①）とする．モデル②ではモデル①に製造業ダミーを加え，さらにモデル③ではモデル②に年ダミーを加える．

　推定結果は表4-5のとおりである．労働投入量と資本投入量の係数であるαとβはいずれのモデルでも1%水準で有意となった．符号はプラスである．また，モデル②とモデル③で加えた製造業ダミーの係数であるγも1%水準で有意，符号はプラスである．モデル③で加えた年ダミーの係数であるsは，2013年（ε_1）と2014年（ε_2）は非有意となったものの，2015年（ε_3）は10%水準で有意，符号はプラスとの結果を得た．モデル③の決定係数（R-squared）が0.603と最も高いことから，モデル③について検討してみたい．

　労働投入量の係数αは労働分配率，資本投入量の係数βは資本分配率である．推定式の両辺は対数なので，αとβはそれぞれ弾力性を示している．モデル③のαは0.985，βは0.093なので，労働投入量が1%増加すると年商は0.985%増加し，資本投入量が1%増加すると年商は0.093%増加するという結果である．また，$\alpha > \beta$となっていることから，新規開業企業の生産構造は労働集約的で

表 4-5　生産関数の推定結果（最小二乗法）

被説明変数：$\ln Y$ 推定方法	モデル① 最小二乗法	モデル② 最小二乗法	モデル③ 最小二乗法
$\ln L$	0.988***	0.986***	0.985***
	(0.027)	(0.026)	(0.026)
$\ln K$	0.075***	0.095***	0.093***
	(0.023)	(0.023)	(0.023)
製造業ダミー		0.869***	0.867***
		(0.109)	(0.108)
年ダミー（基準は 2012 年）			
2013 年			0.050
			(0.071)
2014 年			0.117
			(0.073)
2015 年			0.134*
			(0.074)
定数項	-1.532***	-1.674***	-1.726***
	(0.244)	(0.240)	(0.242)
観測数	1,112	1,112	1,112
R-squared	0.587	0.602	0.603

(注)　1.　上段は係数，下段の（　）内の数値は頑健標準誤差.
　　　　2.　*** は 1% 水準，** は 5% 水準，* は 10% 水準で有意であることを示す.

あると解釈できる.

　他方，生産関数の推定においては α と β の和も注目される．第 2 節で述べたように，和が 1 を超えると，生産活動に規模の経済性が働いていると解釈される．しかし，本章の分析対象である新規開業企業は業歴が短く，総じて企業規模も小さいことから，規模の経済性が十分に働いているとは考えにくい．このため，α と β の和が 1.078 となっているモデル③は，最適な推定となっていない可能性が高い.

　その理由として，内生性バイアスの問題が考えられる．北村・西脇・村尾 (2009) は，生産関数の測定において，説明変数である労働投入量や資本投入量は内生的に決まっている可能性が高いと指摘する．すなわち，経営者は，自身が知りうる自社の技術や市場に関する情報を基に自社の産出額を予測し，これに基づいて労働や資本の投入量を調整してしまうというものである．経営者が自社の取り扱う商品やサービスが他社よりも優れていると判断すれば，将来

の売り上げ増加を見込んで，労働や資本の投入量を増やすことは十分に考えられる話である．こうした情報は客観的に観察することができないので，回帰式に組み込むことはできない．

そこで，こうした内生性バイアスの問題をできるだけ回避するため，パネルデータの特徴を生かして，固定効果推定（モデル④）を実施した．例えば，経営者の能力や企業の技術水準といった短期的には大きく変動しない要因が生産要素の投入に大きく影響するのであれば，その部分を固定効果として取り除くことで，内生性バイアスを回避できると考えられるからである（中村，2014）[13]．本章の分析期間は4年間であるから，経営者の能力や企業の技術水準が大きく変わるとは考えにくく，固定効果推定により頑健な推定結果を得られると判断した．また念のため，変量効果推定（モデル⑤）も合わせて実施している．

モデル④，モデル⑤ともに係数（α，β，γ，ε）はすべて1%水準で有意，符号はプラスとの結果を得た（表4-6）．また，ハウスマン検定をしたところ，固定効果推定のモデル④が支持された．以下，モデル④について検討する．

労働分配率αは0.343，資本分配率βは0.106となった．労働投入量が1%増加すると年商は0.343%増加し，資本投入量が1%増加すると年商は0.106%増加するということである．$\alpha > \beta$であることはモデル①〜③や⑤と同じであり，新規開業企業の生産構造はやはり労働集約的といえる．他方，モデル①〜③と違い，αとβの和は1を下回っていることから，新規開業企業の生産活動に規模の経済性を見出すことはできない．これらの推定結果は実態に即したものといえよう．

また，年ダミーの係数εをみると，2013年（ε_1）が0.097，2014年（ε_2）が0.175，2015年（ε_3）が0.213と，年を追うごとに上昇している．2015年12月時点では，日本の景気は2012年11月を谷とする景気拡大局面にあった．良好なマクロ経済環境が，新規開業企業の業績にプラスの影響をもたらしていたといえる．

ここまで，生産関数の推定結果をみてきた．最小二乗法による推定よりもパネル推定，さらには，変量効果推定よりも固定効果推定の結果が適切と考えら

---

13) 中村（2014）は，内生性バイアスに対処する方法として，固定効果推定や変量効果推定を用いる方法のほか，操作変数を用いた推定，代理変数を用いた推定を挙げる．

表 4-6　生産関数の推定結果（固定効果推定・変量効果推定）

被説明変数：ln Y 推定方法	モデル④ 固定効果	モデル⑤ 変量効果
ln L	0.343***	0.557***
	(0.055)	(0.032)
ln K	0.106***	0.106***
	(0.031)	(0.022)
製造業ダミー		0.769***
		(0.269)
年ダミー（基準は 2012 年）		
2013 年	0.097***	0.081***
	(0.016)	(0.022)
2014 年	0.175***	0.155***
	(0.018)	(0.022)
2015 年	0.213***	0.186***
	(0.026)	(0.022)
定数項	4.016***	2.052***
	(0.480)	(0.280)
観測数	1,112	1,112
R-squared	0.302	

（注）　**表 4-5** の（注）1，2 に同じ．

れることから，モデル④を採用して TFP を計測する．

2　TFP の分析

　モデル④の推定結果から，t 時点における企業 i の TFP（対数値）は以下のように示せる[14]．

$$\ln A_{it} = \ln Y_{it} - 0.343 \ln L_{it} - 0.106 \ln K_{it}$$
$$- 0.097 YEAR_{2013} - 0.175 YEAR_{2014} - 0.213 YEAR_{2015} \tag{6}$$

　TFP の推移からみていこう．以下に示す**図 4-11**，**図 4-12**，**表 4-7** では TFP の変化を視覚的に捉えやすいように，対数で計測された TFP を指数変換して示している．まず TFP の平均をみると，2012 年は 98.3 であった（**図 4-11**）．TFP は 2013 年にかけて横ばいで推移したあと，2014 年に 101.5，2015 年は

_____

14)　定数項のほか誤差項も TFP に含めている．

第 4 節　新規開業企業の TFP

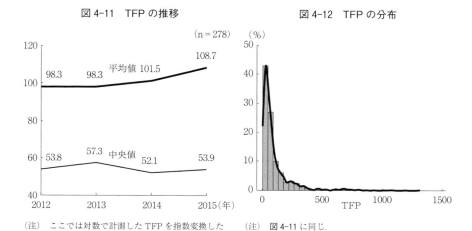

図 4-11　TFP の推移　　　　　　　図 4-12　TFP の分布

(注)　ここでは対数で計測した TFP を指数変換した　　(注)　図 4-11 に同じ．
　　 値を掲載している．

108.7 へと上昇している．2012 年に比べると 10.6% の上昇である．中央値をみると，2012 年に 53.8 となったあと，2013 年には 57.3 まで上昇するがそのあと低下し，2015 年は 53.9 と，むしろ伸び悩んでいる[15]．このことから，新規開業企業全体の生産性は上昇しているものの，それは一部の企業によって牽引されているものだといえる．

各年の TFP をプールしたうえでデータの分布をみると，頂点は原点近くにある一方，右側に裾野が広がっている（図 4-12）．対数正規分布に近い形状である．

さらに業種別に TFP をみたものが表 4-7 である．まず，TFP の平均をみると，2012 年に最も高かったのは卸売業（315.1）で，次いで建設業（240.8），小売業（180.4）の順となっている．他方，水準が最も低いのは個人向けサービス業（31.2）で，運輸業（35.9），不動産業（43.5）が続く．このように，業種間で TFP に大きな差があることがわかる．標準偏差をみると，卸売業（257.7），建設業（211.5），小売業（181.0）の順に標準偏差が高く，TFP の高

---

15) 小西（2014）は，「企業が利潤を追求しながら生産活動を行うとき，技術が後退することは考えられない．しかし，実証上は TFP や TFP の成長率がマイナスになることは起こりうる」としている．

表 4-7　業種別にみた TFP

		2012 年	2013 年	2014 年	2015 年
建設業	平　均	240.8	252.4	314.1	412.3
	中央値	193.2	200.5	171.9	167.2
	標準偏差	211.5	229.0	318.7	435.2
製造業	平　均	140.4	131.7	140.4	126.4
	中央値	105.2	84.0	96.9	81.1
	標準偏差	97.9	97.3	90.9	90.2
情報通信業	平　均	165.9	156.6	171.3	184.5
	中央値	111.7	150.0	154.3	145.8
	標準偏差	137.8	38.1	58.3	105.0
運輸業	平　均	35.9	38.0	37.0	41.0
	中央値	10.9	14.6	13.6	13.0
	標準偏差	49.6	54.4	53.5	67.6
卸売業	平　均	315.1	299.0	296.2	314.8
	中央値	266.6	235.9	225.4	257.2
	標準偏差	257.7	241.3	237.4	274.5
小売業	平　均	180.4	192.4	188.9	193.0
	中央値	126.6	135.8	136.5	131.2
	標準偏差	181.0	181.2	173.8	193.5
飲食店・宿泊業	平　均	56.6	57.2	57.0	58.4
	中央値	53.7	47.4	50.2	47.3
	標準偏差	41.7	46.4	40.8	42.9
医療・福祉	平　均	64.3	66.0	65.7	66.7
	中央値	59.5	59.3	56.8	62.1
	標準偏差	39.0	42.2	44.2	44.2
教育・学習支援業	平　均	46.6	45.2	57.6	46.1
	中央値	34.6	47.6	61.8	47.9
	標準偏差	21.3	8.6	20.2	15.9
個人向けサービス業	平　均	31.2	30.6	29.9	30.1
	中央値	27.6	26.0	26.8	25.0
	標準偏差	21.6	20.7	22.2	23.7
事業所向けサービス業	平　均	117.1	104.4	106.6	105.8
	中央値	80.6	73.9	73.1	80.8
	標準偏差	103.6	83.7	87.8	91.6
不動産業	平　均	43.5	77.9	49.3	56.2
	中央値	51.7	68.5	51.2	46.6
	標準偏差	24.6	62.4	26.6	38.4
全　体	平　均	98.3	98.3	101.5	108.7
	中央値	53.8	57.3	52.1	53.9
	標準偏差	131.4	129.2	142.7	174.1

第4節 新規開業企業のTFP

図4-13 2012年のTFPと2013年以降のTFPとの関係

(1) 2013年のTFP

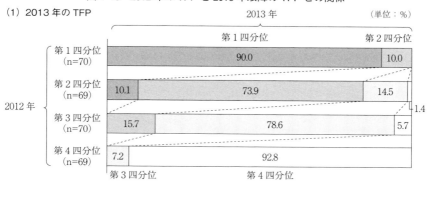

(2) 2014年のTFP

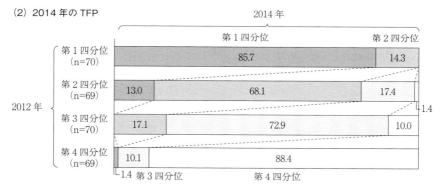

(3) 2015年のTFP

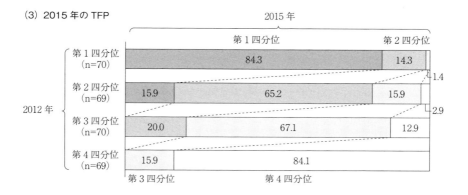

い業種であっても，企業間でばらつきが大きいことがうかがえる．他方，標準偏差が最も低い業種は教育・学習支援業（21.3）で，個人向けサービス業（21.6），不動産業（24.6）が続く．これらの業種は TFP の平均が低く，企業間のばらつきも小さいといえる．

　新規開業企業の TFP は年によって変動するのだろうか．この点を確かめるために，各年の TFP の四分位点を基準に四つのグループをつくり，2012 年のグループと 2013 年以降のグループをクロス集計した．2012 年時点で TFP の高い企業はそのあとも高い水準を維持する傾向にあることがわかる（図 4-13）．逆に 2012 年時点で TFP の低い企業は，そのあとも低位のままであることが多いようだ．

　ここまでの分析をまとめると，次の 3 点を指摘できる．

　第 1 に，新規開業企業全体の TFP は上昇している．先行研究からは，企業年齢の若い企業は生産性が高いとされているが，開業 2 年目から 5 年目までの間にかけて，TFP は高まることが確認できた．

　第 2 に，新規開業企業の TFP にはばらつきがある．特に，非製造業では業種間，企業間の差が大きい．卸売業や建設業，情報通信業などで TFP が高く，個人向けサービス業や運輸業，教育・学習支援業などで TFP が低い．

　第 3 に，開業 2 年目の時点で TFP が高い企業は，3 年目以降も高い TFP を維持しているケースが多い．他方，開業 2 年目の時点で TFP が低い企業は，3 年目以降も TFP が低いままであるケースが多い．新規開業企業の TFP は，開業間もない時期に決まると考えられる．やはり，開業時の経営者の属性が TFP に大きく影響するのかもしれない．そこで次節ではこの点について検証していく．

第 5 節　TFP と経営者の属性の関係

　本節では，前節で計測した TFP と経営者の属性の関係について分析する．第 1 節で述べたように，新規開業企業の生産性は経営者の属性や経営方針に大きく左右されると考えられるからである．そこで，TFP を被説明変数，経営者の性別や年齢，学歴，職歴（斯業経験や管理職としての経験），家族状況

第5節　TFPと経営者の属性の関係　　　137

（配偶者の有無や別収入の有無など），経営方針などを説明変数とした回帰分析
を行う．

　説明変数は時間不変（time invariant）なものと，時間の経過により変化する
時間可変（time variable）なものがある．例えば経営者の性別や学歴，職歴は
時間不変の変数である．他方，家族状況や事業拡大方針は時間可変の変数であ
る．このように説明変数のなかに両者が混在していることから，最小二乗法と
変量効果推定を採用する．また，推定に当たっては企業属性を説明変数に加
える．

1　使用するデータ

　記述統計量は表4-8のとおりである．被説明変数は，TFPの対数値である．
　次に説明変数と符号条件を検討する．説明変数は経営者の属性と，企業の属
性の順に並べてある．経営者の属性からみていこう．

　性別ダミーは，経営者が女性であるときに1をとるダミー変数で，時間不変
の変数である．鈴木（2012c）によると，男性経営者に比べて女性経営者の企
業のほうが「赤字基調」の割合が高いが，これは職業経験の差によってもたら
されるものであり，女性の採算状況の悪さは性差自体に起因するものでないこ
とが明らかになっている．本分析でも，後述のとおり，斯業経験の有無を説明
変数に加えることから，性別ダミーは非有意になると予想する．

　教育年数は，経営者の最終学歴に応じてそれぞれ，中卒：9，高卒：12，高
専，専修・各種学校，短大卒：14，大学卒：16，大学院卒：18を割り当てた．
先行研究からは，経営者が高学歴であるほど，経営する企業のパフォーマンス
は良好であることが明らかになっている（鈴木，2012c; Honjo, 2004）．このこ
とから，経営者の教育年数が長いほうがTFPは高いと推測できるので，係数
の符号はプラスになると予想する．

　斯業経験ダミーは，開業前に現在の事業に関連した仕事をした経験（斯業経
験）がある場合に1をとるダミー変数で，時間不変の変数である．鈴木（2012）
は，新規開業企業のパフォーマンスは経営者の斯業経験の有無に影響を受ける
としており，係数の符号はプラスになると予想する．

　管理職ダミーは，開業までのキャリアにおいて管理職の経験がある場合に1

第 4 章　新規開業企業の TFP とその決定要因

表 4-8　記述統計量

変数 カテゴリー	時間 変化	変数名	定　義	平均値	標準偏差	最小値	最大値	観測数
被説明 変数	可　変	TFP（対数値）	TFP の対数値	4.02	1.08	1.06	7.18	1,112
説明変数								
経営者 の属性	不　変	性別ダミー	経営者が女性 = 1	0.15	0.36	0	1	1,112
		教育年数	教育年数（単位：年）	14.37	1.72	9	18	1,092
		斯業経験ダミー	現在の事業に関連する仕事の経験がある = 1	0.90	0.30	0	1	1,112
		管理職ダミー	管理職として働いた経験がある = 1	0.48	0.50	0	1	1,112
	可　変	経営者の年齢 （実数）	経営者の年齢 （単位：年）	43.51	8.97	25	68	1,112
		経営者の年齢 （二乗項）	経営者の年齢の二乗値を100 で割ったもの （単位：年）	19.73	8.15	6.25	46.24	1,112
		配偶者ダミー	配偶者がいる = 1	0.77	0.42	0	1	1,112
		家族の人数	配偶者を除いた同居家族の人数（単位：人）	1.02	1.17	0	9	1,095
		家事負担ダミー	家事負担がある = 1	0.06	0.24	0	1	1,112
		事業外収入比率	総収入に占める事業収入以外の収入の割合	0.11	0.22	0	1	932
		事業拡大意欲 ダミー	事業拡大意欲がある = 1	0.99	0.09	0	1	1,112
企業の 属性	不　変	開業資金	開業資金総額（対数値）	6.58	1.14	3.81	9.58	1,112
	可　変	従業者数	従業者数（単位：人）	8.45	13.77	1	152	1,112
		立地ダミー	人口数上位 5 都府県 = 1	0.38	0.49	0	1	1,112
		経営形態ダミー	法人格 = 1	0.43	0.50	0	1	1,112

（注）　業種と年ダミーの記載は省略した（業種分布は前掲表 4-2 のとおり）．

をとるダミー変数で，時間不変の変数である．開業して経営者になると，業績を牽引するプレーヤーとしての役割に加え，組織をマネジメントする仕事が発生する．マネジメント能力は通常，一朝一夕に身につくものではなく，実際の経験を通じて培われていくものである．管理職の経験があることは，そのあとの経営に生きると考えられるので，係数の符号はプラスになると予想する．

　経営者の年齢については，実数と二乗項の二つとする[16]．企業年齢の若いほうが企業の生産性は高い（森川，2014）とされる．この関係が経営者にも当てはまるとすると，実数の係数の符号はマイナスになると予想される．さらに，

16)　推定の際は，係数の大きさを比較しやすいように，二乗項は 100 で割ったものを加える．

第5節　TFP と経営者の属性の関係　139

加齢による影響度合いが一定なのかどうかをみるために二乗項を加える．加齢による生産性低下の影響度合いが，年齢が高くなるにつれて弱まるならば係数の符号はプラス，強まるならば係数の符号はマイナスになる．

　配偶者ダミーは，配偶者がいる場合に1をとるダミー変数で，時間可変である．配偶者がいる場合，従業員でなかったとしても，一時的に事業を手伝ってくれる戦力になりうる．しかも，外部から採用する従業員に比べて意思疎通が図りやすいはずである．このため，係数の符号はプラスになると考えられる．

　さらに，経営者の配偶者以外の家族の人数（家族の人数）を用意した．想定されるのは子どもや両親などとの同居である．子どもが成人であれば配偶者と同様，従業員でなくても事業を手伝ってもらえる可能性がある．他方，未成年であればこうしたサポートは得がたい．調査対象企業の経営者の平均年齢は41.1歳であるから，子どもがいる場合，その多くは未成年と考えられる．また，経営者の親も高齢であると考えられるから，事業を手伝えるとは限らず，むしろ介護を必要としている可能性もある．こうした事情から，係数の符号は非有意，もしくはマイナスになると考えられる．

　経営者の生活環境の変化が TFP に与える影響をより明確にみるために，家事負担ダミーを用意した．これは，家事負担が大きいと感じている場合に1をとるダミー変数である．こちらも時間可変の変数である．家事が忙しくなると仕事時間を確保できなくなる可能性がある一方で，家事の時間を捻出するために，経営を効率的に行っている可能性もある．このため，係数の符号はプラスにもマイナスにもなりうる．

　経営者の総収入に占める事業以外からの収入の比率（事業外収入比率）は，経営者の収入構造の違いが TFP に与える影響をみるために用意した変数である．これも時間可変の変数である．経営する事業が主たる収入源である場合は，生活維持のためにも事業を軌道に乗せていく必要があるだろう．他方，経営する事業が主たる収入源ではない場合，必ずしも経営効率は重要ではないかもしれない．こうした副業的な新規開業企業の場合，生産性は高くない可能性がある．予想される係数の符号はマイナスである．

　事業拡大意欲ダミーは，経営者が事業を拡大したいと考えている場合に1をとるダミー変数で，時間可変の変数である．開業した事業を拡大していきたい

のならば，経営者は積極的な経営戦略をとり，経営は効率化するかもしれない．ただし，こうした取り組みは必ずしも奏功するとは限らない．このため，係数はプラスもしくは非有意になると予想する．

企業の属性については，以下の変数を用意した．

開業資金は開業にかかった費用の総額で，時間不変の変数である．これにより開業時の企業規模をコントロールする．

従業者数は従業員数（家族従業員，常勤役員・正社員，パート・アルバイト・契約社員，派遣社員の合計）に経営者数を加えたもので時間可変である．これで開業後の企業規模をコントロールする．

立地ダミーは各年10月1日時点で人口が多い上位5都府県に企業が所在する場合に1をとるダミー変数である．これにより企業立地が生産性に与える影響をコントロールする．企業の立地と生産性の関係を分析した森川（2011）によると，「大都市ほど人的資本蓄積の速さ，企業と労働者のマッチング改善を背景に，就労者の生産性が高くなる」ことから，人口が多い地域ほどTFPが高くなると推測される．なお，2011年から2015年までの間，上位5位は東京都，神奈川県，大阪府，愛知県，埼玉県で変わらなかったため，本分析での立地ダミーは結果として時間不変の変数である．

経営形態ダミーは，経営する企業が法人（株式会社，NPO法人，その他の法人）である場合に1をとるダミー変数で，時間可変である．個人経営で始めたが，事業が拡大したことにともない，法人化するケースは少なくないことから，この点をコントロールする．

以上の変数に加え，業種ダミー（業種分布は前掲**表4-2**のとおり）と年ダミーを加える．

2 推定結果

推定結果は**表4-9**のとおりである．ここでは四つのモデルを用いた．モデル①は最小二乗法，モデル②は変量効果推定である．これにより，開業2年目から5年目にかけてTFPに影響を与える経営者の属性を特定する．なお，モデル①とモデル②についてブルーシュ＝ペイガン検定を実施したところ，モデル②が支持された．以下ではモデル②をベースラインとする．さらに，開業初

期（2012 ~ 2013 年）と開業後期（2014 ~ 2015 年）に分割して変量効果推定を
したものがモデル③とモデル④である．サンプルサイズが小さくなるため，推
定結果がやや不安定になる可能性はあるが，説明変数の影響度合いが時間の経
過によって変化するかどうかを確認できる．

　まずモデル②から，TFP に影響を与える経営者の属性をみていこう．TFP
に対して有意に影響を与える要素は斯業経験ダミー，管理職ダミー，年齢（実
数），家事負担ダミーであった．斯業経験ダミー，管理職ダミーは予想どおり
プラス，年齢（実数）の係数は予想どおりマイナスとなっている．家事負担の
係数の符号は有意にマイナスとなった．家事負担の増加は TFP にマイナスの
影響を与えている．

　モデル③とモデル④をみると，斯業経験ダミーと管理職ダミーは両モデルで
有意，係数の符号はプラスであることから，経営者の斯業経験や管理職経験は
開業からの時間経過にかかわらず，経営する企業の生産性を高めるといえる．

　他方，開業初期（モデル③）は有意，開業後期（モデル④）は非有意となっ
たのが，配偶者ダミーと事業外収入比率である．この二つは開業初期には
TFP に影響するが，開業後期になると影響がなくなる要素といえる．配偶者
ダミーの係数はプラスであることから，前に予想したとおり，開業初期の
TFP を規定するうえで，配偶者が貴重な戦力になっている可能性がある．事
業外収入比率の係数はマイナスである．事業以外の収入が多いほど，経営する
企業の TFP は低くなるという結果である．副業的な新規開業企業の TFP は
低い可能性があることを示している．ただし，開業後期になると影響が確認で
きなくなることから，当初は副業的に始めたが，時間の経過とともに TFP を
伸ばしていくケースもあると考えられる．

　反対に，開業初期（モデル③）は非有意，開業後期（モデル④）は有意と
なったのが，家事負担ダミーである．これは開業初期には影響がないが，開業
後期になると影響が表れる要素といえる．開業後期の影響が強いためか，結果
として期間全体を通して推定したモデル②でも有意になっている．係数の符号
はマイナスであることから，経営者の家事負担の増加は，経営する企業の生産
性を低下させる可能性がある．開業後期に影響が表れる理由として，経営者の
生活環境が開業時から変化し，家事負担が重くなったケースが考えられる．経

142 第 4 章　新規開業企業の TFP とその決定要因

表 4-9　TFP の決定要因に関する推定結果

被説明変数：TFP（対数値）		モデル①	モデル②	モデル③	モデル④
推定方法		最小二乗法	変量効果	変量効果	変量効果
推定期間		期間全体 （2012〜2015 年）	期間全体 （2012〜2015 年）	開業初期 （2012〜2013 年）	開業後期 （2014〜2015 年）
経営者の属性	性別ダミー	−0.099 (0.080)	−0.158 (0.134)	−0.089 (0.130)	−0.184 (0.144)
	教育年数	0.037*** (0.014)	0.040 (0.025)	0.029 (0.027)	0.038 (0.024)
	斯業経験ダミー	0.299*** (0.074)	0.300** (0.142)	0.310** (0.136)	0.337** (0.147)
	管理職ダミー	0.187*** (0.045)	0.305*** (0.082)	0.278*** (0.088)	0.227*** (0.083)
	経営者の年齢（実数）	−0.069*** (0.024)	−0.059* (0.035)	−0.040 (0.041)	−0.059 (0.048)
	経営者の年齢（二乗項）	0.058** (0.027)	0.047 (0.040)	0.020 (0.048)	0.047 (0.054)
	配偶者ダミー	0.208*** (0.056)	0.011 (0.084)	0.133* (0.074)	0.023 (0.128)
	家族の人数	−0.033 (0.020)	−0.001 (0.014)	−0.015 (0.017)	−0.015 (0.028)
	家事負担ダミー	0.024 (0.094)	−0.057* (0.035)	−0.018 (0.046)	−0.177* (0.101)
	事業外収入比率	−0.600*** (0.100)	−0.098 (0.071)	−0.216** (0.108)	−0.153 (0.105)
	事業拡大意欲ダミー	−0.108** (0.048)	−0.033 (0.031)	−0.016 (0.039)	−0.045 (0.051)
企業の属性	開業資金	0.268*** (0.023)	0.286*** (0.041)	0.269*** (0.045)	0.285*** (0.041)
	従業者数	0.011*** (0.002)	0.006* (0.003)	0.004 (0.003)	0.010** (0.004)
	立地ダミー	0.117** (0.046)	0.066 (0.087)	0.076 (0.093)	0.106 (0.087)
	経営形態ダミー	0.754*** (0.018)	0.506*** (0.011)	0.777*** (0.141)	0.682*** (0.122)
年ダミー	2012 年	（基準）	（基準）	（基準）	
	2013 年	0.022 (0.057)	0.015 (0.020)	0.026 (0.021)	
	2014 年	0.001 (0.057)	0.014 (0.023)		−0.001 (0.027)
	2015 年	−0.013 (0.057)	0.016 (0.033)		（基準）
	定数項	3.351*** (0.554)	3.143*** (0.840)	2.725*** (0.949)	3.029*** (1.164)
	観測数	910	910	424	486
	R-squared	0.702			

（注）　1.　表 4-5 の(注)1，2 に同じ.

　　　　2.　モデル②〜④についてブルーシュ＝ペイガン検定を行った結果，いずれも変量効果推定が支持された.

　　　　3.　このほか業種ダミーを説明変数に加えているが，記載は省略した.

営者や家族の病気やけが，子どもが産まれた，家族の介護が必要になった，などの事情により，経営者が十分に事業に携われなくなってしまった場合，企業のTFPが低下することは十分に想像できる．また，これらのイベントの多くは開業時に予見できないため，当初の事業計画に織り込むことが難しい．

ここで注意したいのは，本章の分析対象は2015年末時点で事業を継続している企業だということだ．期中に廃業してしまった企業はサンプルに含まれていない．そのなかには，業績不振のほか，経営者の生活環境の変化を理由に廃業したケースもあるだろう．これらの企業を分析に含めた場合，家事負担の影響はさらに大きくなる可能性がある．

最後に，期間を通じて生産性に影響しない属性は，性別ダミーと教育年数，家族の人数であった．性差が企業パフォーマンスに影響を与えないとの結果は前述の鈴木（2012c）など多くの先行研究と整合している．教育年数は事前の予想に反して非有意となった．経営者の学歴は売り上げや採算などの企業パフォーマンスには関係があるが，TFPには直接関係がないのかもしれない．

企業の属性についても確認しておこう．モデル②，③，④で有意となったのは開業資金と経営形態ダミーで，係数の符号はいずれもプラスである．開業資金を多く準備できれば，事業運営に必要な経営資源を獲得しやすくなり，TFPが高まりやすいのだろう．日本政策金融公庫総合研究所（2017）は，必要な開業費用を過不足なく調達できた新規開業企業のほうが，そのあとの業績は良好としており，ここでの分析結果と整合的である．経営形態は法人格であるほうが，企業の生産性が高まりやすい．一般に，ある程度の売り上げを計上する事業体の場合，法人のほうが節税できるといわれている．TFPが高く収益力がある場合は，法人になる動機が働きやすいということなのだろう．他方，法人化には登記などの費用がかかるため，TFPが低い場合は，わざわざ法人になるメリットがないのかもしれない．

企業規模を示す従業者数をみると，開業初期（モデル③）は非有意，開業後期（モデル④）で有意となっている．係数の符号はプラスであることから，TFPにプラスの影響をもたらしている．雇用が増えればTFPが高まるということなのだろうか．第1節で指摘したとおり，新規開業企業が雇用を増やすのは容易ではないし，人が集まったからといって事業が効率化するとは言い切れ

表 4-10　TFP に影響を与える要因（まとめ）

		期間全体 （2012 ～ 2015 年）	開業初期 （2012 ～ 2013 年）	開業後期 （2014 ～ 2015 年）
経営者の属性	斯業経験ダミー	＋＋	＋＋	＋＋
	管理職ダミー	＋＋＋	＋＋＋	＋＋＋
	経営者の年齢（実数）	－		
	配偶者ダミー		＋	
	家事負担ダミー	－		－
	事業外収入比率		－－	
企業の属性	開業資金	＋＋＋	＋＋＋	＋＋＋
	従業者数	＋		＋＋
	経営形態ダミー	＋＋＋	＋＋＋	＋＋＋

（注）　1.　**表 4-8** で有意となった変数，箇所のみ記載した.
　　　　2.　＋はプラスの影響，－はマイナスの影響を示す．符号の数は影響の有意水準を示しており，三つが 1%
　　　　　　水準，二つが 5% 水準，一つが 10% 水準である．空白は非有意であることを示す.

ない．係数が開業後期にかけてプラスになっている理由として考えられるのは，経営者を支える従業員が育ってきた，つまり労働の質が高まったからではないだろうか．人材育成が進めば，一時的に経営者が事業から離れたとしても，安定した経営状態を維持しやすくなる．開業初期から従業員を育てていくことが，TFP を高めていくうえで重要といえる.

　他方，立地は非有意となった．TFP の高い企業は人口の多い地域にもそうでない地域にも存在することを示唆している．これは森川（2011）とは異なる結果である．もっとも，本分析で用いた立地ダミーは都道府県単位であるため，さらに細かい地域区分で立地をとらえた場合には，結果が変わる可能性もある.

3　小　　括

　本節では，第 4 節で計測した TFP を被説明変数とした回帰分析を行い，新規開業企業の TFP と経営者の属性の関係を探った．両者の関係性をまとめたものが**表 4-10** である．ここでの分析から指摘できることは 3 点ある.

　第 1 に，経営者の属性は新規開業企業の TFP に対して有意に影響を与える.

　第 2 に，影響を与える経営者の属性は複数あり，プラスに影響するものとマイナスに影響するものがある．前者は，経営者の斯業経験，管理職経験，配偶者の有無である．後者は，経営者の年齢，事業以外の収入の有無，家事負担で

ある.

第3に，TFP に影響を与える経営者の属性は時間を通じて変化するものもある．例えば，経営者の収入構造は開業初期の生産性に影響するが，期間全体を通してみると影響はなくなる．他方，家事負担は開業初期の TFP には影響しないが，開業後期の TFP には影響する．

これらの点は今後，新規開業企業の生産性を考えるうえで重要なポイントといえる.

第6節　まとめと今後の課題

本章では，新規開業企業の生産性を分析した．第4節において TFP を計測し，その推移を確認した．①新規開業企業の TFP の平均は上昇していること，②ただし，企業や業種によって TFP のばらつきが大きいこと，③開業初期に TFP が高い企業はそのあとも TFP の水準が高いことがわかった．

第5節では，TFP と経営者の属性の関係を探った．分析の結果，①経営者の属性は TFP に影響を与えること，②プラスに影響する属性がある一方で，マイナスに影響する属性もあること，③時間の変化とともに影響度合いは変わるものもあることが明らかになった．

第1節で触れたように，生産性向上に向けて新規開業企業に寄せられる期待は大きい．これは新規参入を通じて産業の新陳代謝を促す役割だけではない．開業初期の段階において高生産性企業の候補を発掘し，これらの企業の成長を促すことができれば，産業全体の生産性を高められる可能性がある．

生産性の高い企業を発掘するためには経営者の属性に着目することが重要と考えられる．分析では，経営者の斯業経験や管理職経験が，企業の生産性を高めているとの結果を得た．これらの経験をきちんと評価して開業を後押しする仕組みがあれば，高生産性企業の開業が増えるかもしれない．また，資金調達の場面において，開業者の経験に応じて貸出金利を優遇することなども有効かもしれない．このためには，具体的にどのような経験が生産性向上に効果をもたらすのか，さらに研究を深めていく必要がある．

また，これまでの斯業経験や管理職経験を実際の企業経営に生かす術につい

て学べる機会を設けることも重要である．勤務者にこうした教育機会を提供すれば，将来のキャリアの選択肢に開業が加わる．自身の経験に経営や事業に関する知識が加われば，開業前のスキルが向上し，高生産性の開業が増えるかもしれない．近年は，就業と教育を交互に繰り返すリカレント教育が注目されている．政府は2017年12月公表の「人生100年時代構想会議中間報告」において，「個々人が人生を再設計し，一人ひとりのライフスタイルに応じたキャリア選択を行い，新たなステージで求められる能力・スキルを身につける機会が提供されることが重要である．こうした教育と社会の循環システムの中心となるのが，「リカレント教育」（学び直し）である」とし，「リカレント教育のための環境整備を産官学挙げて構築していくことが求められる」と明記している（首相官邸，2017）．開業の増加につながる教育体系の整備が期待される．

　開業後のサポートも重要である．分析では，開業後の家事負担の増加が，生産性を低下させるとの結果を得た．特にこうした環境変化に直面しやすいと考えられるのは，開業の新たな担い手として存在感を高めている，女性やシニア層である．せっかく女性やシニア層から生産性の高い企業が生まれても，子育てや介護による家事負担が生産性向上を阻害してしまってはいけない．開業後も安心して仕事ができる環境を整備していくことが必要だろう．近年は，子連れでも仕事ができる保育所併設のコワーキングオフィスを運営する企業や，家事代行サービスを専門にする企業が増えている．こうした民間サービスの登場は，新規開業企業経営者の強力なサポートになるはずだ．また，ある女性起業家は，育児と経営を両立している先輩経営者の体験談を聞いたことが，事業継続の支えになったと話す．業界の枠を超えて，多様な世代の経営者が語り合える場を提供するだけでも，生産性向上に効果があるかもしれない．

　また，新規開業企業の生産性は業種や企業によって大きく異なる．産業全体の生産性を高めることだけが目標であれば，生産性の高い業種や企業に絞って支援するほうが効率的かもしれない．しかしだからといって，生産性の低い業種や企業を支援しなくてよいことにはならない．相対的に生産性が低かった飲食店・宿泊業や個人向けサービス業は，私たちの日々の生活に欠かせないし，経営者の能力や個性が大いに発揮される業種でもある．企業単体でみた生産性は低くても，地域貢献度の高い企業は多数あるし，これこそが生きがいと感じ

第6節 まとめと今後の課題　　　　　　　　　　　　　147

図4-14　2015年のTFPと満足度の関係

(単位:％)

(1) 現在の収入についての満足度

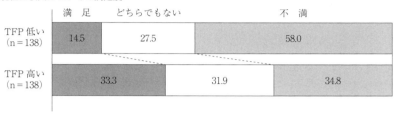

(2) 現在の仕事のやりがいについての満足度

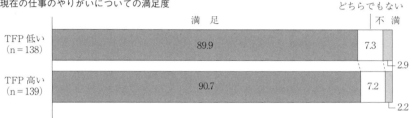

(3) 現在のワークライフバランスについての満足度

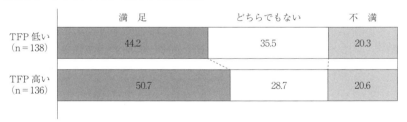

(注) 1.「満足」は「満足」「やや満足」の合計,「不満」は「不満」「やや不満」の合計である.
　　 2.(1)～(3)についてカイ二乗検定を実施したところ,(1)は1％水準で有意となる一方で,(2)と(3)は非有意であった.

ている経営者や従業員もいる.

　ここでTFPと経営者の満足度の関係をみると,「現在の収入」に関してはTFPの高い企業のほうが,「満足」と回答している割合が高い（図4-14）.他方,「仕事のやりがい」はTFPの高低にかかわらず,8割以上が「満足」と回答している.また,「ワークライフバランス」についての満足度も,TFPによる差

はみられない.

　生産性の高低が経営者の収入の満足度に反映されるのは当然の結果といえる. むしろ注目すべきは, 生産性の高い企業であっても生産性の低い企業であっても, 仕事のやりがいやワークライフバランスに関する満足度は変わらないことである. 生産性の高低だけではなく, その人にあった働き方を実現できるという観点も, 新規開業企業の支援を考えるうえで重要である.

　本章の分析を終えて, 最後に今後の課題を三つ挙げたい. 第1は, TFP計測の精緻化である. 本章では, 調査期間のデータがすべてそろう企業をサンプルとしており, 廃業企業や非回答企業は分析対象としていない. また, 操作変数法や代理変数法などによる生産関数の推定が主流になってきている. 本章ではデータの制約もあって, シンプルに生産関数を推定したが, こうした手法を取り入れれば, より頑健に生産性を計測できる.

　第2は, TFPの決定付ける経営者の属性情報の充実とモデルの吟味である. 開業動機や斯業経験の具体的な内容, 就学中に起業に関する勉強に取り組んだかなどについてより詳細なデータを集め, モデルに加えることで, TFPとの関係をより鮮明に描き出せるかもしれない.

　第3は, ケーススタディの収集である. 開業期から生産性が高い企業の取り組みを分析することで, 生産性向上のヒントがつかめるかもしれない. また, 開業後に経営者の生活環境が大きく変化しながらも, その壁を乗り越えて生産性を高めた企業の事例に学ぶことも重要である. こちらについては第8章で取り上げる.

章末表

表 4A-1 年商 (業種別)

(単位：万円)

	2012 年	2013 年	2014 年	2015 年
建設業	15,025	18,120	21,645	39,728
製造業	5,367	5,515	6,916	6,218
情報通信業	9,780	13,980	18,612	20,250
運輸業	2,357	3,314	4,114	5,760
卸売業	13,013	13,560	15,017	16,275
小売業	10,794	13,801	15,570	16,458
飲食店・宿泊業	3,588	4,075	4,472	4,959
医療・福祉	3,774	4,545	5,146	5,961
教育・学習支援業	2,120	2,480	3,480	3,240
個人向けサービス業	1,339	1,446	1,646	1,777
事業所向けサービス業	6,847	7,130	7,938	7,918
不動産業	1,905	4,080	3,180	3,930
全　体	5,316	6,205	7,101	8,625

(注)「その他」は1件のため記載を省略した (以下同じ).

表 4A-2 経営者の1日当たり就業時間 (業種別)

(単位：分)

	2012 年	2013 年	2014 年	2015 年
建設業	619	611	588	566
製造業	605	605	616	600
情報通信業	615	615	555	563
運輸業	591	579	510	523
卸売業	561	593	572	561
小売業	642	643	621	579
飲食店・宿泊業	640	605	583	608
医療・福祉	581	578	579	570
教育・学習支援業	520	560	520	560
個人向けサービス業	588	564	586	562
事業所向けサービス業	571	559	558	557
不動産業	525	480	525	465
全　体	595	584	580	569

表 4A-3　経営者の 1 週間当たりの休日数（業種別）

（単位：日）

	2012 年	2013 年	2014 年	2015 年
建設業	1.19	1.16	1.26	1.27
製造業	1.41	1.27	1.27	1.36
情報通信業	2.00	1.88	2.00	2.00
運輸業	1.36	1.43	1.29	1.50
卸売業	1.29	1.39	1.44	1.53
小売業	1.04	1.02	0.95	1.03
飲食店・宿泊業	0.96	1.02	1.05	1.06
医療・福祉	1.45	1.47	1.46	1.52
教育・学習支援業	0.83	1.00	0.67	1.00
個人向けサービス業	1.11	1.22	1.18	1.22
事業所向けサービス業	1.39	1.33	1.41	1.48
不動産業	1.13	1.25	1.38	1.38
全　体	1.24	1.27	1.27	1.33

表 4A-4　正社員の 1 週間当たりの就業時間（業種別）

（単位：時間）

	2012 年	2013 年	2014 年	2015 年
建設業	43.9	43.3	43.1	43.6
製造業	41.0	42.6	43.3	45.8
情報通信業	41.3	42.0	42.5	37.0
運輸業	40.0	44.0	40.0	46.5
卸売業	43.7	42.9	43.8	41.7
小売業	44.5	44.9	44.6	44.5
飲食店・宿泊業	56.7	55.6	53.3	51.3
医療・福祉	40.4	41.0	40.0	41.0
教育・学習支援業	42.5	48.0	42.5	40.3
個人向けサービス業	43.9	45.7	44.4	45.4
事業所向けサービス業	40.2	41.9	40.2	42.2
不動産業	42.7	41.0	43.7	42.0
全　体	43.7	44.3	43.3	43.7

章末表　151

表 4A-5　パートタイム労働者の労働時間比率（対フルタイム労働者）

パネル調査業種分類	毎月勤労統計業種分類	労働時間比率			
		2012 年	2013 年	2014 年	2015 年
建設業	建設業	0.55	0.57	0.60	0.54
製造業	製造業	0.70	0.69	0.69	0.67
情報通信業	情報通信業	0.61	0.61	0.59	0.61
運輸業	運輸業，郵便業	0.58	0.60	0.59	0.59
卸売業	卸売業，小売業	0.57	0.57	0.57	0.56
小売業		0.57	0.57	0.57	0.56
飲食店・宿泊業	宿泊業，飲食サービス業	0.45	0.44	0.43	0.42
医療・福祉	医療・福祉	0.52	0.51	0.51	0.50
教育・学習支援業	教育，学習支援業	0.38	0.37	0.38	0.35
個人向けサービス業	サービス業（他に分類されないもの）	0.58	0.59	0.60	0.57
事業所向けサービス業					
不動産業	不動産業，物品賃貸業	0.56	0.56	0.58	0.57
その他	調査産業計	0.54	0.54	0.54	0.53

資料：厚生労働省「毎月勤労統計調査」
（注）　1.　労働時間比率＝パートタイム労働者の総実労働時間／フルタイム労働者の総実労働時間.
　　　　2.　集計対象は事業所規模 5 人以上.

表 4A-6　設備投資実施比率（業種別）

（単位：％）

	2012 年	2013 年	2014 年	2015 年
建設業	53.3	37.5	31.3	50.0
製造業	36.4	10.0	20.0	18.2
情報通信業	25.0	75.0	75.0	25.0
運輸業	42.9	28.6	28.6	14.3
卸売業	43.8	28.6	20.0	6.3
小売業	43.5	31.8	34.8	30.4
飲食店・宿泊業	48.4	38.7	43.8	40.6
医療・福祉	52.1	53.6	45.7	42.3
教育・学習支援業	33.3	0.0	66.7	33.3
個人向けサービス業	31.7	21.0	16.1	25.8
事業所向けサービス業	50.0	46.2	34.6	25.9
不動産業	25.0	25.0	25.0	50.0
全　体	43.6	36.4	33.3	32.1

表 4A-7　設備投資実施金額（業種別）

（単位：万円）

	2012 年	2013 年	2014 年	2015 年
建設業	1,459	372	433	1,746
製造業	130	200	75	25
情報通信業	1,000	463	503	200
運輸業	393	800	4,010	5,000
卸売業	496	150	500	470
小売業	645	767	1,300	976
飲食店・宿泊業	295	673	407	377
医療・福祉	452	946	1,146	1,672
教育・学習支援業	1,000	0	300	300
個人向けサービス業	360	83	470	1,260
事業所向けサービス業	265	411	284	1,000
不動産業	250	500	1,850	1,400
全　体	483	619	824	1,253

表 4A-8　資本投入量（業種別）

（単位：万円）

	2012 年	2013 年	2014 年	2015 年
建設業	1,458	1,496	1,499	2,267
製造業	413	402	387	365
情報通信業	449	765	1,089	1,062
運輸業	468	664	1,763	2,354
卸売業	652	644	693	674
小売業	1,090	1,247	1,499	1,691
飲食店・宿泊業	1,169	1,276	1,365	1,422
医療・福祉	2,458	2,765	3,072	3,540
教育・学習支援業	882	820	963	995
個人向けサービス業	853	811	829	1,091
事業所向けサービス業	400	539	596	777
不動産業	602	685	1,099	1,372
全　体	1,259	1,378	1,539	1,819

参考文献

乾友彦・金榮愨・権赫旭・深尾京司（2011）「生産性動学と日本の経済成長：『法人企業統計調査』個票データによる実証分析」*RIETI Discussion Paper Series* 11-J-042

北村行伸・西脇雅人・村尾徹士（2009）「不完全資本市場下での生産関数の推定について」*Global COE Hi-Stat Discussion Paper Series* 070

古賀款久（2012）「ベンチャー企業の生産性」關西大学経済學會『關西大學経済論集』第 61 巻 3-4 号，pp. 51-81

国立社会保障・人口問題研究所（2017）「日本の将来推計人口」『人口問題研究資料』第 336 号

小西葉子（2014）「生産性を計測するということ―技術を正しく評価するために―」RIETI BBL セミナー資料（https://www.rieti.go.jp/jp/events/bbl/14121901_konishi.pdf）

鈴木正明（2012c）「どのような企業の業績が優れているのか」日本政策金融公庫総合研究所編集・鈴木正明著『新規開業企業の軌跡―パネルデータにみる業績，資源，意識の変化―』勁草書房，pp. 59-91

首相官邸（2017）「人生 100 年時代構想会議中間報告」（https://www.kantei.go.jp/jp/singi/jinsei100nen/pdf/chukanhoukoku.pdf）

中小企業庁（2017）『2017 年版中小企業白書』日経印刷

内閣府（2017）「経済財政運営と改革の基本方針 2017 〜人材への投資を通じた生産性の向上〜（案）概要」（https://www.kantei.go.jp/jp/singi/keizaisaisei/miraitoshikaigi/dai10/siryou4.pdf）

中村康治・開発壮平・八木智之（2017）「生産性の向上と経済成長」『日本銀行ワーキングペーパーシリーズ』No.17-J-7

中村豪（2014）「生産関数推定について：手法に関する考察と規制緩和への示唆」東京経済大学経済学会『東京経大学会誌』第 281 号

日本政策金融公庫総合研究所（2017）「起業と起業意識に関する調査」（https://www.jfc.go.jp/n/findings/pdf/topics_171221_1.pdf）

藤井辰紀・藤田一郎（2017）「創業の構造変化と新たな動き―マイクロアントレプレナーの広がり―」日本政策金融公庫総合研究所『日本政策金融公庫調査月報』No. 100，pp. 4-15

森川正之（2014）『サービス産業の生産性分析―ミクロデータによる実証』日本評論社

森川正之（2011）「都市密度・人的資本と生産性—賃金データによる分析」
　　RIETI Discussion Paper Series 11-J-046

山本勲・黒田祥子（2014）『労働時間の経済分析』日本経済新聞社

Honjo, Yuji（2004）"Growth of New Start-Up Firms: Evidence from the
　　Japanese Manufacturing Industry" *Applied Economics*（36）, pp. 343-355

Hurst, Eric and Benjamin Wild Pugsley（2011）"Understanding Small Business
　　Heterogeneity" *NBER Working Paper* No. 17041

第5章　開業後の金融機関借り入れ

第1節　はじめに

　新規開業企業が開業後に成長していくためには，新たな資金の調達が必要となる．その中心となるのが，日本政策金融公庫（以下，日本公庫という）や民間金融機関など金融機関等からの借り入れである[1]．新規開業企業の金融機関等からの借り入れについて，第1章では，開業から年を経るにつれて，1企業当たりの借入残高が徐々に増加していること，日本公庫からの借入残高が年々減少する一方，民間金融機関から借り入れのある企業の割合が高まり，融資残高も増加していることを示した．同様の動きは，第1コーホート，第2コーホートでも観察されている[2]．また，地方自治体の制度融資を利用している企業の割合も高まる傾向にあり，融資残高は毎年増えている[3]．

　こうした日本公庫から民間金融機関等への借り入れのシフトは，企業自身が信用力を高めていったことで，借り入れが容易になっていった結果であるともいえよう[4]．また，新規開業パネル調査の調査対象は，すべて開業前または開

---

1) 金融機関等以外（経営者自身，家族，取引先など）からの借り入れがあると回答した企業は全体の26.9％と，全体からみれば少数派である（第2回調査から第5回調査までの回答をプールした計算結果）．借り入れがある企業の平均残高は703万円，中央値は300万円で，金融機関等からのものと比べて少ない．とはいえ，本節では詳述しないが，該当する企業にとっては有効な資金調達手段の一つとなっている．

2) 第1コーホートを分析した村上（2007a）は，民間金融機関から借り入れのある企業の割合は年を追うごとに上昇し，融資残高でみても日本公庫から民間金融機関に融資がシフトしていることを示した．第2コーホートを分析した鈴木（2012e）も，同様の結果を得ている．

3) 利用企業割合は第3回調査（2013年末時点）までは上昇したが，以降はやや低下している．一方，平均融資残高は一貫して増加している．第2コーホートでは，利用企業割合，平均融資残高ともに，一貫して伸びている（鈴木，2012e）．

業後1年以内に日本公庫の融資を受けている．こうした日本公庫の融資実績が，民間金融機関等からの融資を受けることに，何らかのプラスの影響を与えた可能性もあるのではないか．

そこで本章では，新規開業企業が「日本公庫」と民間金融機関と地方自治体を合わせた「日本公庫以外」をどのように組み合わせて利用しているのか確認したうえで，日本公庫以外の借入先と借入条件を整理する．また，新規開業企業金融における日本公庫の役割について，アンケート結果から考えることにする．

第2節　借入パターンの変化

日本公庫，民間金融機関，地方自治体の制度融資は，新規開業企業にどのような組み合わせで利用されているのだろうか．本節では，その借入パターンがどう推移したのかをみていく．なお，地方自治体の制度融資は民間金融機関を通じて実行されることが多いこと，地方自治体を加えると金融機関の組み合わせが複雑になることから，ここでは「日本公庫」と民間金融機関と地方自治体を合わせた「日本公庫以外」の二つに分けて分析する．

まず，開業時から2015年末まで，金融機関等（日本公庫，地方自治体，民間金融機関）からの借入残高をすべて回答した666件について，借入パターンの推移をみてみる[5]．借入パターンは「日本公庫のみ」借入残高のある企業，日本公庫と日本公庫以外を「併用」している企業，「日本公庫以外のみ」借入残高のある企業，いずれからも「借入なし」の企業の4パターンで示した．

開業時では，「日本公庫のみ」に借入残高があった企業が76.9%で，「併用」は11.6%にとどまっている（図5-1）．調査対象企業は日本公庫が開業前または開業後1年以内に融資した先であり，開業時点ではまだ日本公庫融資を受けていない企業もあるため，この時点では，「日本公庫以外のみ」が1.7%，「借入なし」が9.9%あった．

日本公庫からの融資がすべて実行された2011年末では，「日本公庫のみ」が

4）　村上（2007a）は，業績好調企業（月商増減率が高い企業グループ）が民間金融機関からの借り入れを大きく伸ばしていることなどを明らかにしている．

5）　第1章図1-14のサンプルと同じ．

第2節　借入パターンの変化

図 5-1　金融機関等からの借入パターンの推移

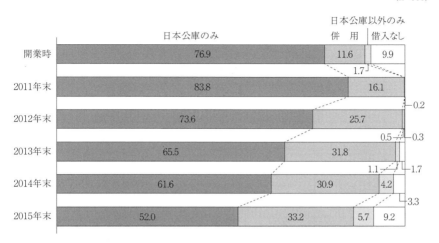

資料：日本政策金融公庫総合研究所「新規開業パネル調査(第3コーホート)」(以下同じ)
(注) 1. 開業時と各調査時点の借入残高をすべて回答した企業を集計対象とした.
 2. 借入パターンは,「日本公庫のみ」借入残高あり,日本公庫と日本公庫以外を「併用」,「日本公庫以外のみ」借入残高あり,いずれからも「借入なし」の4パターン.日本公庫以外は,民間金融機関と地方自治体の制度融資.以下同じ.
 3. 2011年末の「借入なし」は0.0％．

83.8％,「併用」が16.1％になり,「借入なし」は0.0％で,すべての企業に金融機関等からの借り入れがあった.「日本公庫以外のみ」は日本公庫の融資が進んだことから0.2％に割合を下げている.その0.2％は,すでに日本公庫の融資を完済した企業であった.

開業2年目の2012年末以降は,「日本公庫のみ」の割合は徐々に低くなり,5年目の2015年末には52.0％まで低下している.一方,「併用」の割合は年々高まる傾向にあり,2015年末には33.2％となった.このように,当初日本公庫中心だった金融機関借り入れが,日本公庫と日本公庫以外とを併用する方向に徐々に変化していることがわかる.2015年末では,「日本公庫以外のみ」も5.7％となり,日本公庫から民間金融機関等に借り入れを完全にシフトさせた企業も,全体に占める割合は低いものの増加している.

図 5-2　2011 年末の借入パターン別にみた 2015 年末の借入パターン

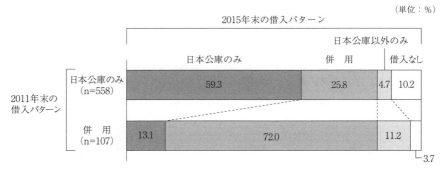

（注）　図 5-1 の（注）1 に同じ．ただし，2011 年末で「日本公庫以外のみ」と回答した 1 件は，記載を省略した．

　一方，「借入なし」も少しずつ増えている．特に 2015 年末は 9.2％ と，2014 年末の 3.3％ から大きく割合を高めた．これは，新たな借り入れを行っていない企業の多くで，開業当初の借入金の返済が終了したことによるものと考えられる．

　ここで，2011 年末の借入パターン別に開業 5 年目の 2015 年末の借入パターンをみてみると，2011 年末で「日本公庫のみ」だった企業は，2015 年末で「日本公庫のみ」が 59.3％ と全体の 52.0％ よりやや高く，「併用」が 25.8％ と全体の 33.2％ よりやや低い（図 5-2）．一方，2011 年末で「併用」だった企業は，2015 年末でも「併用」が 72.0％ を占めており，「日本公庫以外のみ」も 11.2％ と，全体の 5.7％ よりも高い割合となった．このように，開業間もない時点で日本公庫以外からの借り入れがあった企業は，そのままそれら金融機関との関係を維持している場合が多いことがわかる[6]．なお，「日本公庫のみ」も 13.1％ あったが，日本公庫が日本公庫以外の借り入れを明確に代替したケースは観察されなかった[7]．

---

[6]　第 4 節で示すとおり，民間金融機関等からの借り入れは長期のものが多いことから，追加でほかの金融機関からの借り入れを受けたとしても，2015 年末で 2011 年末に借り入れがあった金融機関との取引関係を維持している可能性は高いと考えられる．

[7]　該当する 14 件のうち 9 件で日本公庫も同時期に残高を減らしていた．また，日本公庫の残高が増加した 5 件も，日本公庫以外の 2011 年末の融資残高は平均 121 万円と比較的少額であり，個別に日本公庫と日本公庫以外の残高の推移をみても，日本公庫による代替は明確には確認できなかった．

第 2 節　借入パターンの変化　　　159

表 5-1　借入パターン別にみた平均借入残高

(単位：万円)

借入パターン 借入先	2011 年末		2015 年末		
	日本公庫のみ	併　用	日本公庫のみ	併　用	日本公庫以外のみ
日本公庫	639	827	387	811	0
日本公庫以外	0	1,340	0	1,673	2,654
合　計	639	2,168	387	2,484	2,654

(注)　図5-1 の(注)1 に同じ. 回答数 (n) は記載を省略した.

　借入金額によって借入パターンは異なるのだろうか. まず, 借入パターン別に平均借入残高をみてみる. 2011 年末では, 「日本公庫のみ」の場合には日本公庫の残高（金融機関等からの合計借入残高と一致）が 639 万円であったのに対し, 「併用」では日本公庫が 827 万円, 日本公庫以外が 1,340 万円で合計2,168 万円と, 日本公庫よりも日本公庫以外の残高が多く, 合計も「日本公庫のみ」の約 3 倍となっている（表 5-1）.

　2015 年末になると, 「日本公庫のみ」の日本公庫の残高は 387 万円に減少している. 図 5-2 の借入パターンの動きと合わせると, 開業資金として日本公庫から融資を受けたあとに, ほかの金融機関からの追加融資を受けず, そのまま返済を続けて融資残高を減らしている様子がうかがえる[8]. 一方, 「併用」では, 日本公庫の残高は 811 万円と 2011 年末とほぼ同じであり, 追加融資を受けた企業の存在によって残高の平均は維持されていることがみてとれる. また, 日本公庫以外の残高は 1,673 万円で 2011 年末より増えており, 合計残高も 2,484万円と 2011 年末を上回った[9]. さらに, 「日本公庫以外のみ」の平均残高は2,654 万円で, ほかのカテゴリーと比べて最も高額となった.

　続いて, 2011 年末の合計借入残高と借入パターンの関係をみてみると, 「日本公庫のみ」の割合は合計借入残高が「200 万円未満」の企業で 96.8%, 同じく「200 万円以上 500 万円未満」で 94.8%, 「500 万円以上 1,000 万円未満」で85.6% と相対的に借入金額が多くなるほど低くなっている（図 5-3）. 「2,000 万円以上 5,000 万円未満」では 41.7%, 「5,000 万円以上」では 33.3% と, 「日本公

---

8)　日本公庫から追加融資を受けているケースもあるが, 平均では残高は減少している.

9)　本表では同じカテゴリーでも 2011 年末と 2015 年末で含まれる企業が異なる. そこで, 2015 年末のカテゴリーを基準に平均残高を比較してみたが, 同様の傾向がみられた.

160　　　　　第 5 章　開業後の金融機関借り入れ

図 5-3　借入残高別にみた借入パターン（2011 年末）

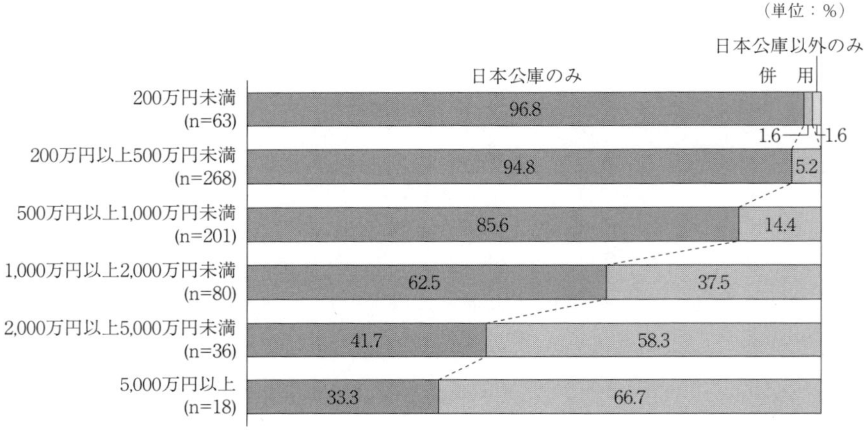

（単位：％）

日本公庫のみ／日本公庫以外のみ／併用

	日本公庫のみ	併用	日本公庫以外のみ
200万円未満 (n=63)	96.8	1.6	1.6
200万円以上500万円未満 (n=268)	94.8	5.2	
500万円以上1,000万円未満 (n=201)	85.6	14.4	
1,000万円以上2,000万円未満 (n=80)	62.5	37.5	
2,000万円以上5,000万円未満 (n=36)	41.7	58.3	
5,000万円以上 (n=18)	33.3	66.7	

（注）　図 5-1 の（注）1 に同じ.

庫のみ」の割合は借入金額の大きいカテゴリーでは半数より少なくなる. 逆に,
「併用」の割合は,「2,000 万円以上 5,000 万円未満」では 58.3%,「5,000 万円以
上」では 66.7% となり, 相対的に高額の資金需要がある場合には, 日本公庫以
外の民間金融機関等を併用しているケースのほうが多いことがわかる. 企業向
け融資には, 一般に「規模の経済性」が働く. 融資金額が半分になっても, 審
査コストや事務手続きコストが半分になるわけではないため, 少額の融資は金
融機関にとって相対的にコストの高いものとなる. また, 開業時の規模が小さ
いと, 事業のリスクも高いと考えられる[10]. 日本公庫の融資は, そうした民
間金融機関は取り扱いにくい小規模な開業資金で, 特に重要な役割を果たして
いるといえるだろう[11]. 実際, 2011 年末の借入パターン別にみた 2015 年末の
廃業率は,「日本公庫のみ」が 10.8%,「併用」が 7.4% であり, リスクの高い

---

[10]　第 2 章の分析では, 開業時の規模が小さいほうが廃業率が高くなる傾向が示されている. 第 1
　　コーホートを分析した村上（2007a）も, 開業時の借り入れが少ない企業ほど従業者規模が小さく,
　　廃業率が高いことを示している.

[11]　2011 年末の借入残高と, 開業資金の大きさ, 開業時の従業者数には正の相関があり, これら指
　　標でみた企業規模が大きいほど, 日本公庫とほかの金融機関等を併用する割合が高まる傾向が観察
　　される.

図 5-4　借入残高別にみた借入パターン（2015 年末）

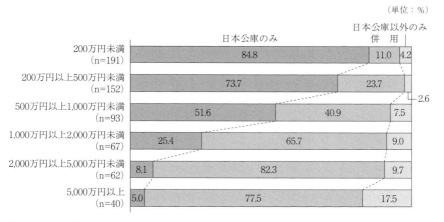

(注)　1.「200 万円未満」に「0 万円」は含まない．
　　　2.　図 5-1 の(注)1 に同じ．ただし，「0 万円」と回答した企業 61 件は，記載を省略した．

企業が日本公庫に依存する一方で，リスクの低い企業に対しては協調的な金融支援が行われている傾向があると推測される[12]．

　金融機関等からの借入パターンは，2015 年末になると，合計借入残高が「2,000 万円以上 5,000 万円未満」の企業では「日本公庫のみ」が 8.1％，「併用」が 82.3％，「日本公庫以外のみ」が 9.7％，「5,000 万円以上」では，それぞれ 5.0％，77.5％，17.5％となった（図 5-4）．これら金額の大きいカテゴリーでは，日本公庫だけが支援を行っている割合は 1 割を下回り，ほとんどの企業で民間金融機関等からの資金を受け入れている．「500 万円以上 1,000 万円未満」「1,000 万円以上 2,000 万円未満」といった少し借入残高が小さい企業でも「日本公庫のみ」の割合はそれぞれ 51.6％，25.4％と，2011 年末に比べて低い割合となり，民間金融機関等を利用している割合が高まった．こうした結果からは，日本公庫から融資を受けたこと，あるいはそうした融資をきちんと返済していることがシグナルとなって，日本公庫以外からの融資につながっていることが

---

[12]　2011 年末の該当する設問に回答した企業を対象にした集計結果であり，本章の各図表とはサンプルが異なる．回答数（n）は「日本公庫のみ」が 2,487 件，「併用」が 504 件．

推測される[13].

　一方，借入残高が「200万円未満」「200万円以上500万円未満」とより少額
な企業層では「日本公庫のみ」の割合がそれぞれ84.8%，73.7%と，2011年末
と比べて低くなっているとはいえ，依然として大多数の企業が「日本公庫の
み」と回答している．借入額の少ない企業においては，日本公庫のプレゼンス
が大きいことがみてとれる．

　このように，開業時あるいは開業後間もない信用力の乏しい企業，特に融資
のコストが相対的に高く，リスクも高い傾向にある小規模な企業については，
日本公庫の利用が中心となっている一方，一定の規模以上の企業に対しては当
初から協調的に融資が行われていることがわかる．また，日本公庫が融資した
あと，資金需要が旺盛な企業に対して民間金融機関が融資残高を増やしている
のに対し，融資残高の合計が少額にとどまっている企業では，日本公庫のみが
継続的に支援を行っているケースが多いことが確認できた．

　なお，ここで業種別に借入パターンをみてみると，2011年末では「日本公
庫のみ」の割合はすべての業種で7割を超えている（表5-2）．特に割合が高
いのは「個人向けサービス業」（92.2%），「不動産業」（91.3%），「教育・学習支
援業」（90.0%）などである．なお，「医療・福祉」では「日本公庫のみ」が
70.3%であるのに対し，「併用」が29.7%で，協調的な支援の割合がほかより
も高くなっている．初期の投資額が大きいため借入額がほかの業種よりも多い
ことが要因であろう．

　2015年末になると，「個人向けサービス業」（75.3%），「教育・学習支援業」
（75.0%），「飲食店・宿泊業」（58.1%）では半数以上が「日本公庫のみ」である
一方，「卸売業」では67.6%，「製造業」では60.9%が「併用」で，6割以上が
金融支援を協調的に受けている．また，「飲食店・宿泊業」（15.2%）や「小売
業」（14.5%）では，「借入なし」の割合がほかの業種よりも高い．こうした違
いの要因としては，開業後に追加的に必要となる運転資金の性質や設備資金の
目的が業種によって異なっているためであると推測される．

---

13)　この点については第5節でアンケート結果から詳述する．

表5-2　業種別にみた借入パターン

（単位：%）

| 業　　種 | n | 2011 年末 | | 2015 年末 | | | |
		日本公庫のみ	併　用	日本公庫のみ	併　用	日本公庫以外のみ	借入なし
建設業	35	80.0	20.0	34.3	48.6	11.4	5.7
製造業	23	78.3	21.7	21.7	60.9	13.0	4.3
卸売業	34	79.4	20.6	20.6	67.6	8.8	2.9
小売業	62	82.3	17.7	45.2	35.5	4.8	14.5
飲食店・宿泊業	105	87.6	11.4	58.1	23.8	2.9	15.2
医療・福祉	138	70.3	29.7	44.2	37.7	10.1	8.0
教育・学習支援業	20	90.0	10.0	75.0	20.0	0.0	5.0
個人向けサービス業	154	92.2	7.8	75.3	16.2	2.6	5.8
事業所向けサービス業	47	87.2	12.8	34.0	51.1	4.3	10.6
不動産業	23	91.3	8.7	43.5	43.5	8.7	4.3

（注）　1.　回答数（n）が20以上の業種のみ表示した.
　　　　2.　それぞれのカテゴリーで上位3位までの業種に網掛けをした.
　　　　3.　図5-1の（注）1に同じ. ただし, 2011年末で「日本公庫以外のみ」と回答した企業は, 記載を省略した. その1件は, 2011年末の「飲食店・宿泊業」のn（105件）に含まれる.

第3節　日本公庫以外の借入先

　本節では, 日本公庫以外の金融機関等への借入申込状況と借入先についてみていく. まず, 開業2年目の2012年末の第2回調査から5年目の2015年末の第5回調査について, それぞれ過去1年間の民間金融機関・地方自治体への借入申込状況をみると,「申し込まなかった（申し込む必要がなかった）」の回答が2012年で68.6%, 2013年で74.3%, 2014年で70.4%, 2015年で72.1%となっている（図5-5）[14]. 毎年7割前後の企業は, 民間金融機関等から借り入れする需要がなかったことがわかる. 一方,「借りられた」企業の割合は, 2012年には19.9%, 2015年には21.5%と, 2割前後でほぼ横ばいに推移している. 第2コーホートと比べると「借りられた」企業の割合はやや高い[15]. 一方,

---

14)　ここでは, 年ごとの推移をみるために, 2012年末の第2回調査から2015年末の第5回調査まで借入申込状況をすべて回答した614件について集計した. なお, 第1回調査でも同様のデータを得ているが, 開業からの期間が1年に満たず, 開業時の融資も含まれるため, 本節では使用しない.

15)　第2コーホートでは,「借りられた」企業の割合は, 第2回調査から第5回調査までで, 12.6%, 15.4%, 15.2%, 16.1%であった（鈴木, 2012e）.

図 5-5 民間金融機関・地方自治体への借入申込状況の推移

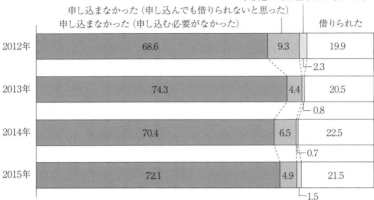

(注) 1. 調査年の1年間の民間金融機関・地方自治体への申し込み状況を尋ねたもの．
2. 各年の借入申込状況をすべて回答した企業について集計した．なお，2011年は，開業した年のため，開業資金の融資が含まれ，企業によって開業から調査時点である年末までの期間も異なるため，記載を省略した．
3. 「申し込んだが借りられなかった」には「申し込んだが条件が合わず借りなかった」と回答した企業を含む．

「申し込んだが借りられなかった」企業の割合は2012年で2.3％，2015年で1.5％と，それほど高くない[16]．分母を借り入れを申し込んだ企業に絞って借りられなかった企業の割合を計算すると，2015年で6.5％であった．

ここで注目すべきは，2012年に9.3％，2015年も4.9％を占める「申し込まなかった（申し込んでも借りられないと思った）」企業の存在である．融資を実際には申し込んでいないため結果はわからないものの，本来は民間金融機関等から融資を受けられるはずの企業がここに含まれているとすれば，借りられないと思って融資を申し込まなかったことが資金繰りや成長を阻害している可

---

16) 「申し込んだが借りられなかった」には「申し込んだが条件が合わず借りなかった」を含む．第2コーホートでは，「借りられなかった」企業の割合は，同じく1.3％，1.8％，0.8％，0.6％と推移した．ただし，「申し込んだが条件が合わず借りなかった」の選択肢がないため直接の比較はできない（鈴木，2012e）．

能性がでてくる.

そこで，借入申込状況ごとの採算をみると，「借りられた」企業では「黒字基調」の割合が 67.7%，「申し込まなかった（申し込む必要がなかった）」では 67.5% と，ほぼ同じであった．対して「申し込んだが借りられなかった」では 50.0% と業績が悪い傾向にあるが，「申し込まなかった（申し込んでも借りられないと思った）」では 35.3% と，さらに低い数値となった[17]．翌年の廃業率をみても，「借りられた」が 1.3%，「申し込まなかった（申し込む必要がなかった）」が 1.9%，「申し込んだが借りられなかった」が 2.4% であるのに対し，「申し込まなかった（申し込んでも借りられないと思った）」は 3.5% と，最も高くなっている．こうしたことから，「申し込まなかった（申し込んでも借りられないと思った）」企業は，もともと業績が悪いために融資の申し込みを諦めていたケースが多く，実際に申し込んでも融資を受けられなかった可能性が高いと推測される．

なお，「申し込まなかった（申し込んでも借りられないと思った）」企業の 6.8%，「申し込んだが借りられなかった」企業の 18.2% で，日本公庫からの借入残高が前年と比較して増えている[18]．これは，民間金融機関等から借り入れできなかったために不足した資金の一部を，日本公庫がカバーしている可能性を示唆しているといえよう[19]．

では，日本公庫以外からの融資は，どのような金融機関によって行われているのだろうか．ここで，新規に民間金融機関・地方自治体から借り入れを行った企業の借入先をみると，2012 年は「地方銀行」が 41.3%，「信用金庫」が 33.7% であった（図 5-6）.「地方銀行」「信用金庫」はそのあとも，年によって若干の変化はあるが 30% 台を維持しており，2015 年でもそれぞれ 39.5%，42.1% と，合わせて新規に借り入れをした企業の 8 割を超えた．それに続く

---

17) ここではサンプルサイズを確保するために，第 2 回調査から第 5 回調査まで，それぞれのアンケートで該当する設問に答えた企業について，4 年分のデータをプールして集計した．そのため，図 5-5 とはサンプルが異なる.

18) 日本公庫からの借入残高が増えた企業の割合は，「借りられた」では 6.3%，「申し込まなかった（申し込む必要がなかった）」では 8.1% であった.

19) ただし，日本公庫からの借り入れと民間金融機関等への融資申し込みのどちらが先だったかは不明である.

図5-6 民間金融機関・地方自治体から新規に借り入れした企業の借入先

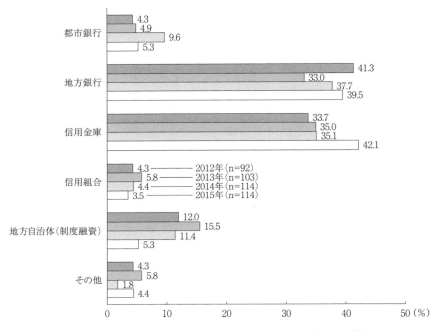

(注) 1. 図5-5で「借りられた」と回答した企業のうち，借入先を回答した企業について集計した．
2. 複数の借り入れがある場合は，借入金額が最も大きい借り入れについての回答である．
3. 図5-5の(注)2に同じ．

「地方自治体（制度融資）」は，2012年以降12.0%，15.5%，11.4%と推移しているが，2015年末には5.3%と少し割合が低下している．また，「都市銀行」「信用組合」は，いずれの年も1割を下回っている．第2コーホートでも，地方銀行と信用金庫が新規開業企業の有力な借入先となっており，選択肢が若干異なるものの，借入先の傾向は大きくは変わらなかった[20]．

---

20) 第2コーホートを分析した鈴木（2012e）では，「地方銀行」と別に「第二地方銀行」の選択肢が設けられている一方，「地方自治体」の選択肢はない．

第 4 節　日本公庫以外からの借入条件　　　　　　　　　　167

図 5-7　借入期間

(注)　1. 第 2 回調査（2012 年）から第 5 回調査（2015 年）まで，該当する設問に答えた企業について，4 年分のデータをプールして（複数年に回答があった場合には，それぞれ 1 件として）集計した．
　　　2. 図 5-6 の(注)2 に同じ．

第 4 節　日本公庫以外からの借入条件

　民間金融機関・地方自治体からの借入条件についてみてみよう．本節ではサンプルサイズを確保するために，2012 年末の第 2 回調査から 2015 年末の第 5 回調査まで，それぞれのアンケートで該当する設問に答えた企業について，4 年分のデータをプールして集計する[21]．

　まず，借入期間をみると，「1 年以下」の短期借入は 11.8％で，残りの 88.2％が 1 年を超える長期借入であった（図 5-7）[22]．さらに細かくみると，「1 年超 2 年以下」が 2.7％，「2 年超 3 年以下」が 9.1％，「3 年超 4 年以下」が 3.2％と，1 年超 4 年以下は合わせても 2 割に満たない．一方で，「4 年超 5 年以下」が 40.4％，「5 年超 10 年以下」が 29.4％，「10 年超」が 3.3％と，4 年を超える期間の借り入れが全体の 7 割を超えている．平均借入期間は 5.43 年であり，全体に長期資金の需要が大きいことがみてとれる．

　借入金利は，全体の平均で 2.26％であった．調査年別にみると，2012 年に

---
21)　それぞれ，複数の借り入れがある場合は借入金額が最も大きい借り入れについての回答である．なお，第 1 回調査でも同様のデータを得ているが，開業からの期間が 1 年に満たず，開業時の融資も含まれるため，本節では使用しなかった．
22)　第 2 コーホートでは短期借入の割合は 14.6％であった（鈴木，2012e）．

図 5-8　提供した保証や担保（複数回答）

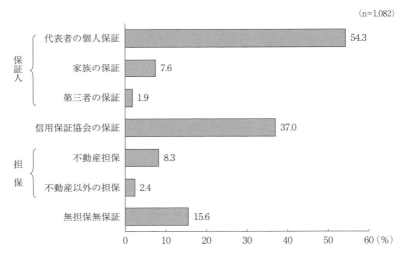

(注)　図 5-7 の(注)1 および図 5-6 の(注)2 に同じ．

は 2.48％ だったものが，2013 年には 2.32％，2014 年には 2.26％，2015 年には 1.97％ と徐々に低下している[23]．この間，市場の金利水準も低下はしているものの，それ以上に借入金利は低下した[24]．これは，新規開業企業に徐々に信用力がついてきていることを示唆している[25]．

次に，提供した担保や保証をみてみよう．まず，保証人については，「代表者の個人保証」が 54.3％ と全体でも最も高い割合となった（図 5-8）[26]．選択肢とサンプル抽出条件が異なるため厳密には比較できないが，第 1 コーホート，第 2 コーホートで「社内保証」と回答した割合（42.7％，42.2％）と比べても高く，代表者による保証の重要度は低下していないようだ[27]．なお，2014 年 2

---

23) 回答数（n）は 919 件．図 5-7 と同様，複数の借り入れがある場合は，借入金額が最も大きい借り入れについての回答であり，全体の平均はデータをプールして（複数年に回答があった場合には，それぞれ 1 件として）集計した．
24) 日本銀行が公表する貸出約定平均金利（月次・新規・長期・国内銀行）2012 年 12 月の 1.156％ が，2015 年 12 月には 0.920％ と，4 年間で 0.236％ 低下している．
25) 業績の悪い企業が退出していることによるサバイバルバイアスもあると考えられる．
26) 借入金額が最も大きい借り入れについて該当するものをすべて選んだ複数回答である．ただし「無担保無保証」はほかの選択肢と重複しない．

月に「経営者保証に関するガイドライン」の運用が開始されているが，その効果は必ずしも確認できなかった[28]．「家族の保証」は7.6%，「第三者の保証」は1.9%と，それほど高い割合にはなっていない．「第三者の保証」については，第1コーホートでは12.2%だったものが，第2コーホートで3.5%に低下し，今回はさらに低下している．金融庁が2005年3月に発表した「地域密着型金融の機能強化の推進に関するアクションプログラム」では，担保・保証に過度に依存しない融資が金融機関に要請され，同じく金融庁の「中小・地域金融機関向けの総合的な監督指針」「主要行等向けの総合的な監督指針」には，2011年7月の改正で経営者以外の第三者の個人連帯保証を求めないことを原則とする融資慣行の確立が明示されるなど，近年は第三者保証に頼らない融資が金融機関に求められている．データからは新規開業企業についても第三者保証に頼らない融資が定着してきていることが確認できた．

信用保証協会の保証も，民間金融機関等からの融資を受けるための重要な手段となっている．「信用協会の保証」を受けた企業の割合は，「代表者の個人保証」に次ぐ37.0%となっている．ただし，2008年10月から実施された緊急保証制度が2011年3月に終了したためか，第2コーホートの60.4%と比べると水準は低下している[29][30]．

続いて担保についてみると，「不動産担保」は8.3%で，全体に占めるウエートはそれほど高くない．第2コーホートの5.1%より高いものの，第1コーホートの10.3%よりはやや低い水準となった．「不動産以外の担保」は2.4%で

---

27) 　第1コーホートは「経営者本人や役員など身内の保証人」で最終調査年（2005年）のデータ（村上，2007a）．第2コーホートは「代表者や従業員の個人保証」で4年間のプールデータ（鈴木，2012e）．

28) 　「経営者保証に関するガイドライン」は，日本商工会議所と一般社団法人全国銀行協会を事務局とする「経営者保証に関するガイドライン研究会」の成果としてまとめられたもので，経営者保証に依存しない融資の一層の促進を求めるもの．法的拘束力はないが，関係者が自発的に尊重し，遵守することが期待されている．

29) 　「原材料価格高騰対応等緊急保証制度」として2008年10月に創設され，2009年4月に「緊急保証制度」に拡充，2010年2月に「景気対応緊急保証制度」に拡充された．中小企業庁（2010）では，これらを合わせて「緊急保証制度」と呼んでいる．

30) 　対応する年度の信用保証協会による保証承諾件数は，第2コーホート115万件（2007～2010年度平均），第3コーホート73万件（2012～2015年度平均）で，アンケート結果の動きと整合している．なお，第1コーホートでは「信用協会の保証」を受けた企業の割合は44.6%であった．

非常に少ない.

最後に,「無担保無保証」の割合は 15.6% で,これも全体のなかでは少数派
である.第 1 コーホートの 17.4%,第 2 コーホート 11.6% と比べて,特に増え
たとはいえない状況である[31].

第 5 節　日本公庫融資の効果

第 1 章と本章第 2 節でみたように,新規開業企業のうち民間金融機関等から
借り入れをしている企業の割合は,開業から時間が経過するとともに高まり,
借入残高も平均でみて増加している.サンプルに含まれる新規開業企業は,す
べて開業前または開業後 1 年以内に日本公庫国民生活事業から融資を受けてい
ることから,これら日本公庫の融資は,新規開業企業が民間金融機関等との新
しい取引を開始することにプラスの効果を与えた可能性があると考えられる.
2015 年末の第 5 回調査では,こうした効果の存在をより明確にするために,
いくつかの設問を追加した.本節では,それらの結果を紹介する.

まず,開業した年の 2011 年の末までは民間金融機関からの借り入れがなく,
開業 2 年目の 2012 年から 5 年目の 2015 年の間に民間金融機関から借り入れを
行った企業について,開業時に日本公庫から借り入れをしたことが民間金融機
関からの借り入れをする際に役に立ったかどうかについて尋ねた[32][33].その
結果,「大いに役に立った」が 37.0%,「やや役に立った」が 45.9% と,8 割
以上が日本公庫からの借り入れにプラスの評価をしていることがわかった
(図 5-9).

さらに,民間金融機関から借り入れする際にプラスになったことについて,
その具体的内容を尋ねると,「借入手続きのイメージがつかめた」が 55.4% と

---

31)　第 2 コーホートではリーマン・ショック後の緊急保証制度の導入で「信用保証協会の保証」の利
　　用割合が高かったことが,「不動産担保」「無担保無保証」の割合を抑えたとも推測される.
32)　サンプルは 2011 年末までに日本公庫が融資をしている新規開業企業であるため,本節の集計対
　　象は,すべて日本公庫の融資のあとに初めて民間金融機関からの融資を受けた企業である.なお,
　　データは 2015 年末の第 5 回調査に回答した企業のものであり,第 5 回調査に回答していない企業
　　や,それまでに廃業した企業のデータは含まれていない.
33)　ここでは,地方自治体の制度融資を含めず,民間金融機関に限定して質問した.

第5節　日本公庫融資の効果　　　171

図5-9　開業時に日本公庫融資を受けたことが民間金融機関からの
　　　　借り入れに役に立ったと思うか

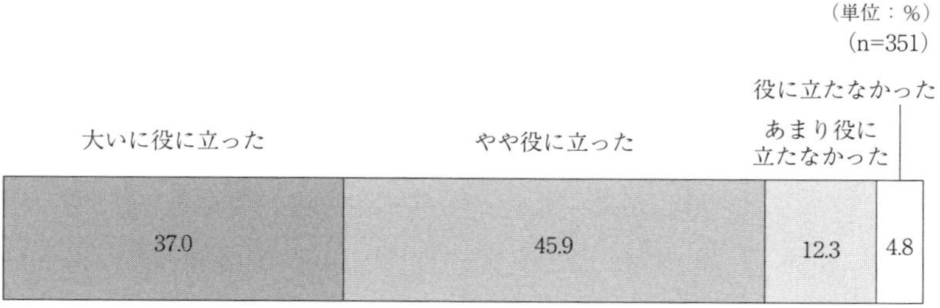

（単位：%）
（n=351）

大いに役に立った	やや役に立った	あまり役に立たなかった	役に立たなかった
37.0	45.9	12.3	4.8

（注）　2015年末時点で尋ねた設問である．民間金融機関からの借り入れが2011年以前にはなく，
　　　　2012年以降にはある企業について集計した．

最も高い割合となった（図5-10）．これらの企業は，借り入れの申し込みから，
審査を経て契約を結ぶまでの一連の手続きを日本公庫で一度経験することで，
金融機関から借り入れを行う際にどのような書類や手続きが必要になるかにつ
いて理解が深まり，以降の借り入れをスムーズに進めることができたと考えら
れる．

　続いて回答割合が高かったのは，「事業計画の強みや弱みをうまく説明でき
た」の29.3%であった．日本公庫が新規開業企業に融資を行う際には，事業計
画書の提出を受けたうえで，その妥当性について検討する．その過程で，経営
者は事業計画の強みや弱みを把握することができ，ほかの金融機関に対しても
うまく説明できるようになったと推測される．

　それらに続く，「日本公庫への返済実績が評価された」（28.4%），「日本公庫
からの融資を受けたこと自体が評価された」（20.7%）は，企業が借入金を定期
的に返済する能力が実際に示されたこと，日本公庫がその企業のビジネスモデ
ルや将来性を評価したことが，民間金融機関に対するプラスのシグナルとして
作用していることを示している．このほか，日本公庫融資を受けたことで「資
金に余裕ができたことが評価された」と回答した企業が9.7%あった．

　「特にプラスになったと感じたことはない」が18.5%あるものの，前段のと
おり多くの新規開業企業において，日本公庫から開業時に借り入れしたことが，
民間金融機関からの資金調達にさまざまなプラスの効果を与えていることがわ

図 5-10 日本公庫から融資を受けたことが民間金融機関からの借り入れに与えたプラスの効果（複数回答）

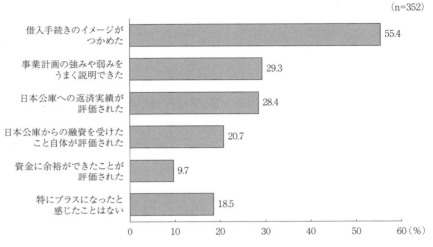

（注）1．図 5-9 に同じ．
2．プラスの効果は上位 5 位までを示し，回答割合の低い選択肢は記載を省略した．

かる．これらの効果は，日本公庫以外の民間金融機関が最初に新規開業企業に融資をした場合にも，同様に生じるものであろう．ただ，今回の第 3 コーホートのサンプル全体でみれば，開業時に民間金融機関からの借り入れがある企業は約 1 割と少ない[34]．もし新規開業企業が民間金融機関から容易に融資を受けられないとすれば，日本公庫が融資を行うことは，新規開業企業に開業資金を供給するだけでなく，それに続く民間金融機関の融資を促すことにより，間接的にも新規開業企業の資金制約を緩和することに寄与しているといってよいだろう．

別の視点からも，日本公庫融資の効果について確認してみたい．第 5 回調査では，日本公庫融資を受けられなかった場合の開業可能性も尋ねた．その結果，「開業できなかったと思う」と回答した企業が 55.2％と半数を超えている（図

---

[34] 地方自治体を含めない数字（第 1 章，図 1-15 参照）．ただし，民間金融機関から借り入れがあっても日本公庫を利用していない新規開業企業は，もともとサンプルに含まれていないことに注意する必要がある．

第5節　日本公庫融資の効果　　　173

図5-11　日本公庫融資が受けられなかった場合の開業状況

（単位：％）
（n=1,393）

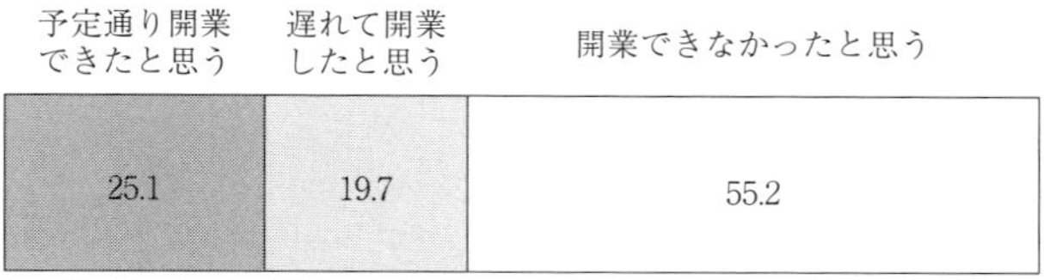

予定通り開業 できたと思う	遅れて開業 したと思う	開業できなかったと思う
25.1	19.7	55.2

（注）　2015年末時点で尋ねた設問である.

5-11).「遅れて開業したと思う」との回答も19.7％あり，その場合の開業遅延月数は平均9.6カ月であった.　一方「予定通り開業できたと思う」は25.1％にとどまっており，日本公庫の融資が開業資金の調達に大きく寄与したことがみてとれる[35].

　これを新規開業以外の中小企業と比較してみよう.　日本公庫国民生活事業の前身である国民生活金融公庫の取引先を対象にしたアンケートでは，同公庫から融資を受けられなかった場合に事業継続ができなかったと回答した中小企業は全体の6.2％であった（深沼・井上，2007）.　また，災害からの復興のための融資を日本公庫から受けた企業の同様の設問に対する回答割合は，東日本大震災関連融資で27.8％，平成28年熊本地震関連融資で32.0％と，かなり高くなったが，新規開業企業の「開業できなかったと思う」と回答した割合はそれらをさらに上回る[36].　この結果は，新規開業企業における日本公庫融資の役割が，一般企業と比べてかなり高いことを示しているといえよう.　なお，図5-11のデータについて，東日本大震災の「被災地域」での新規開業に限って集計すると，「開業できなかったと思う」とする企業の割合は61.6％にまで高まる[37].

---

35)　開業資金のカテゴリーごとに「開業できなかったと思う」と回答した企業の割合をみると，「100万円未満」が53.2％，「100万円以上200万円未満」が44.8％，「200万円以上500万円未満」が54.2％，「500万円以上1,000万円未満」が59.6％，「1,000万円以上5,000万円未満」が56.1％，「5,000万円以上」が38.6％と，日本公庫融資の効果は開業資金の大きさにかかわらず観察された.

36)　東日本大震災関連融資は深沼ほか（2013），平成28年熊本地震関連融資は深沼・田原（2018）を参照.　いずれも，日本公庫の国民生活事業と中小企業事業を合わせたデータ.

37)　ここでは，青森県，岩手県，宮城県，福島県，茨城県の5県を「被災地域」とした.　回答数（n）は86件である.

新規開業企業のなかでも，大きな災害のあった地域の企業について，日本公庫
融資の効果が強く表れている．

第6節　まとめ

　本章での分析を，ここで改めて整理してみる．第1節で，1企業当たりの借
入残高が年々に増加していること，日本公庫の融資残高が減少する一方，民間
金融機関からの融資残高が増加していることを再確認したうえで，第2節では，
新規開業企業の借入パターンから，日本公庫から民間金融機関等に借入先がシ
フトしている様子を示した．また，借入残高の大きい企業には，より協調的な
支援が行われている一方，小さい企業においては日本公庫のプレゼンスが高い
ことも明らかにした．これは，企業の属性等によって，日本公庫と民間金融機
関等との間で，一定の役割分担が行われていることを示唆している．第3節で
は，民間金融機関等から借り入れる必要がなかった企業が毎年約7割，借りら
れた企業が約2割あるのに対し，借りられなかった企業の割合はそれほど高く
ないこと，融資を申し込んでも借りられないと思って申し込まなかった企業が
存在していること，民間金融機関等から借りられなかった企業の一部が，日本
公庫から新たに借り入れを行っていることを示した．また，民間金融機関等の
なかでは，地方銀行と信用金庫が中心となって，新規開業企業の資金調達を支
援していることを再確認した．第4節では，代表者の個人保証の利用度は低下
していない一方，第三者保証をとらない融資は定着してきていること，信用保
証協会の保証が民間金融機関等からの借り入れに大いに貢献していることを示
した．第5節では，新規開業企業が民間金融機関から借り入れをするに当たっ
て，日本公庫が開業時に融資を行ったことが，さまざまなプラスの効果を与え
ていることを明らかにした．

　新規開業企業が事業を維持，成長させるために，新たな資金調達は不可欠で
ある．開業直後であったり，規模が小さかったりといった理由で相対的にリス
クが高く，民間金融機関のみでは対応が難しい新規開業企業に対しては，日本
公庫，あるいは本章では詳述しなかったが，地方自治体による公的な支援が必
要であろう．信用保証協会の存在もまた重要である．本章では，新規開業融資

における日本公庫や民間金融機関等の協調と役割分担の様子を示した．今後も，それぞれの機関がそれらの特性を生かした金融支援を強化していくことが求められる．

参考文献

鈴木正明（2012e）「資金をどのように調達したのか─借入状況を中心に─」日本政策金融公庫総合研究所編集・鈴木正明著『新規開業企業の軌跡─パネルデータにみる業績，資源，意識の変化─』勁草書房（2012年9月），pp. 135-166

中小企業庁『2010年版中小企業白書』（2010年4月）

深沼光・石原裕・松井雄史・太田智之（2013）「日本政策金融公庫による中小企業向け震災関連融資の経済効果測定に関する一考察」日本政策金融公庫総合研究所『日本政策金融公庫論集』第20号（2013年8月），pp. 1-23

深沼光・井上考二（2007）「国民生活金融公庫融資の効果測定─公庫調査と官公庁統計をもとにした試算─」国民生活金融公庫総合研究所『調査季報』第81号，pp. 1-15

深沼光・田原宏（2018）「日本政策金融公庫による中小企業向け平成28年熊本地震関連融資の経済効果」日本政策金融公庫総合研究所『日本政策金融公庫論集』第38号（2018年2月），pp. 1-21

村上義昭（2007a）「新規開業融資に見る金融機関の役割」樋口美雄・村上義昭・鈴木正明・国民生活金融公庫総合研究所編著『新規開業企業の成長と撤退』勁草書房（2007年10月），pp. 161-186

第6章　東日本大震災の新規開業企業への影響

第1節　東日本大震災の発生

　2011年3月11日に三陸沖で発生したマグニチュード9.0の東北地方太平洋沖地震は，宮城県栗原市で震度7を観測したほか，東北地方から関東地方にかけて震度6弱以上になるなど，広い範囲で大きな揺れをもたらした（気象庁，2012）．さらに，東北地方から関東地方の太平洋沿岸を高い津波が襲った．内閣府（2012）によれば，地震や津波による死者は1万5,859人，行方不明者は3,021人に上った[1]．また，13万棟の住宅が全壊，26万棟が半壊するなど建物への被害に加え，道路・鉄道・港湾・空港といったインフラにも大きな損害をもたらした．さらに，津波によって福島第一原子力発電所で事故が発生し，多くの住民が避難することとなった．こうした東北地方太平洋沖地震による一連の災害を，「東日本大震災」（以下，震災という）と呼ぶことが2011年4月1日に閣議により決定された．

　内閣府では震災のストックへの被害額合計を16兆9,158億円と推計している[2]．このうち，民間企業の土地・建築物・機械設備等の被害額は4兆559億円であった．都道府県別の被害額合計は，宮城県6兆5,856億円，福島県2兆6,173億円，茨城県1兆9,657億円，岩手県1兆4,847億円，青森県798億円で，この5県を合わせると12兆7,331億円と，全体の75.3%を占める[3]．一方，そ

---

1) 2012年5月30日現在.

2) 2011年6月24日に発表したもの．内閣府（2012）にも掲載されている．なお，被害額には福島第一原子力発電所の事故によるものは含まれない.

3) 内閣府（2012）では都道府県別のデータが公表されていないため，会計検査院（2015）を参考にした．青森県の数値が相対的に小さいのは，調査時点で未報告の項目が多かったからとしている.

の他の都道府県の被害額も 4 兆 1,823 億円に上っており，震災が広い範囲で直接の被害をもたらしていたことがわかる．

こうした直接の被害に加え，震災後のサプライチェーンの寸断，消費自粛，電力不足，風評被害などによる間接的な影響もあったことから，震災後の企業の業績は，全国的に悪化した．

日本政策金融公庫総合研究所が四半期ごとに実施している「全国中小企業動向調査（小企業編）」によれば，従業者数 20 人未満の小企業の業況判断 DI は，2010 年 10 - 12 月期には −42.1 だったものが，2011 年 1 - 3 月期には −43.7，同 4 - 6 月期には −48.4 へと低下した[4]．売上 DI も，それぞれ −34.7，−35.8，−43.5 と，同様の傾向を示している．2011 年 6 月に実施した同調査の特別調査では，2011 年 4 - 6 月期において，震災がなければ達成したであろう売上水準と実際の売上水準を比較した場合，「減少」と回答した企業が 45.6% と半数近くに上った[5]．

地域別では「東京・南関東」が 53.1% で最も割合が高く，続いて「東海」が 49.9%，「北関東・信越」49.5%，「東北」が 49.1% などとなっている．最も割合が低かった「四国」でも 34.4% が「減少」と回答しており，震災の影響は全国に広がっていたことがわかる[6]．経済産業省が試算した震災にかかる地域別鉱工業指数は，2010 年平均を 100 として，2011 年 3 月には被災地域で 69.8 に低下した（経済産業省，2015）[7]．被災地域以外でも 87.5 と，このデータでみても影響が全国に広がっていたことがみてとれる．この数値は，2011 年 4 月でも，それぞれ 70.4，89.5 と引き続き低い水準となった．

東京商工リサーチの集計では，震災約 1 年後の 2012 年 3 月 9 日までに，震災を原因とする企業の倒産が全国で 644 件発生したとしている（東京商工リ

---

4) 以下，本章で引用する全国中小企業動向調査のデータはすべて小企業編のものを用いているため，小企業編の表記は省略する．

5) 一方で「増加」とする企業も全体で 6.1% あった．

6) このほか，「近畿」42.7%，「北海道」40.0%，「九州」39.9%，「中国」38.0%，「北陸」36.5%．なお，「増加」とする企業は，地域別では「東北」が 12.3% と最も高い割合となった．「北関東・信越」が 7.9%，「北陸」が 7.0%，「東京・南関東」が 6.8% で，それに続いている．

7) ここでいう被災地域は，震災（長野県北部地震を含む）により災害救助法の適用を受けた 194 市区町村であり，岩手県，宮城県，福島県の全域と，青森県，茨城県，栃木県，千葉県，新潟県，長野県の一部地域である．そのため，本章の分析で用いている後述の「被災地域」とは定義が異なる．

第1節 東日本大震災の発生 179

サーチ，2012）．地域別では関東が284件で東北の100件より多く，全国の40
都道府県に及んだとしている．

　こうした状況を受けて，実質GDP成長率は2011年1-3月期に前期比-1.5%，
4-6月期に同-0.5%と大きく低下した．

　一方で，こうした経済状況の下でも，多くの企業が開業している．日本政策
金融公庫（以下，日本公庫という）の国民生活事業は，2011年度に開業前と開
業後1年以内の企業を合わせて1万6,465件に融資をしている（日本政策金融
公庫，2013）[8]．震災は，中小企業を含む全国の企業活動に影響を与えた．相対
的に規模が小さく，経営基盤も脆弱な新規開業企業は，一般の中小企業以上に
大きな影響を受けたことと考えられる．それでは，この時期に新規開業企業は，
震災によって実際にどのような影響を受けたのだろうか．影響の範囲はどの程
度広がっていたのだろうか．

　本書で分析している「新規開業パネル調査（第3コーホート）」の調査対象
は，2011年に開業した企業である．つまり，2011年3月11日に発生した震災
の直前約2カ月から，震災後約10カ月の間に開業した企業ということになる．
地域によって震災による被害の状況は異なっている可能性はあるものの，既存
企業に関する前述の全国中小企業動向調査結果から考えても，震災前に開業し
た企業は，開業時点ではまったく予期していなかった大きな災害にかなりの影
響を受けたことが推測される．また，震災後に開業した企業のなかには，開業
準備に支障をきたして開業時期が遅れたところや，逆に震災による需要増など
により開業時期を早めたところがあるかもしれない．このような震災後に開業
した企業は，震災の影響を織り込んだうえで事業を始めていると考えられるも
のの，それでも開業前に予想した以上に，震災の影響が大きかった可能性もあ
る．特に被害の大きかった地域では，その影響が長く続き，場合によっては企
業の存続状況にも影響を与えている可能性がある．

　こうした疑問を明らかにするために，アンケートには設計段階で，震災が事
業に与えた影響に関する設問を複数組み込んだ．以下では，それら設問への回

8）融資件数は2010年度の1万8,125件と比べて9.2%減少しているものの，事業資金の融資件数も
　31万件から27万件と約1割減少していることから，新規開業企業向けの融資が特に少なかったと
　はいえない（日本政策金融公庫，2013）．

答を中心に，震災が新規開業企業に与えたであろうさまざまな影響について，整理していく．具体的には，第2節では開業行動に与えた影響について，第3節では開業直後の事業への影響について，第4節では業績への長期的影響について分析する．第5節では震災が事業存続にどのような影響を与えたのか検討する．第6節は，全体のまとめである．

なお，新規開業パネル調査では，震災によって大規模な被害を受けた可能性を考慮して，三陸沿岸など津波被害の大きかった一部の地域について，日本公庫が2011年3月までに融資した企業にはアンケートの発送を行わなかった．そのため，甚大な被害を受けた新規開業企業が，一部サンプルから除外されている可能性がある．

一方，2011年4月以降に日本公庫が融資を実行した企業については，被害の大きかった地域であっても震災の事業への影響を織り込んで開業していると考え，特に地域による発送の除外は行っていない．

なお，サンプルは2011年末時点で事業を継続しており，アンケートにも回答した企業である．2011年中に開業したものの，その年のうちに廃業してしまった企業は調査対象には含まれていない．そのため，震災の影響を大きく受けた新規開業企業の2011年中の廃業割合が，影響をあまり受けてない企業の廃業割合よりも高かった場合，生き残った企業のデータから観察される震災の影響は，実際よりも小さくなると考えられる．

このように，いくらかのサンプルセレクションバイアスが発生する可能性はあるものの，それらを取り除くのは困難であることから，ここではこれらバイアスは全体の傾向には大きな影響は与えていないものとして，分析を進めていく[9]．

第2節　開業行動に与えた影響

震災の発生は，開業に向けての経営者の行動に影響を及ぼしている．まず，開業直後の2011年末のアンケートから得られたデータから，震災の翌日である2011年3月12日以降に開業した企業の震災による開業時期の変更について

---

9)　震災の新規開業企業への影響については，第1章第8節でも一部紹介している．

第2節　開業行動に与えた影響　　　181

表 6-1　東日本大震災の開業時期への影響（地域別）

	予定通り	遅れた	早まった	震災が開業のきっかけとなった	n	【参考】地域の定義
全　体	75.4	17.0	1.6	6.0	2,212	沖縄県を除く全国
被災地域	26.4	38.6	4.3	30.7	140	青森県，岩手県，宮城県，福島県，茨城県
被災地域以外	78.7	15.5	1.4	4.3	2,072	被災地域，沖縄県以外の全国
北海道	81.1	13.3	1.1	4.4	90	北海道
被災地域以外の東北	45.8	41.7	8.3	4.2	24	秋田県，山形県
被災地域以外の関東・甲信越	67.4	22.9	2.6	7.2	699	東京都，神奈川県，千葉県，埼玉県，栃木県，群馬県，山梨県，新潟県，長野県
北　陸	82.0	14.0	0.0	4.0	50	富山県，石川県，福井県
東　海	83.3	13.7	0.5	2.5	204	静岡県，愛知県，岐阜県，三重県
近　畿	86.3	11.0	0.8	1.9	481	滋賀県，京都府，大阪府，兵庫県，奈良県，和歌山県
中　国	84.0	9.9	0.8	5.3	131	岡山県，広島県，山口県，鳥取県，島根県
四　国	83.0	12.5	2.3	2.3	88	香川県，徳島県，愛媛県，高知県
九　州	87.5	9.2	0.3	3.0	305	福岡県，熊本県，佐賀県，長崎県，大分県，宮崎県，鹿児島県

資料：日本政策金融公庫総合研究所「新規開業パネル調査（第3コーホート）」（以下，断りのない限り同じ）
（注）　1.　東日本大震災（2011年3月11日）の翌日（同3月12日）以後に開業した2,309件のうち，当該質問に回答した企業について集計した．
　　　　2.　地震と津波の被害が大きかった，青森県，岩手県，宮城県，福島県，茨城県の5県を「被災地域」とした．その他の地域の定義は【参考】のとおり．以下同じ．

みてみよう．

　全体では，「予定通り」開業した企業が75.4％と最も高い割合であったものの，開業が震災によって「遅れた」企業も17.0％みられた（表6-1）．後段で詳しく触れるが，店舗改装のための資材や機材の調達の遅れや，取引先の被災，原材料の不足などが，その要因として考えられよう．一方，逆に，震災によって「早まった」という企業も1.6％あった．震災後の需要の高まりなどが，開業時期を早めたケースがあったようだ．

このほか，「震災が開業のきっかけとなった」とする回答も，6.0%存在する．このカテゴリーについては第7章で詳しく分析するが，それぞれ勤務先が震災の影響で廃業したためにやむをえず開業を選択したり，震災による事業環境の変化が開業を後押ししたり，といった事情があったことがケーススタディから観察された．

　開業時期への影響を地域別にみるとどうなるだろうか．本章では，比較的被害の大きかった，青森県，岩手県，宮城県，福島県，茨城県の5県を「被災地域」として分析する．これらの5県のなかには，震災の被害がそれほど大きくはなかった地域も含まれる一方，5県以外でも家屋の倒壊など直接の大きな被害が多かった地域はある．ただ，それぞれの新規開業企業の開業した地域の被害状況を個別にみていくのは困難であるため，ここでは便宜的にこの分類を用いることにする．

　この「被災地域」では，やはり開業時期への影響が相対的に大きい．「予定通り」開業した企業が26.4%にとどまる一方で，震災によって「遅れた」企業が38.6%と4割近くを占めた．震災によって「早まった」も4.3%と，全体より高い割合となっている．さらに，「震災が開業のきっかけとなった」が30.7%みられた．震災による環境の変化が，特に「被災地域」で多く発生したことが，その要因として考えられよう．

　一方，「被災地域以外」では，「予定通り」が78.7%，震災によって「遅れた」が15.5%，震災によって「早まった」が1.4%，「震災が開業のきっかけとなった」が4.3%と，「被災地域」の回答数が少ないことから全体とほぼ同じ割合となっている．ただ，さらに地域別に分けてみてみると，「被災地域」からの距離によって地域差がみられる．「予定通り」開業した企業の割合は，「被災地域以外の東北」が45.8%，「被災地域以外の関東・甲信越」が67.4%で，回答割合が8割を超えている他の地域に比べると，低くなっている．一方，震災によって「遅れた」はそれぞれ41.7%，22.9%，震災によって「早まった」は8.3%，2.6%と，他の地域よりも高くなる傾向にある．これらの地域では，「被災地域」ほどではないものの，震災の影響が開業時期にかなりの影響を与えていたということができよう．

　次に，業種別の開業時期への影響について，震災によって開業が「遅れた」

第 2 節　開業行動に与えた影響

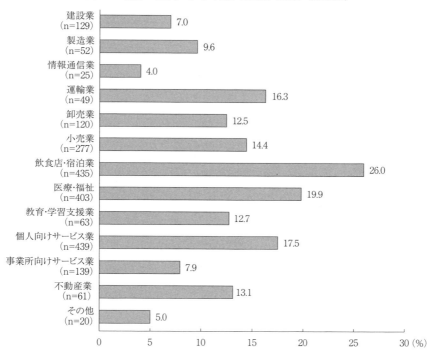

図 6-1　開業が震災によって遅れた企業の割合（業種別）

企業の割合からみてみると，「飲食店・宿泊業」(26.0%)，「医療・福祉」(19.9%)，「個人向けサービス業」(17.5%)，「運輸業」(16.3%)，「小売業」(14.4%) の順で，割合が高くなっている（図 6-1）[10]．一般消費者向けの業種が多いことから，資材や機材の調達が困難になったことによる店舗改装の遅れに加え，自粛ムードや計画停電の影響が大きかったことが，その要因となったと推察される．

　これを「被災地域」だけでみると，回答数が少ないために一定の誤差がある可能性のある業種はあるものの，「卸売業」(66.7%)，「飲食店・宿泊業」(51.5%)，「運輸業」(50.0%)，「医療・福祉」(43.5%)，「小売業」(42.1%)，「個

---
10)　このほか，「不動産業」(13.1%)，「教育・学習支援業」(12.7%)，「卸売業」(12.5%) などとなっている．

表 6-2　開業が震災によって遅れた期間（地域別）

（単位：%）

	全　体 (n=373)		被災地域 (n=53)		被災地域以外 (n=320)	
		累　積		累　積		累　積
1 カ月	42.4	42.4	30.2	30.2	44.4	44.4
2 カ月	23.1	65.4	17.0	47.2	24.1	68.4
3 カ月	13.1	78.6	17.0	64.2	12.5	80.9
4 ～ 5 カ月	8.8	87.4	15.1	79.2	7.8	88.8
6 カ月以上	12.6	100.0	20.8	100.0	11.3	100.0

（注）　設問は開業が震災によって「遅れた」と回答した企業に限って，遅れた月数の数値を整数で回答してもらったもの.

人向けサービス業」（39.1%）など，ほとんどの業種で全体の割合を上回っている[11].

　一方，開業が震災によって「早まった」企業の割合は，「その他」（5.0%），「事業所向けサービス業」（4.3%），「建設業」（3.9%），「震災が開業のきっかけとなった」企業の割合は，「不動産業」（9.8%），「教育・学習支援業」（9.5%），「建設業」（9.3%）などで相対的に高くなった.「不動産業」と「建設業」が多いのは，震災復興のための需要増が，開業を後押ししたためではないかとも考えられる.

　ここで，開業が震災によって遅れた企業について，遅れの程度をみてみると，「1 カ月」が 42.4%，「2 カ月」が 23.1%，「3 カ月」が 13.1% で，3 カ月以内が78.6% を占めている（表6-2）[12].　一方，「6 カ月以上」遅れたとの回答も12.6% あった[13].　遅れの平均は 2.5 カ月である.　ただ，開業が遅れて実際の開業が 2012 年以降になったケースは調査対象には含まれないことから，さらに長期の遅れがあった可能性も考えられる[14].　これを「被災地域」に限ってみ

――――――――――――――――

11)　回答数（n）は，「卸売業」（n=3），「飲食店・宿泊業」（n=33），「運輸業」（n=2），「医療・福祉」（n=23），「小売業」（n=19），「個人向けサービス業」（n=23）.　以下，「被災地域」に限定して集計した場合には回答数（n）を注記する.

12)　設問は「震災によって遅れた」と回答した企業に限って，遅れた月数の数値を整数で回答してもらったものである.

13)　最大値は 8 カ月.

14)　このほか，震災によって開業を断念したケースも，サンプルには含まれておらず，実態を捉えることができていない.

ると，「1 カ月」が 30.2%，「2 カ月」が 17.0%，「3 カ月」が 17.0% で，3 カ月以内は 64.2% となった．「6 カ月以上」も 20.8% で，平均は 3.1 カ月と，遅れの度合いが相対的に大きかったことがわかる[15]．

なお，それぞれの月に開業した企業のうち，開業が遅れた企業の割合をみると，3 月（12.3%）や 4 月（17.1%）よりも，5 月（25.9%）や 6 月（24.4%）のほうが高くなっている．もともと，3 月や 4 月に開業をしようとしていた企業の開業が，数カ月ずれ込んでいたことがみてとれる．この割合は，7 月には 15.8%，8 月には 17.1% とやや低下するものの，12 月でも 14.6% と，2011 年の年末でも震災の影響で遅れて開業したケースが一定数みられた[16]．

第3節　開業直後の事業への影響

1　売り上げへの影響

震災の事業への影響について，開業直後の 2011 年末の調査結果からみてみよう．まず，売り上げへの影響から確認する．なお，第 1 章第 8 節でも震災の売り上げへの影響を簡単に紹介しており，そこでは第 1 回調査から第 5 回調査のすべての該当設問に回答した企業のみ集計したが，本章では地域別，業種別などでより詳細に分析するためにサンプルサイズを確保する必要から，各年のアンケートの該当設問について回答した企業すべてについて集計した結果を紹介する．そのため，第 1 章第 8 節で示した数字とは異なることに注意されたい．

2011 年の年末における売り上げへの影響をみると，全体では「変わらなかった（影響はなかった）」企業が 72.8% と過半を占める一方で，24.6% の企業が震災の影響で「減少した」と回答している（**表6-3**）[17]．他方，「増加した」と回答した企業も 2.7% と，わずかながら存在した．売り上げが震災の影響で「減少した」企業の割合は，前出の全国中小企業動向調査でみた既存企業の「減少」割合（45.6%）よりも低くなっている．

15）　「被災地域以外」は遅れの平均は 2.4 カ月であった．
16）　9 月は 19.3%，10 月は 9.3%，11 月は 13.0%．
17）　設問では影響の時期は限定していない．そのため，影響は震災直後のみだった可能性もあれば，2011 年末時点でも続いていた可能性もある．

表 6-3　東日本大震災の売り上げへの影響（地域別）

	減少した	変わらなかった （影響はなかった）	増加した	n
全　体	24.6	72.8	2.7	2,451
被災地域	38.6	47.7	13.6	132
被災地域以外	23.8	74.2	2.0	2,319
北海道	24.8	75.2	0.0	101
被災地域以外の東北	41.7	54.2	4.2	24
被災地域以外の関東・甲信越	33.7	62.8	3.4	726
北　　陸	17.6	80.4	2.0	51
東　　海	23.6	75.6	0.8	254
近　　畿	19.0	79.3	1.8	569
中　　国	15.2	84.1	0.7	145
四　　国	13.8	85.1	1.1	94
九　　州	16.6	81.7	1.7	355

　これは，同調査が 2011 年 6 月に実施されている一方，新規開業パネル調査のデータは，2011 年末のものであるため，震災の影響が弱まってから開業した企業が含まれているためである．実際，「1 〜 3 月」に開業した企業だけでみると，「減少した」企業の割合は 37.7% となり，既存企業との差は小さくなった．この割合は，「4 〜 6 月」開業では 22.4%，「7 〜 9 月」開業では 18.8%，「10 〜 12 月」開業では 15.5% となっており，開業時期が遅くなるについて，売り上げへの影響も少なくなっていることがわかる．

　次に，売り上げへの影響を地域別にみると，売り上げが震災の影響で「減少した」企業の割合は，「被災地域」が 38.6%，「被災地域以外の東北」が 41.7%，「被災地域以外の関東・甲信越」が 33.7% と，東日本の広い範囲で比較的大きな影響があったことがわかる[18]．これらに「北海道」(24.8%)，「東海」(23.6%)が続いており，「被災地域」に近いほど，売り上げへの影響が大きかったことがみてとれる．「被災地域以外」の平均は 23.8% であった．ただ，「北陸」「近畿」以西でも，割合が下がるとはいえ「減少した」企業は 1 〜 2 割存在している．こうしたことから，震災の新規開業企業の売り上げに与える影響は，全国

18)　「被災地域」における「1 〜 3 月」開業企業に限れば，売り上げが震災の影響で「減少した」企業は 55.2% に達している（n=29）.

第3節　開業直後の事業への影響　　　187

に広がっていたことがわかる．このような地域別の傾向は，前出の全国中小企業動向調査からみた既存の小企業の売り上げへの影響とも，地域区分はやや異なるものの，ほぼ一致している．

　一方，売り上げが震災の影響で「増加した」企業の割合も，「被災地域」で13.6％と最も高くなっている．これは，復旧・復興のための需要や，既存企業が被災して商品・サービスの提供ができなくなったことによる代替需要も，被害の大きかった地域でより多く発生したことが要因ではないかと推測される．「増加した」企業の割合は「被災地域以外」では2.0％であった．そのなかでも，「被災地域以外の東北」（4.2％），「被災地域以外の関東・甲信越」（3.4％）といった「被災地域」に近い地域で，他の地域よりもやや高い割合となっている．ただ，その他の地域でも，割合は非常に低いものの震災の影響で「増加した」企業は存在しているようだ．この地域別の傾向も，既存の小企業のそれと整合している．

　震災の売り上げへの影響は業種によって異なるのだろうか．震災の影響で「減少した」企業の割合は，「運輸業」で38.5％，「卸売業」で38.2％，「情報通信業」で36.4％などとなっており，事業所を主な販売先とする業種で高くなる傾向にあるようだ（図6-2）．一般消費者向けの販売が多いと考えられる業種のなかでは，「飲食店・宿泊業」が30.8％と，比較的高くなっているのが注目される．これは，後述のとおり，震災後の消費自粛ムードの影響が出やすい業種であるためだと推測される．これに対し，震災が発生しても需要に大きな影響が出にくいと考えられる「医療・福祉」は，「震災の影響で減少」した企業の割合が11.5％にとどまっている．

　ちなみに全国中小企業動向調査からみた既存の小企業では「飲食店・宿泊業」が55.5％と最も高く，「運輸業」が51.9％でそれに続いている．割合が低いのは「建設業」の38.8％，「サービス業」（新規開業パネル調査の「医療・福祉」「教育・学習支援業」「事業所向けサービス業」「個人向けサービス業」などを含む）の39.8％などである．全体に業種による差は小さいものの，新規開業企業と傾向はほぼ整合している[19]．

---

19)　このほか，「製造業」（45.4％），「卸売業」（46.2％），「小売業」（46.6％），「情報通信業」（43.4％）となっている．

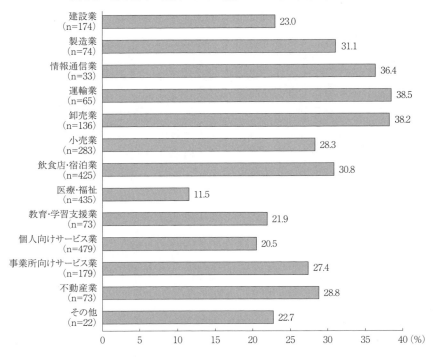

図 6-2 売り上げが震災によって減少した企業の割合（業種別）

一方，売り上げが「増加した」企業の割合は全体的にそれほど高くはない．そのなかでも最も高い割合となったのは「建設業」の 8.6% で，一部ではあるものの復旧・復興のための仕事が増えたケースがあったことがうかがえる．また，それに続く「卸売業」（4.4%），「製造業」（4.1%），「運輸業」（3.1%）も，復旧・復興のために需要増や，代替需要の発生があったことが推測される．これらの割合は，既存の小企業とはやや異なる傾向となった[20]．

ここで，売り上げへの業種別の影響を「被災地域」に限ってみると，売り上げが震災の影響で「減少した」企業の割合は，「飲食店・宿泊業」で 51.9%，

---

[20] 全国中小企業動向調査では，「運輸業」（13.9%），「小売業」（8.2%），「飲食店・宿泊業」（6.1%），「卸売業」（5.8%）などとなっており，「建設業」は 3.6% にとどまる．傾向が異なる理由は，データ等からは明確には示すことができなかったが，調査時期の違いによるものも一部あると推測される．

「個人向けサービス業」で50.0%,「小売業」で41.2%と,一般消費者を販売先とする業種でも高くなっている[21].このほか,回答数が少ないため誤差があると考えられるものの,「卸売業」(100.0%),「教育・学習支援業」(75.0%),「運輸業」(60.0%),「製造業」(50.0%),「その他」(50.0%)も,全体よりもかなり高い割合となっている[22].一方,「医療・福祉」はここでも11.8%と,相対的に低い割合となった[23].

　このように,「被災地域」では全体に比べて売り上げが震災の影響で「減少した」企業の割合がほとんどの業種で高くなっている.一方,「被災地域以外」では,「運輸業」で36.7%,「卸売業」で37.8%,「情報通信業」で36.4%などとなっている[24].

　なお,他の業種と少し傾向が異なるのが「建設業」で,「被災地域」では「減少した」の10.0%に対し,60.0%の企業が「増加した」と回答している[25].「被災地域以外」ではこの割合は,それぞれ23.8%と5.5%であった.このことは,特に「被災地域」において復旧・復興のための需要が高まっていたことを示していると考えられる.

2　売り上げ以外への影響

　続いて,震災の売り上げ以外への影響をみてみると,影響が「あった」と回答した割合は,全体では31.3%であった(図6-3).この割合は,「被災地域」に限れば46.0%と高まり,「被災地域以外の関東・甲信越」が38.3%,「北海道」が31.9%と続く.これも,売り上げへの影響と同様,「被災地域」から遠くなるとともに割合が下がる傾向にある.とはいえ,どの地域も2割を超える企業が影響が「あった」と回答しており,震災の売り上げ以外への影響も,全国に広がっていたことがわかる.

---

21)　「飲食店・宿泊業」はn=27,「個人向けサービス業」はn=28,「小売業」はn=17.
22)　「情報通信業」は回答企業がなかった.「卸売業」はn=1,「教育・学習支援業」はn=4,「運輸業」はn=5,「製造業」はn=6,「その他」はn=2.
23)　n=17.このほか,「不動産業」が20.0%(n=5),「建設業」が10.0%(n=10),「事業所向けサービス」が10.0%(n=10).「情報通信業」は回答企業がなかった.
24)　「製造業」「飲食店・宿泊業」がそれぞれ29.4%で,それに続いている.
25)　n=10.

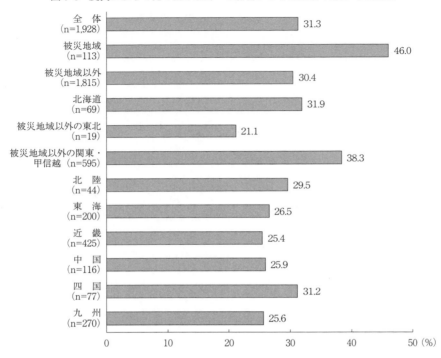

図6-3 震災によって売り上げ以外への影響があった企業の割合（地域別）

業種別にみると，「情報通信業」（45.5%），「製造業」（41.1%），「建設業」（40.1%），「小売業」（34.6%），「不動産業」（33.3%）などで相対的に高い割合となっている（図6-4）．最も低い「その他」でも23.5%と，震災の売り上げ以外への影響は，ほぼ業種を問わず発生していたことがみてとれる．

ここで，「被災地域」と「被災地域以外」に分けて業種別の回答をみてみると，「被災地域」では「個人向けサービス業」（50.0%），「医療・福祉」（46.7%），「飲食店・宿泊業」（36.4%），「小売業」（35.7%）などと，回答企業がなかった「情報通信業」を除くすべての業種で，3割以上が影響が「あった」と答えている[26]．これらの数値は，それぞれ「被災地域以外」の回答割合を上

---

26) ここでは，回答数（n）が10以上の業種を示した．「個人向けサービス業」（n=22），「医療・福祉」（n=15），「飲食店・宿泊業」（n=22），「小売業」（n=14）．

第 3 節　開業直後の事業への影響　　　　　　　　　　　191

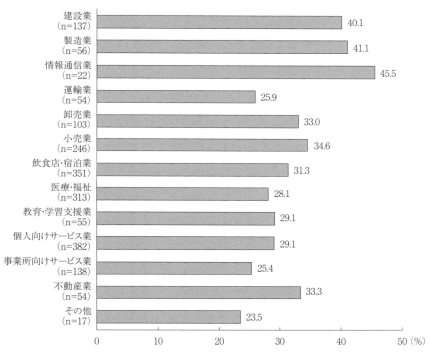

図 6-4　震災によって売り上げ以外への影響があった企業の割合（業種別）

回った[27]．

　一方，売り上げへの影響と同様，「被災地域以外」の回答割合は，「情報通信業」（45.5%），「製造業」（39.2%），「建設業」（39.1%）「小売業」（34.5%），「不動産業」（32.7%）などと，全体よりも少し低くなるものの傾向は変わらなかった．最も低い「その他」が 20.0% で，すべての業種で 2 割以上が震災の売り上げ以外への影響が「あった」と答えている．

　なお，売り上げ以外への影響を開業時期別にみると，「1～3月」に開業した企業が 47.2%，「4～6月」に開業した企業が 33.1%，「7～9月」に開業した

---

27) このほか，「卸売業」（100.0%）（n=1），「運輸業」（80.0%）（n=5），「製造業」（60.0%）（n=5），「建設業」（55.6%）（n=9），「教育・学習支援業」（50.0%）（n=4），「その他」（50.0%）（n=2），「不動産業」（40.0%）（n=5），「事業所向けサービス業」（33.3%）（n=9）であった．

企業が20.3%,「10～12月」に開業した企業が17.5%と,売り上げへの影響と同様,開業時期が遅くなるについて,売り上げ以外への影響も少なくなっていることがわかる[28].

3 震災の具体的な影響

　震災の影響は,具体的にどのようなものであったのだろうか.ここでは,新規開業パネル調査の2011年末時点のアンケートに記載された売り上げ以外への影響についての自由記述欄の回答を整理するとともに,具体的な記述について特徴的なものを紹介する.

　回答については比較のために前出の全国中小企業動向調査の特別調査で用いられた「震災の影響」の選択肢にならってキーワードを設定し,複数のキーワードにあてはまるものは複数回答として分類した[29].

　ただし,キーワードは分類しやすいようにやや短く設定しており,必ずしも全国中小企業動向調査とまったく同じではない.また,同調査には売り上げへの影響を含んだ選択肢もあるが,キーワードからは売り上げに関する部分は除いている.さらに,新規開業特有の影響として考えられる,「改装・機材調達等の価格上昇」「改装・機材調達等の遅れ」をキーワードに加えた.

　なお,全国中小企業動向調査の設問は,事業への影響の大きいものを五つまで選ぶ複数回答であり,「影響はなかった」とする選択肢がある.これに対し,新規開業パネル調査のデータは自由記述欄回答企業に対する回答割合である.企業1件当たりの該当キーワード数は,「全体」で1.4個,「被災地域」で1.7個,「被災地域以外」で1.4個であった.そのため,それぞれの調査のなかで選択肢同士を比較するのは問題ないが,二つの調査の水準を単純に比較することはできないことに注意する必要がある.

　表6-4は,震災の売り上げ以外の具体的な影響についてとりまとめたものである.キーワードで最も多かったのは,「*原材料・商品・燃料の不足*」の

---

28)「被災地域」における「1～3月」開業企業に限れば,売り上げ以外への影響が「あった」企業は81.8%に達している(n=29).

29)　文字データはデジタル化されているが,抽出と分類はソフトウエアを使用せず,筆者が目視により行った.

第3節 開業直後の事業への影響　　193

表 6-4　震災の具体的な影響（地域別）

(単位：％)

キーワード	全　体	被災地域	被災地域以外	〈参考〉既存の小企業	選択肢
原材料・商品・燃料の不足	29.7	12.8	31.3	30.3	原材料，部品，商品，燃料などの不足
自粛ムード	24.7	25.5	24.6	54.4	自粛ムード，節約意識の高まりによる売り上げの減少
改装・機材調達等の遅れ	18.1	10.6	18.8	―	―
販売先や受注先の被災	13.2	31.9	11.4	21.8	販売先や受注先が直接・間接の被害を受けたことによる売り上げの減少
原材料・商品・燃料の価格上昇	9.3	4.3	9.8	27.8	原材料，部品，商品，燃料などの価格高騰
仕入れ先の被災	9.2	8.5	9.2	3.9	取引先の信用不安
輸送網の障害	6.8	14.9	6.0	11.2	輸送網の障害
自社が直接被災	4.9	10.6	4.4	2.2	自社が直接被災したことによる生産・販売能力の低下
風評被害	4.0	6.4	3.8	11.0	風評被害による売り上げの減少
計画停電	4.0	0.0	4.4	14.5	計画停電や電力使用制限などによる営業時間の短縮や稼働率の低下
資金調達難・資金繰り悪化	3.7	8.5	3.2	6.5	資金調達難
人材確保難	2.7	8.5	2.2	2.0	人材の確保難
復興需要	2.6	4.3	2.4	2.0	被災地向けの復興需要による売り上げの増加
水道・電気等のインフラ障害	2.2	6.4	1.8	4.3	水道・電気・ガス・通信などインフラの障害
改装・機材調達等の価格上昇	1.8	0.0	2.0	―	―
代替需要	0.4	0.0	0.4	1.7	被災企業の生産・販売減少に伴う代替需要による売り上げの増加
その他プラスの影響	1.8	4.3	1.6	1.7	その他
その他マイナスの影響	3.8	10.6	3.2		
n	546	47	499	4,445	

資料：既存の小企業のデータは日本政策金融公庫総合研究所「全国中小企業動向調査（小企業編）」（2011 年 6 月実施）

(注)　1.　アンケートに記載された売り上げ以外の影響についての自由記述欄の回答を，筆者が目視により分類したもの．

　　　2.　複数の項目に該当する場合は，それぞれ 1 件として計上した．

　　　3.　n は自由記述欄に記載のあった企業数．

　　　4.　10％以上 20％未満を薄い網掛け，20％以上を濃い網掛けとした．

　　　5.　「全国中小企業動向調査（小企業編）」の選択肢では，「売上」と表記しているが，ここでは「売り上げ」に統一した．

29.7% であった．アンケートから具体的な回答を抜粋してみると，「物流が止まったため商品が入ってこなくて大変だった．在庫も少なかったので売り上げの機会を逃した（秋田県・子供服小売業）」「車で来店する顧客が，ガソリン不足のため来られなくなった（青森県・理容業）」「東北から買っていた食材が入荷しなくなり，新しい食材を探すのに苦労した（兵庫県・焼き肉店）」など，新規開業企業の経営にとって深刻な影響が出ていたことがみてとれる[30]．

　続いて多かったのが「自粛ムード」の 24.7% で，「華やかな商品が売れなくなった（東京都・花卉小売業）」「お祭りなどの行事の自粛のため，予約が多数キャンセルされた（大分県・美容業）」など，全国で影響があったようだ．このほか，回答が多かったのは，「改装・機材調達等の遅れ」が 18.1%，「販売先や受注先の被災」が 13.2%，「原材料・商品・燃料の価格上昇」が 9.3%，「仕入れ先の被災」が 9.2% などの順となっている．

　これらについても具体的な記述をそれぞれみてみると，「改装用資材が入らず工期が延びて開業が遅れた（東京都・菓子製造小売業）」「製紙工場が被災して商品が品薄となり，価格も上昇した（東京都・紙製品卸売業）」「震災による廃車の代替需要で中古車が品薄となり，価格が高騰した（千葉県・中古車小売業）」「東北地方の医薬品工場の操業が止まり，医薬品が一部在庫切れとなった（福岡県・訪問介護業）」など，さまざまな影響が出ていたことがわかる．

　このように自由記述欄の具体的な影響の記述からは，販売機会を逃したり，顧客が減少したりしたことが，売り上げの不振にもつながっていたことがみてとれる．また，コストアップによる業績への影響があったことも，推察される．

　ちなみに，全国中小企業動向調査では，「自粛ムード，節約意識の高まりによる売り上げの減少」（54.4%），「原材料，商品，部品，燃料などの不足」（30.3%），「原材料，商品，部品，燃料などの価格高騰」（27.8%），「販売先や受注先が直接・間接の被害を受けたことによる売り上げの減少」（21.8%）の順となっている[31]．設問の形式が異なるため回答割合の水準には違いはあるものの，新規開業企業に対する震災の影響の内容は，既存企業と比較的似ているといってよいだろう．

---

30)　文章については，文意を損なわない範囲で筆者が修文のうえ抜粋している．
31)　全国中小企業動向調査では「売上」と表記しているが，ここでは「売り上げ」に統一した．

第 3 節　開業直後の事業への影響　　　195

　ここで，キーワードの内容について，「被災地域」と「被災地域以外」を比べてみる．「被災地域」では「販売先や受注先の被災」が 31.9% と最も高い割合となっている．この割合は「被災地域以外」では 11.4% であったことから，特に「被災地域」では販売先の被災の影響が大きかったといえるだろう．ただ，「仕入れ先の被災」については「被災地域」で 8.5%，「被災地域以外」で 9.2% と大きな違いはみられなかった．

　続いて「被災地域」で回答が多かったのは，「自粛ムード」の 25.5% であった．これも「被災地域以外」が 24.6% と，差がみられなかった．震災後の自粛ムードが，全国の新規開業企業に一定の影響を与えていたことがわかる．

　また，「被災地域」では「輸送網の障害」が 14.9% と 3 番目に多く挙げられており，「被災地域以外」の 6.0% を大きく上回っている．「水道・電気等のインフラ障害」も「被災地域」では 6.4% と，「被災地域以外」の 1.8% よりも高い．震災で道路，鉄道，水道，電気等さまざまなインフラが毀損したことが，「被災地域」の新規開業企業に相対的に大きい影響を与えていたようだ．

　このほか「自社が直接被災」（「被災地域」が 10.6%，「被災地域以外」が 4.4%），「人材確保難」（同 8.5%，2.2%），「資金調達難・資金繰り悪化」（同 8.5%，3.2%）なども，「被災地域」で回答割合が高くなっている．

　一方，「原材料・商品・燃料の不足」は，「被災地域」では 12.8% であるのに対し，「被災地域以外」で 31.3% と，「被災地域以外」のほうがかなり高い割合となっている．「改装・機材調達等の遅れ」も，「被災地域」の 10.6% に対し，「被災地域以外」で 18.8%，「原材料・商品・燃料の価格上昇」も，同じく 4.3%，9.8% と，同様の傾向にある．この要因は明確ではないものの，個別の回答をみると，「本部が東北地方の店舗に優先的に商品を回したため，入荷する商品が少なくなった（広島県・コンビニエンスストア）」といったものが散見された．また，「被災地域」で開業した企業へのヒアリングからは，店舗改装用の資材を優先的に販売してもらったというコメントも得られている[32]．

　これらから判断すれば，震災の影響で全国的に商品や資材が不足するなかで，復旧・復興のために，メーカーや卸売業者などが，商品や資材を震災の被害が大きかった地域に優先的に販売していたケースもあったと推測される．

---

32)　第 7 章【事例 3】参照．

第 4 節　業績への長期的影響

　ここで，震災の事業への影響がどの程度続いていたのか，新規開業パネル調査の第 1 回調査から第 5 回調査までの結果を基に，2011 年末から 2015 年末にかけての推移をみてみよう．

　なお，第 1 章第 8 節では，第 1 回から第 5 回のすべてのアンケートに回答した企業のみのデータで売り上げへの影響の推移を紹介しているが，本章内のデータの連続性を維持するため，第 3 節と同様に各年のアンケートの該当設問についての回答をそれぞれすべて集計したデータを使用する[33]．

　第 3 節でもみたとおり，売り上げが震災の影響で「減少した」企業の割合は，2011 年末には 24.6% だった．これが 2012 年末には 8.1%，2013 年末には 3.9% と徐々に低い割合となり，2015 年末には 3.1% まで低下している（図 6-5）[34][35]．全体でみると，震災から 5 年近く経過し，その影響は，ほぼなくなってきているといえるだろう．

　これを「被災地域」だけに限ると，「減少した」割合は，2011 年末には 38.6% あったものが，2012 年末には 24.0%，2013 年には 12.7% と低下している（図 6-6）．ただ，その後は 2014 年末で 12.5%，2015 年末で 15.1% と水準は下げ止まっている[36]．

　一方，売り上げが震災の影響で「増加した」企業は，全体では 2011 年末でも 2.7% にとどまり，2015 年末には 1.2% まで低下している[37]．「被災地域」に限ると，2011 年末で 13.6% だったものが，徐々に割合が低下しているものの，2015 年末でも 6.8% が「増加した」と回答しており，復旧・復興や代替需要等

---

33)　本節の図 6-5 が第 1 章の図 1-20，図 6-6 が同じく図 1-21 に対応する．なお，データの傾向には大きな違いはみられなかった．

34)　設問は現在影響があるかどうかを尋ねている．

35)　図 1-20 では，2011 年末が 25.8%，2012 年末が 6.6%，2015 年末が 3.3% と，ほぼ同じ傾向となっている．

36)　図 1-21 では，2011 年末が 46.2%，2012 年末が 19.2%，2013 年末が 7.7%，2014 年末が 15.4%，2015 年末が 11.5% となっている．数字の水準はやや上下があるものの，変化の方向は同じ傾向であった．

37)　図 1-20 では，2011 年末が 3.7%，2015 年末が 1.8% であった．

第4節　業績への長期的影響

図6-5　東日本大震災の売り上げへの影響（全体）

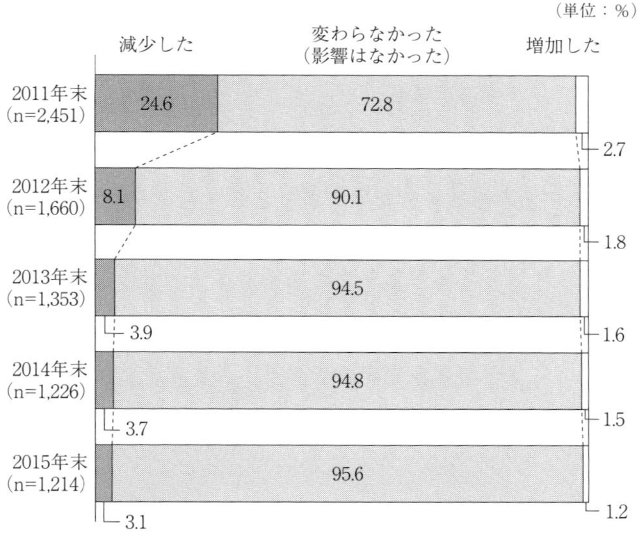

（単位：％）

	減少した	変わらなかった（影響はなかった）	増加した
2011年末（n=2,451）	24.6	72.8	2.7
2012年末（n=1,660）	8.1	90.1	1.8
2013年末（n=1,353）	3.9	94.5	1.6
2014年末（n=1,226）	3.7	94.8	1.5
2015年末（n=1,214）	3.1	95.6	1.2

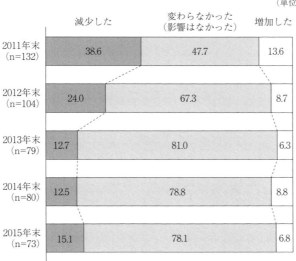

図6-6　東日本大震災の売り上げへの影響（被災地域）

（単位：％）

	減少した	変わらなかった（影響はなかった）	増加した
2011年末（n=132）	38.6	47.7	13.6
2012年末（n=104）	24.0	67.3	8.7
2013年末（n=79）	12.7	81.0	6.3
2014年末（n=80）	12.5	78.8	8.8
2015年末（n=73）	15.1	78.1	6.8

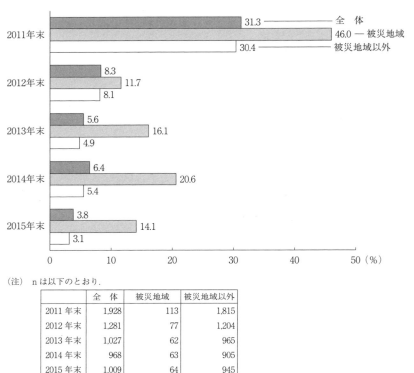

図 6-7 震災によって売り上げ以外への影響があった企業の割合（地域別）

による需要増が，一部では引き続き続いているといえそうだ[38]．

　震災の売り上げ以外への影響についても，同様の動きがみられる．売り上げ以外への影響が「あった」と答えた企業の割合は，2011年末には31.3％だったものが，2012年末には8.3％，2013年末には5.6％と低下し，2015年末には3.8％となっている（図6-7）．これを「被災地域」に限ってみれば，2011年末の46.0％から，2012年末には11.7％に低下するものの，その後は下げ止まり，2015年末でも14.1％となっている．

　冒頭で触れたマクロ統計のなかから，地域別鉱工業指数をみてみると，2011

38）図1-21では，2011年末が26.9％，2015年末が7.7％であった．

第4節　業績への長期的影響　　199

年3月には被災地域が69.8，被災地域以外が87.5だったものが，同年12月にはそれぞれ98.5，101.3と，ほぼ前年並みまで回復している（経済産業省，2015）[39]．2012年12月には97.3，94.2，2013年12月には102.2，99.7と，むしろ被災地域のほうが高くなっている．東京商工リサーチ（2016）によれば，震災関連倒産の数は，2011年に544件，2012年に490件あったものが，2015件には141件まで減少している[40]．

　このように，震災の事業への影響は，データでみる限り，震災の翌年の2012年末までにはかなり少なくなり，2015年末にはほとんどの企業で影響はなくなってきているといえそうだ．

　ただ，震災の影響は，プラスの意味でもマイナスの意味でも「被災地域」で相対的に大きく，いまだに影響の残る企業も一部にはある．新規開業パネル調査の第5回調査の自由記述欄からは，2015年末時点で，「来店客が減少したままである（岩手県・婦人服小売業）」「客単価が低下している（宮城県・自動車部品小売業）」といった回答が得られた．この2社は同時に売り上げが震災の影響で「減少した」とも回答しており，「被災地域」において，顧客の地域からの流出や消費の低迷による影響が継続している様子がうかがえる．「建物の被害がそのままになっている（茨城県・美容業）」など，建物や内装の被害がいまだに完全には修復されていないという企業も複数あった．

　また一方で，「従業員の確保が難しい（宮城県・土木工事業）」というコメントもあった．この企業は，2015年末時点で売り上げが震災の影響で「増加した」と回答している．震災による需要増は継続しているものの，それに十分に対応できていないケースもあるようだ．

　このほか，「東北地方の商品を嫌う納品先がある（埼玉県・野菜卸売業）」「食材の産地を聞かれることがある（岡山県・もんじゃ焼き店）」など，食品に対する風評被害が依然として残っていることもわかった．これら回答企業自身の経営には，それほど大きな影響はないようだが，風評被害が「被災地域」の復旧・復興への大きな障害となっていることがうかがえる．

　このように，震災の新規開業企業への影響は，発生直後と比べれば小さく

---

39)　脚注7のとおり，本章の分析で用いた「被災地域」とは定義が異なる．
40)　ただし，一方では震災の影響から脱却できていない企業も少なからずあることも指摘している．

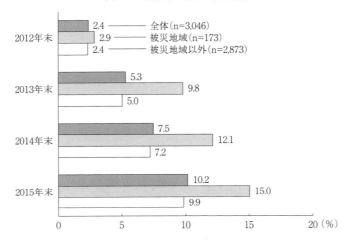

図 6-8　廃業率の推移（地域別）

なっているものの，震災から約 5 年経過した 2015 年末でも，一定の影響が残っていることは，事実として認識しておく必要があるだろう．

第 5 節　事業存続への影響

震災が企業の存続にどのような影響を与えたのかをみてみよう．新規開業パネル調査の廃業率は，全体では 2012 年末で 2.4%，2013 年末で 5.3%，2014 年末で 7.5%，2015 年末で 10.2% であった（図 6-8）．

この数値は，2011 年末時点で存続していた新規開業企業が，それまでの年に廃業した割合（各年の廃業率の累計）である．それぞれの年の間に廃業した企業の割合は，2011 年末の件数を基準として，2012 年が 2.4%，2013 年が 2.9%，2014 年が 2.2%，2015 年が 2.7% であった．2013 年のように開業の翌々年に廃業が増えるという傾向は，これまでの第 1 コーホート，第 2 コーホートでも観察された現象である．

ここで「被災地域」の廃業率をみると，2012 年末で 2.9% と，震災の影響からか，すでに全体の 2.4% よりやや高い．これが 2013 年末には一気に 9.8% まで高まり，2014 年末には 12.1%，2015 年末には 15.0% と，「被災地域以外」の

第5節　事業存続への影響　　　201

9.9％と比べると，約1.5倍となっている．

　それぞれの年に廃業した企業の割合を計算すると，2012年が2.9％だったものが，2013年には6.9％と，全体に比べて「被災地域」がはるかに高くなっている．ただ，それ以降は，2014年に2.3％，2015年に2.9％と，全体の数値とあまり差がなくなってくる．「被災地域」においては，開業翌々年の廃業率の高まりが，より顕著に表れているようだ．

　なお，「被災地域」と「被災地域以外」の2015年末の廃業率の差については，第2章で行ったロジスティック回帰分析による2015年末の廃業確率の推定式に，「被災地域」を1，「被災地域以外」を0としたダミー変数を追加した推定により検証した．その結果，「被災地域」ダミーの係数は0.518で有意に正となった[41]．オッズ比は1.679である[42]．これは，「被災地域」の廃業確率が「被災地域以外」と比べて1.679倍高かったことを意味している．

　2015年末の廃業率を地域別に詳しくみると，「被災地以外の東北」（13.9％），「東海」（11.3％），「北海道」（11.2％）と，「被災地域」に近い地域でやや高くなる傾向にあるようだ（図6-9）．一方，最も低い「近畿」の廃業率は7.3％で，「被災地域」の半分以下となっている．

　廃業率の違いは，震災の企業への影響の結果とも整合している．地域ごとの廃業率と震災の売り上げへの影響との関係をみると，正の相関があることがグラフからも確認できる（図6-10）．

　さらに，震災の売り上げへの影響と廃業率の関係をみると，2011年末の調査で売り上げが震災の影響で「減少した」と回答した企業の廃業率は，2012年末で3.2％，2013年末で6.6％，2014年末で9.1％，2015年末で12.3％と，これも全体より高くなる傾向にある（図6-11）．毎年の廃業率は，2012年が3.2％，2013年が3.5％，2014年が2.5％，2015年が3.2％となった．ここでも，「被災地域」ほどではないものの，2013年の廃業率がやや高くなっている．

　ここで，さらに「被災地域」に限って震災の影響で「減少した」企業をみて

---

41)　第2章**表2-2**のモデル①に対応するサンプル全体の推定．係数は10％未満の水準で有意であった．「被災地域」ダミー以外の説明変数の係数の傾向は，**表2-2**のモデル①に一致している．

42)　第2章**表2-2**のモデル②に対応する30歳以上に限った推定では，係数は0.606で5％未満の水準で有意．オッズ比は1.833であった．「被災地域」ダミー以外の説明変数の係数の傾向は，**表2-2**のモデル②に一致している．

図 6-9　2015 年末時点の廃業率（地域別）

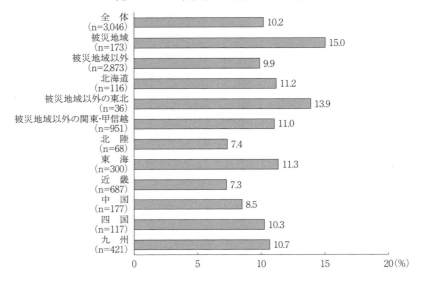

図 6-10　震災の売り上げへの影響と廃業率の関係（地域別）

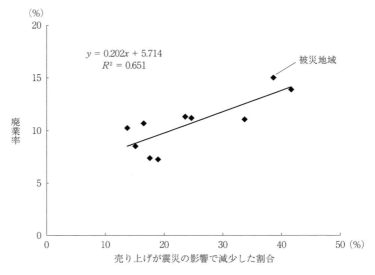

（注）　廃業率は，2015 年末のデータ．売り上げが震災の割合で減少した割合は，2011 年末のデータ．

第5節 事業存続への影響

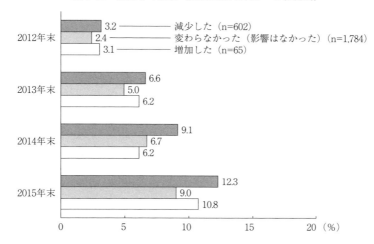

図6-11 廃業率の推移（震災の売り上げへの影響別）

みると，2012年末で5.9%，2013年末で15.7%，2014年末で15.7%，2015年末で19.6%と，サンプルサイズが小さいため動きは滑らかではないものの，最終的な廃業率は他と比べてかなり高くなった[43]．

一方，売り上げが震災の影響で「増加した」企業の廃業率は，2012年末で3.1%，2013年末で6.2%，2014年末で6.2%，2015年末で10.8%と，「変わらなかった（影響はなかった）」の2.4%，5.0%，6.7%，9.0%と比べて，やや高い水準となった．

次に，震災の前に開業した企業とあとに開業した企業の廃業率を比較した．すると，それぞれ2012年末で2.7%，2.3%，2013年末で5.0%，5.4%，2014年末で7.6%，7.4%と，ほぼ同じ水準で推移し，2015年末では両者の廃業率は10.2%と同じとなった．震災を受けて計画を慎重に立てた手堅い開業が震災後に増えたとすれば，廃業率が下がるのではないかとも予測したが，データからはそうした結果は得られなかった．

震災の前に開業した企業について，売り上げが震災の影響で「減少した」企業のみを集計したところ，廃業率は，2012年末で3.7%，2013年末で7.0%，2014年末で10.7%，2015年末で13.8%と推移した．一方，震災後に開業した

---

43) n=41.

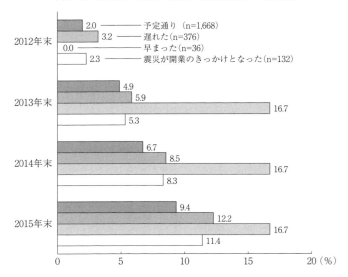

図 6-12 廃業率の推移（震災の開業時期への影響別）

「減少した」企業は，それぞれ 2.7％，6.3％，7.9％，11.3％ となった．売り上げが震災の影響で「減少した」企業のなかでは，震災前に開業した企業のほうが，やや廃業率が高くなっている．これは，震災をまったく想定しなかった状況で開業し，そのあとに売り上げへの影響が出たことが，廃業率を高める要因になったのではないかと考えられる．

最後に，震災の開業時期に与えた影響と，2015 年末の廃業率の関係をみると，「遅れた」企業の廃業率は 12.2％ と，「予定通り」の企業の 9.4％ を上回った（図 6-12）．このほか，「早まった」企業（16.7％），「震災が開業のきっかけとなった」企業（11.4％）も，「予定通り」の企業よりも高い廃業率を示す傾向にある．

このように，アンケートの結果からは，震災による被害の大きかった地域に存在する新規開業企業や，震災から何らかの影響を受けていた新規開業企業は，廃業率が高くなる傾向にあることがわかった．開業した翌々年の 2013 年の廃業率が相対的に高まったのは，開業直後で体力の乏しい新規開業企業に，継続する震災の影響が蓄積していった結果であるとも考えられる．

一方，同時期の「被災地域」の倒産件数は，他地域と比べて大きく増えては

いない．一般財団法人企業共済協会がまとめている『企業倒産調査年報』によれば，全国の倒産件数は 2010 年度は 1 万 3,573 件であり，2011 年には 1 万 3,179 件，2012 年には 1 万 2,100 件，2013 年度には 1 万 956 件，2014 年度には 9,911 件と減少が続いている．「被災地域」をみても，2010 年度には 623 件だったものが，2011 年度には 489 件，2012 年度には 369 件と，同じく減少している[44]．2013 年度には 389 件と増加し，2014 年度には 402 件，2015 年度には 356 件と推移するものの，全体と比べて際立って倒産が増えているわけではなさそうだ．復旧・復興への需要が増えたことに加え，補助金をはじめとする各種の支援制度が奏功したことが，その一因とみられる．ただ，こうした支援制度の多くは既存企業を念頭に置いたものであり，新規開業企業には使いにくいものや，そもそも要件に該当しないものもあったと考えられる．

　ここで，アンケートで創業や事業に関するセミナーや講演会を受講したかどうかを尋ねたところ，「受講した」とする割合は，開業前では「全体」が 29.1%，「被災地域」が 27.2% で，それほど違いはないものの，開業後 2011 年末まででは，「全体」が 28.7%，「被災地域」が 19.5% と，被災地域での受講割合が下がっている[45]．2012 年にはそれぞれ 39.8%，44.5% と，「被災地域」のほうがやや多くなる．迅速な復旧・復興を目指すためにはやむをえないことであったとは思われるが，震災直後は開業直後の企業向けのプログラムの提供が少なくなった可能性がある．

　このように，新規開業企業への支援が相対的に手薄になったことも，「被災地域」での廃業率を高める一つの要因となったと推測される．

第6節　まとめ

　東日本大震災は，全国の企業活動に大きな影響を与えた．2011 年に開業した新規開業企業も，その例外ではない．特に「被災地域」では，その影響は大

---

44)　同年報の都道府県別統計から，本章の「被災地域」に該当する県の数値を集計した．
45)　それぞれ該当する設問に回答した企業について集計したため，第 1 章図 1-17 とはサンプルが異なる．回答数（n）は，開業前が「全体」が 3,036 件，「被災地域」が 173 件，開業後 2011 年末までが，それぞれ 2,859 件，159 件，2012 年が 1,738 件，110 件であった．

きかった.

　開業行動に与えた影響としては，開業時期が震災によって「遅れた」企業や，「震災が開業のきっかけとなった」企業が全国にみられた．なかでも「被災地域」では，震災によって「遅れた」企業や，「震災が開業のきっかけとなった」企業の割合が高くなった.

　2011年の年末時点の影響については，24.6%が売り上げが震災の影響で「減少した」，31.3%が売り上げ以外の影響が「あった」と回答している．「被災地域」に限れば，この割合は，それぞれ38.6%，46.0%と，より高くなった．一方，震災の影響で「増加した」と回答した企業も全体では2.7%とわずかであるが，復旧・復興の需要を受けて「被災地域」では13.6%となった．具体的には，「原材料・商品・燃料の不足」「自粛ムード」「改装・機材調達等の遅れ」「販売先や受注先の被災」など，さまざまな影響が全国に広がっていたことがわかった.

　長期的にみると，震災の影響は2012年末で大きく低下し，2015年末では，売り上げが震災の影響で「減少した」企業の割合が3.1%，売り上げ以外への影響が「あった」企業の割合が3.8%と，震災から5年近く経過して影響は，ほぼなくなってきている．「被災地域」だけに限ってみても，それぞれ15.1%，14.1%と，かなり低くなった.

　ただし，個別にみれば影響が強く残っている企業は存在しており，特に「被災地域」において，顧客の地域からの流出や消費の低迷による影響が継続している様子がうかがえた．また，食品に対する風評被害が依然として残っていることもわかった.

　こうした状況の下，震災による被害の大きかった「被災地域」において，新規開業企業の廃業率が高くなった．特に開業した翌々年の2012年に，その影響が大きく出ている．また，2011年末に売り上げが震災の影響で「減少した」企業や，震災によって開業が「遅れた」企業は，廃業率が高まる傾向にある.

　このように，東日本大震災は，新規開業企業に多くの影響を与え，震災の影響が大きかった企業の廃業率が高まった．一方で，同様の影響を受けたであろう既存企業の倒産は，「被災地域」で特に増えたというわけではない．このことは，さまざまな復旧・復興支援策が奏功したものであろうが，他方で新規開

業企業への支援が相対的に手薄になっていた可能性も示唆している．

　震災からの復旧・復興という観点からみれば，地域の需要を満たし，雇用を生み出す，新規開業企業の役割は小さくない．せっかく開業した企業を維持し，成長させていくことは，地域経済にとっても重要である．もともと新規開業企業は，既存企業に比べると経営基盤が不安定である．それに加えて，震災の影響が企業存続に影響を与えているならば，特に被害の大きかった地域において，開業直後の企業に対する，より積極的なサポートが必要なのではないだろうか．

参考文献

会計検査院（2015）「東日本大震災からの復興等に対する事業の実施状況等に関する会計検査の結果について」2015 年 3 月

気象庁（2012）「平成 23 年（2011 年）東北地方太平洋沖地震調査報告」『気象庁技術報告』第 133 号，2012 年 12 月

経済産業省（2015）「「震災に係る地域別鉱工業指数」及び「津波浸地域に所在する鉱工業事業所の生産額」の試算値について（平成 27 年 6 月分確報）」2015 年 8 月 12 日発表

東京商工リサーチ（2012）「震災から 1 年「東日本大震災」関連倒産状況（3 月 9 日現在）～「震災関連」倒産が 644 件「阪神・淡路大震災」時の 4.2 倍～」東京商工リサーチウェブサイト『データを読む』2012 年 3 月 9 日配信

――――（2016）「震災から 5 年「東日本大震災」関連倒産状況（3 月 7 日現在）」東京商工リサーチウェブサイト『データを読む』2016 年 3 月 7 日配信

内閣府（2012）『平成 24 年版防災白書』2012 年 8 月

日本政策金融公庫（2013）『日本政策金融公庫 2013 ディスクロージャー誌』2013 年 8 月，pp. 20-22

第7章　東日本大震災を契機とした開業
——被災地域での開業を中心に——

第1節　はじめに

　第6章でみたように，東日本大震災（以下，震災という）は全国の企業活動のみならず，開業行動にも影響を与えた．本章では，データ分析と，アンケート回答企業へのヒアリングから，震災を契機とした開業の特徴を明らかにする．

　図7-1は本章の分析対象を示したものである．調査対象企業3,046件のうち，開業時期が2011年3月11日以前の企業は737件（調査対象企業全体の24.2%），3月12日以降の企業は2,309件（同75.8%）あった．このうち，2,212件が震災の開業時期への影響について回答している．回答の分布を確認すると，開業時期が「予定通り」の企業は1,668件（本設問に回答した企業の75.4%），「予定より遅れた」企業は376件（同17.0%），「予定より早まった」企業は36件（同1.6%），そして「震災が開業のきっかけになった」企業は132件（同6.0%）であった．さらに，この132件のうち，2011年3月以降に開業準備を開始したと回答した企業が116件あった．

　本章では，この116件を「震災開業企業」と定義する．すなわち，震災開業企業とは，震災が開業のきっかけになり，2011年3月以降に開業準備を始め，12月末までに開業した企業である．これらの企業について，他の企業と比較する．比較対象は，開業準備を始めた時期が震災開業企業と同じ2011年3月以降で，12月末までに開業した企業891件である．以下，「一般開業企業」と表記する．

　まず，先行研究を簡単に整理しておく．災害と開業行動の関係はこれまでに

図7-1 本章の分析対象

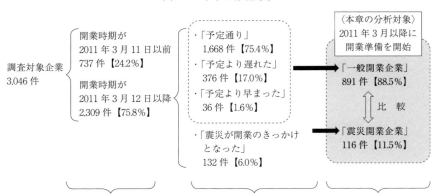

資料：日本政策金融公庫総合研究所「新規開業パネル調査(第3コーホート)」(以下同じ)
(注) 【 】内は「開業時期」「震災の開業への影響」「開業準備の開始時期」に回答した企業に占める割合．

多くの研究が行われてきており，被害の大きい地域を中心に開業が増えることが指摘されている．

総務省「事業所・企業統計調査」のデータを用いて，1995年1月17日に発生した阪神・淡路大震災後の被災地の平均開業率を分析した大竹ほか(2012)は，1996年から2006年の間の開業率は全国平均で4.3%だったのに対し，阪神・淡路大震災の被災地では5.5%と，全国平均よりも相当高い開業率だったとしている．

東京商工リサーチ(2012)によると，2011年3〜10月に全国で新たに設立された法人は約6万8,000社と前年同期比0.2%減ったのに対し，被害が特に大きかった東北地方太平洋沿岸の3県(岩手県，宮城県，福島県)では前年同期比12.3%増となる1,883社が設立されたとしている．被災地で開業が活発化したことがうかがえるデータである．

震災後に仙台市で開業した経営者など10人にヒアリングを行った品田(2013)は，震災後に仙台市内で起業家が増加した理由として，雇用機会が減少すると起業を選択しやすくなるというプッシュ要因と，事業機会が増加すると起業が

第 1 節　はじめに

活発化するというプル要因の存在を指摘している．さらに品田（2013）は，災害という特殊な環境によって，「向社会的行動」[1]の意識が強まったこと，起業志望者のネットワークの変化[2]が複動的に作用したことも，起業家が増えた理由に挙げている．

これらの先行研究から，大規模自然災害は被災地域での開業行動に影響を与えるとみてよさそうだ．だが，被害の程度や，被災地の地理的環境，経済的地位はそれぞれ異なる．樋口ほか（2012）は，被災地の復興を考えていく際には，その地域における産業の特性や，企業の開業や廃業の状況等を踏まえたうえで，産業政策と一体になった支援が必要と指摘している．

震災以降，被災地で開業した人はどのような動機で開業したのだろうか．仙台市と有限責任監査法人トーマツが実施した「仙台市起業家調査」[3]をみてみよう．これは震災前と震災後に起業した経営者それぞれに起業の動機を尋ね，震災前後の回答割合の違いをみた調査である．震災前後ともに最も回答が多いのは「仕事の経験・知識・資格を生かしたかったから」である．ただし，回答割合は震災後に 10.7% ポイント低下（震災前 49.3%，震災後 38.6%）している．

他方，震災後に回答割合が上昇した項目をみると，一つは「起業しようとする地域に大きなビジネスチャンスがあるから」（震災前 11.6%，震災後 19.8%）である．品田（2013）が指摘したように，プル要因が開業動機になっていたといえる．さらに特徴的なのが「解決したい社会的な課題があるから」（震災前 16.3%，震災後 25.7%），「人のために何かしたいと思うから」（震災前 23.3%，震災後 35.6%）の回答割合が高まっている点である．この結果について品田（2015）や福嶋（2016）は，被災地では自分を犠牲にしてでも人の役に立ちたいと考える，利他性を動機とした開業の増加を指摘している．この調査は同時期に東京都と福岡市，札幌市の起業家に対しても行われているが，これら 3 項目

---

1) 品田（2013）は「向社会的行動」を，援助，同情，共感等を総称する用語と定義している．
2) 品田（2013）は，ヒアリングした起業家の 7 割が「起業に関する重要な相談を行う相手の何人かは震災後に知り合いとなった」と述べている点に着目し，震災後に「起業志望者が持つネットワークが拡大し，拡大に伴ってネットワークの内容や質が変化し，それが起業動向に影響を与えた可能性がある」と指摘している．他方，「ネットワークが毀損したり消滅したりすることによって，新たな起業家が誕生することもある」と指摘している．
3) 調査は 2015 年 12 月から 2016 年 3 月にかけて実施．調査対象は各都市の起業家 300 人（震災前の開業が 200 人，震災後の開業が 100 人）と起業を目指す者 100 人．

図 7-2　地域別にみた震災開業企業の分布

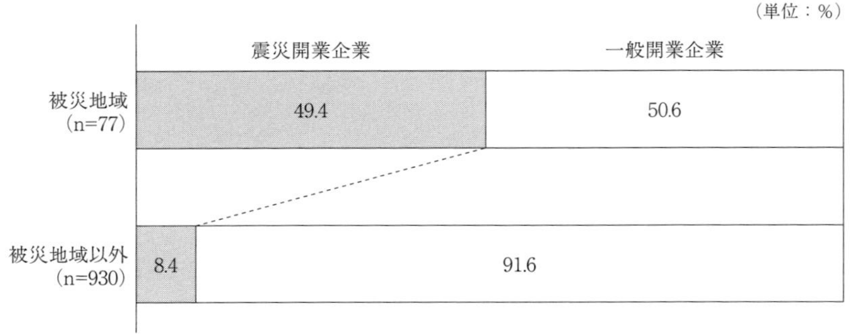

（単位：％）

	震災開業企業	一般開業企業
被災地域（n=77）	49.4	50.6
被災地域以外（n=930）	8.4	91.6

（注）　地震と津波の被害が相対的に大きかった，青森県，岩手県，宮城県，福島県，茨城県の5県を被災
地域と定義した（第1章，第6章での定義と同じ）.

　の回答割合が震災前後で顕著に変化したのは仙台市の起業家である．本章で分
析する震災開業企業の多くも，プッシュ要因やプル要因に加えて，利他性が開
業の動機になったと推測される．

　分析に入る前に，震災開業企業と一般開業企業の地域分布を確認しておこう．
「被災地域」（青森県，岩手県，宮城県，福島県，茨城県）では，2011年3月
以降に開業準備を始め，同年12月末までに開業した企業のうち，震災開業企業
が49.4％を占めている（図7-2）．他方，震災の直接・間接の被害は全国に
及んだこともあり，「被災地域以外」にも震災開業企業が8.4％存在する．こう
した企業のなかには，もともと被災地域で事業を営んでいたが，震災の影響で
事業が継続できなくなったため避難先で再開業したケースや，もともと被災地
域にある企業に勤めていたが，震災の影響で勤務先が倒産ないし事業閉鎖した
ことにより失職したため，被災地域の外で開業を選択するケースもあった．

　本章では，震災開業企業ならではの特徴がより強く表れていると考えられる，
被災地域で開業した企業に対してヒアリングを実施した[4]．以下，データと企
業事例から震災開業企業の特徴をみていこう．

---

4)　ヒアリングは2013年9月に実施した．本章では当時のヒアリング内容を掲載している．なお，
2017年8月に事例企業を再度訪問，または電話による追加ヒアリングを行った．その内容は補論
にまとめている．

第2節　震災開業企業の特徴

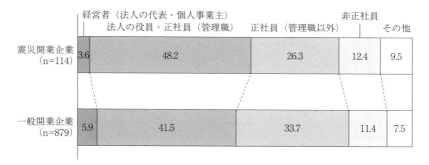

図7-3　開業直前の職業

(注)「非正社員」は「パート・アルバイト」「契約社員」「派遣社員」の合計.「その他」は「家族従業員」「専業主婦・主夫」「学生」「無職」を含む.

第2節　震災開業企業の特徴

1　経営者

　まず，経営者のプロフィールを確認する．開業時の年齢をみると，震災開業企業は平均42.9歳，一般開業企業は42.2歳で，ほとんど差はなかった．性別をみると，震災開業企業は男性の割合が78.4%，一般開業企業は81.3%と，こちらも明確な特徴はみられなかった．

　一方，開業直前の職業をみると，震災開業企業では「法人の役員・正社員（管理職）」と回答した企業の割合が48.2%と，一般開業企業の41.5%を上回っている（図7-3）．また，開業した事業と関連のある仕事をしたことがある人にその年数（斯業経験年数）を尋ねると，震災開業企業では平均15.9年と，一般開業企業の14.8年よりもやや長かった．震災開業企業の経営者の多くは，長年の経験が生かせる分野で開業していることがうかがえる．

　さらに，開業する直前の勤務先からの退職理由には，顕著な差がみられた．震災開業企業では，「倒産・廃業による離職」が10.7%，「事業部門の縮小・閉鎖に伴う離職，解雇」が19.4%となっており，両者を合わせた「勤務先の都合による退職」は30.1%に上る（図7-4）．これは，一般開業企業の17.6%に比

図7-4　開業する直前の勤務先からの離職理由

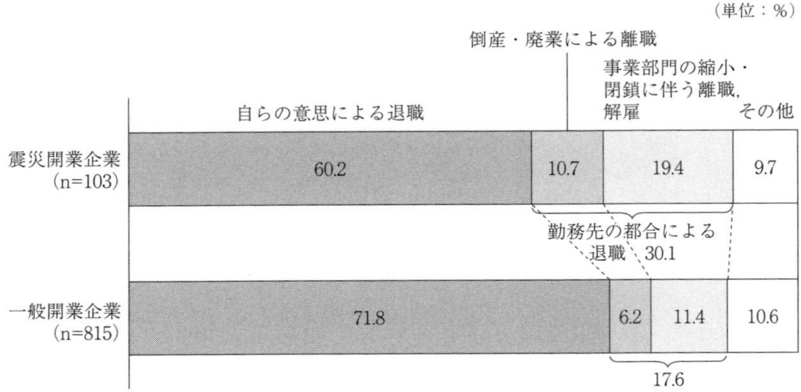

（単位：％）

	自らの意思による退職	倒産・廃業による離職	事業部門の縮小・閉鎖に伴う離職, 解雇	その他
震災開業企業 (n=103)	60.2	10.7	19.4	9.7
一般開業企業 (n=815)	71.8	6.2	11.4	10.6

勤務先の都合による退職 30.1

17.6

（注）　「倒産・廃業による離職」は「勤務先の倒産による離職」「勤務先の廃業による離職」の合計.
　　　　「事業部門の縮小・閉鎖に伴う離職, 解雇」は「事業部門の縮小・閉鎖に伴う離職」「解雇」の合計.

べてかなり高い．震災開業企業のうち「自らの意思による退職」と回答した経営者からも，前勤務先の休業による自宅待機で収入の先行きが不安になり，結局自ら退職して開業を選択したという話が複数聞かれた．震災開業企業は，震災で職を失ったため開業したケースが多いといえる.

　また，斯業経験年数の長さが示すように，震災開業企業の多くは長く経験を積んだ事業分野で開業するケースが多い．こうした企業は，震災によって失われた商品やサービスの供給を早期に回復することに寄与している．ここで特徴的な事例をみてみよう.

【事例1】（同）マルカネ

代表者：秋山 兼男　　　　所在地：青森県八戸市

開業時期：2011年7月　　　事業内容：サバ等の水産物加工

従業者数：18人

　八戸市出身の秋山兼男さんは，同市内でサバやホタテなど水産物を加工する企業の東京営業所の課長だった．震災によって勤務先の本社工場は大きな被害

を受け，生産停止となってしまう．工場再稼働のめどはまったく立たず，2011年5月には東京営業所の閉鎖が決まった．そのため，秋山さんは退職することになった．

八戸に戻って身の振り方を考えていたところ，勤務時代の取引先であった食品製造会社から，サバ寿司の材料に使う酢じめのサバが手に入らず困っているので，取り扱っている会社を紹介してほしいと頼まれた．震災後も八戸産のサバに対するニーズは大きいようだった．そこで秋山さんは思い切って自ら会社を立ち上げ，加工を手がけることにした．

しかし，秋山さんは営業職で，実際に加工を行ったことはない．そこで同じく自宅待機となっていた前勤務先の工場長に声を掛けたところ，加工の責任者を引き受けてくれた．会社の形態は，司法書士と相談して設立手続きが比較的簡単な合同会社にした．知人が経営する工場の一角を借り，加工場を確保できたことで，サバの切り身や，酢じめのサバの加工を2011年8月に開始できた．震災から半年足らずで八戸産サバの供給を再開したことは，取引先にたいへん喜ばれた．

震災による企業の被災によって，さまざまな分野で商品やサービスの供給がストップし，その影響は全国の取引先企業に広がった．秋山さんの開業は，震災によって失われた原材料の供給を早期に再開し，他の企業の生産を回復させる重要な役割を果たしたといえる．

2 業　　種

商品やサービスの供給回復への貢献は，事業所向けのものだけではない．震災開業企業の業種分布をみると，「飲食店・宿泊業」が20.7％と最も多く，次いで「個人向けサービス業」が19.0％，「小売業」が11.2％で続く（表7-1）．生活に欠かせない商品やサービスの供給を担っていることが，業種分布からうかがえる．

表 7-1　開業業種

(単位：%)

	震災開業企業 (n=116)	一般開業企業 (n=891)
建設業	9.5	6.7
製造業	3.4	3.0
情報通信業	0.9	1.8
運輸業	0.0	2.4
卸売業	6.0	7.9
小売業	11.2	14.1
飲食店・宿泊業	20.7	19.9
医療・福祉	10.3	12.6
教育・学習支援業	4.3	3.5
個人向けサービス業	19.0	16.5
事業所向けサービス業	9.5	7.6
不動産業	5.2	2.8
その他	0.0	1.2

【事例 2】大連

代 表 者：菅野 光夫　　　所 在 地：岩手県釜石市

開業時期：2011 年 12 月　　事業内容：中華料理店

従業者数：3 人

　大連は，釜石市で 1953 年から続く老舗の中華料理店であった．地元のソウルフードであるしょうゆ味の「釜石ラーメン」や定食メニューを提供していた．ラグビーの盛んな釜石市にちなみ，ボールに見立てたゆでたまごをトッピングしたみそ味の「ラガーラーメン」は特に人気で，地元の人にも長く愛されてきた．菅野光夫さんは 40 年にわたり，同店の料理人として勤務してきた．

　しかし，地震後の津波で店舗は全壊，店主も死亡したため，大連は閉店に追い込まれてしまった．働き場所を失った菅野さんは，料理人として再就職しようとしたが，地元では勤め口が見つからない．生活のために運転代行業のアルバイトを始めたものの，初めての仕事になじめないでいた．そんなとき，もう一度大連のラーメンを食べたいという声を，避難生活を送るかつての常連客から幾度も聞いた．

　大連の味を守れるのは自分しかいない．菅野さんは自ら店を出すことを決意した．しかし，料理の腕には自信はあっても，事業主としての経験はない．市

第2節　震災開業企業の特徴　　　　　　　　　　217

図7-5　開業までの準備期間

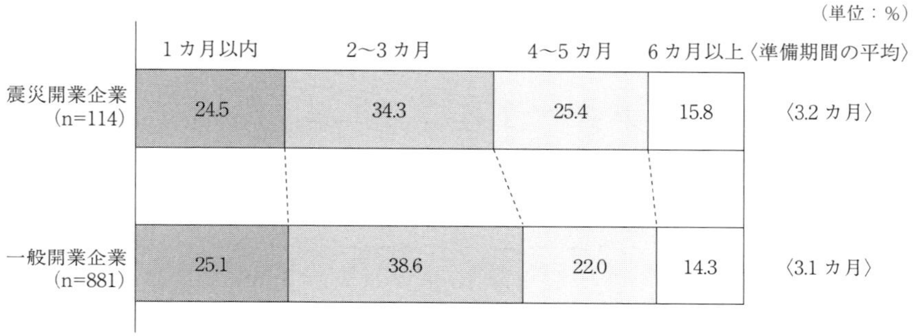

（単位：％）

	1カ月以内	2～3カ月	4～5カ月	6カ月以上	〈準備期間の平均〉
震災開業企業 （n=114）	24.5	34.3	25.4	15.8	〈3.2カ月〉
一般開業企業 （n=881）	25.1	38.6	22.0	14.3	〈3.1カ月〉

役所や税務署などで必要な手続きを尋ねながら，準備を進めた．そして2011年12月に，前の店から少し離れた公園にできた仮設商店街に店を構えた．屋号は前店主の遺族の了解を得て，大連の名前を引き継いだ．そのころはまだ，市内中心部で営業を再開した飲食店は少なく，大連の開店は地域の大きな話題となった．

　菅野さんは，一度は運転代行という不慣れな職業に就いた．それを再び料理人に引き戻したのは，地元の人々の期待だった．街に欠かせない飲食店が，震災で数多く失われた．菅野さんの開業は，地元の需要を満たし，街の復旧・復興にも寄与したのである．

3　準備期間

　開業準備期間の平均をみると，震災開業企業は被災地域で開業したウエートが高いにもかかわらず3.2カ月間と，一般開業企業の3.1カ月とほぼ同じであった（**図7-5**）．期間の分布をみても，ほとんど差はない．震災後，被災地域の経済環境はライフラインや交通網の障害，建物の倒壊などの影響などにより混乱した．こうしたなかで，震災開業企業が一般開業企業とほぼ変わらない準備期間で開業を果たせたのは，経営者の努力や周囲のサポートのたまものであったと考えられる．大連（事例2）の菅野さんは，市役所や税務署など公的機関のサポートを活用して準備を進めた．また，勤務時代の顧客や取引先などか

ら受けた支援が，準備期間の短縮に繋がったケースもあった．

> **【事例3】アン・コーポレーション**
>
> 代 表 者：鈴木　明　　　　所 在 地：宮城県仙台市若林区
> 開業時期：2011 年 5 月　　　事業内容：理容業
> 従業者数：2 人

　鈴木明さんは，仙台市若林区内の理容店で店長として勤務していた．震災で勤務先の店舗は全壊し，オーナーは廃業を決定した．当時，区内の避難所に洗髪や調髪ができる設備はなく，避難者から理容店を再開してほしいという声が上がった．鈴木さんはこうした希望に応えるため，自ら開業することを決意した．

　しかし区内には被害を受けた建物が多く，店舗探しは難航した．助けてくれたのが，不動産関連の仕事をしていた常連客だった．鈴木さんが店舗を探していると知り，現在の物件を見つけてくれたのだ．洗髪台は，勤務時代に取引のあった設備メーカーの担当者が，被災地での理容サービスを早く元に戻したいと，優先的に手配してくれた．元同僚も，これまで通り従業員として働いてくれることが決まった．

　このように多くの人のサポートを受け，鈴木さんは震災から 2 カ月後に開業できた．元勤務先から比較的近い場所ということもあり，常連客の多くが引き続き顧客となった．鈴木さんは，店を続けることで開業を手助けしてくれた人たちへの恩返しをしたいと語ってくれた．

　総合的な開業準備に対する自己評価をみると，震災開業企業のうち開業準備が「十分できた」「ある程度できた」と回答した企業の割合は 75.8％ で，一般開業企業（75.6％）とほぼ変わらない（図7-6）．事例が示すように，経営者自身の経験を生かした開業が多いこと，周囲のサポートを上手に活用していることが理由として考えられる．さらにいえば，一日でも早く開業して地域や顧客のニーズに応えたいという思いが，短期間での開業を可能にしたのかもしれない．

図7-6 総合的な開業準備に対する自己評価

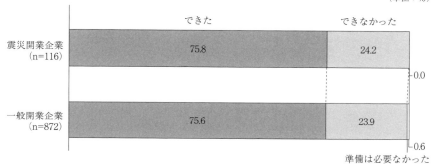

(注)「できた」は「十分できた」「ある程度できた」の合計,「できなかった」は「あまりできなかった」「まったくできなかった」の合計.

4 人材確保

　ここで,震災開業企業で働きはじめた「人」についてみてみよう.開業時点の平均従業者数は,2.8人であった(図7-7).従業者には経営者を含むため,経営者1人と従業員1.8人が働いていることになる.これは,短期間で開業にこぎつけたこともあってか,一般開業企業の3.7人に比べるとやや少ない.ただ,調査時点の2011年12月末になると,震災開業企業の平均従業者数は3.5人と,開業時点と比べて短期間で0.7人増えている.震災後,被災地を中心に失業者が一時的に増えたなか,震災開業企業が一定の雇用の受け皿になったといえる.

　また,ここまでみた事例からは,震災で職を失った人が自ら経営者となることで,自分自身の働く場を確保していることがみてとれる.大連(事例2)の菅野さんは,不慣れな運転代行の仕事ではなく,中華料理店を開業することを選んだ.これまでの経験が生かせる仕事を続けることができたという点でも,開業は評価できるだろう.

　これは,経営者だけではなく,従業員についてもいえる.(同)マルカネ(事例1)やアン・コーポレーション(事例3)は,震災で職を失った前勤務先の

図7-7 開業時点と2011年12月末時点の平均従業者数

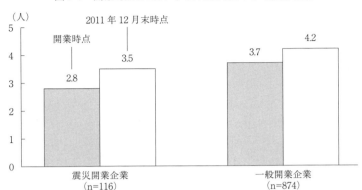

(注) 開業時と2011年12月末時点の従業者数を回答した企業について集計した.

同僚や元部下を雇用しており，その人たちにとっても，慣れ親しんだ仕事を続けられるようにしている．次に紹介するように，震災で失業した同業他社の従業員を雇用するケースもあった．

【事例4】（株）FIA
代　表　者：古山 貴士　　所　在　地：宮城県仙台市泉区
開業時期：2011年4月　　事業内容：配電盤製造・修理
従業者数：7人

　古山貴士さんは，ビルや工場などの配電盤・制御盤を製造するメーカーの技術営業担当として長年勤務していた．ただ，他の業種の電気機器も扱ってみたいという思いがあり，震災前から転職を考えていた．
　そんな古山さんに開業を決断させたのは，以前から転職を相談していた，配電盤の設計や製造に詳しい知人2人が，勤め先の被災で相次いで職を失ったことだった．彼らと組めば，大規模な配電盤の製造販売に参入できる．そう考えた古山さんは，すぐに2人と相談した．今後の仕事の目処が立っていなかった彼らは，古山さんの開業に加わることに同意．古山さんは3月20日に退職して，準備を開始した．

県のみやぎ産業振興機構から会社設立の手続きなどのアドバイスを受け，顧客や協力企業の作業場を借りて場所を確保し，開業にこぎつけた．開業後，仕事は順調に増えていった．特に，沿岸部の宮城県石巻市では津波の被害が大きかったため，水没により配電盤が壊れてしまった建物が多く，古山さんたちは毎日通って，配電盤の修理に当たったという．やがて復興需要が本格化すると，仙台市内での仕事が増え，新規受注を多く獲得するようになった．

一方，課題も出てきた．受注が増えるとともに，組立作業が追い付かなくなってきたのである．そこで古山さんはハローワークを通じて，2011 年から毎年 1 人ずつ，電気配線などの経験者を雇った．さらに，2013 年 8 月には 20 歳代の未経験者を採用し，育成を始めた．

準備期間が限られるなか一日も早く事業を開始し，軌道に乗せていくためには，協力者を確保することや未経験者をいかに早く育てられるかどうかがポイントといえそうだ．

第 3 節　震災開業企業が直面した課題

ここで，震災開業企業が開業時にどのような点に苦労したのかを振り返っておきたい．アンケートでは，「資金調達」と回答した企業の割合が 67.8% と最も高く，「法律や会計の知識の習得」が 40.9% と続く（図 7-8）．これらは，開業前から入念に準備が必要な項目といえる．もともと会社に勤めていた人が震災で職を失い，急きょ開業しているケースが多いこともあって，これらで苦労している割合は一般開業企業と比べて高くなっているのだろう．他方，「販売先・顧客の確保」「商品・サービスの企画や開発」「商品・サービスの提供に必要な知識や技術，資格の習得」は一般開業企業に比べると回答割合がやや低くなっている．ここまでみてきたとおり，以前の仕事で培った経験を生かした開業が多いためと考えられる．

このほか，ヒアリングでは，営業所の確保に苦労したという話が多く聞かれた．これは，地震や津波による被害が大きかった地域で特にいえることだろう．アン・コーポレーション（事例 3）の鈴木さんによると，全半壊した建物が多

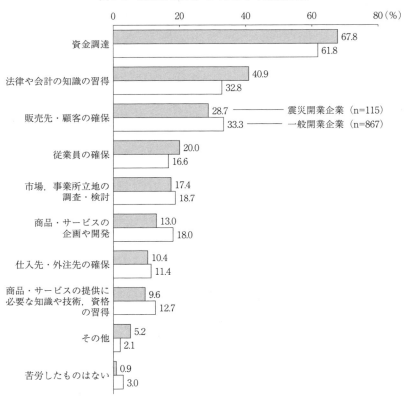

図 7-8 開業時の苦労（三つまでの複数回答）

かったことに加え，自治体の耐震審査に時間がかかり，なかなか入居物件が見つからなかったそうだ．釜石市にある大連（事例2）の菅野さんによると，津波に見舞われた旧店舗の周辺は復旧・復興に向けた都市計画が決まっていなかったため建物の再建築ができず，入居可能な物件は存在しなかったという．そのため，菅野さんは元の店舗から離れた場所にある仮設店舗を選択した．物件不足は，事業拠点を探す震災開業企業にとって悩みの種だったようだ．

建物の耐震審査や復旧・復興に向けた都市計画策定が進まないうちは，建物を修理するか建て替えるかを判断することができない．そのため，被災地域にある建設会社のなかには，一時的に事業がストップしてしまった企業もあった

第3節　震災開業企業が直面した課題　　　223

ようだ．次に紹介するのは，休業状態となった建設会社を退職し，不動産取引業を始めた事例である．

【事例5】(株)アスリートホーム

代　表　者：設楽 将弘　　　　所　在　地：宮城県多賀城市
開業時期：2011 年 9 月　　　事業内容：不動産取引業
従業者数：1 人

　設楽将弘さんは，仙台市の建設会社で営業職として働いていたが，震災によって，勤務先が休業状態となった．震災後，被災地域の不動産取引が活発化すると考えた設楽さんは，会社を自主退職し，保有していた宅地建物取引主任者の資格を生かして，不動産取引業を開業することにした．会社側も，先の見通しが立たないことから，円満に送り出してくれた．

　開業場所は，仙台市の隣にある多賀城市に決めた．設楽さんは多賀城市の出身で，地元の復旧・復興に貢献したいとも考えたのである．設楽さんはまず，多賀城駅周辺や幹線道路沿いに営業所を確保しようとしたが，物件が見つからない．そこで市内の高台にある親戚の家を拠点にして，事業をスタートした．

　ところが，不動産取引は思ったほど活発にならなかった．確かに，震災で自宅を失った人や，復興事業に従事するために長期滞在する人などがいたことから賃貸用住宅への需要は多かったが，賃貸物件の多くは震災で被害を受けており，入居可能物件の少ない状態が続いた．また，区画整理事業の遅れなどで新規着工用の土地が不足，職人の不足や資材価格高騰も重なり，新築物件の建設も進まなかった．需要に供給が追い付かなかったため，取引が成立しにくかったのである．こうした状況は，店舗や工場など事業用の物件でも同様であった．

　そこで設楽さんは，住宅リフォームやハウスクリーニングの取り次ぎサービスにも事業を広げた．営業を再開した前勤務先からも仕事を引き受けることになり，事業を軌道に乗せることができたのである．

　図 7-9 は，震災開業企業が開業後に直面した経営課題を示したものである．2011 年 12 月末時点で苦労していた点をみると，最も回答割合が高かったのは

第7章 東日本大震災を契機とした開業

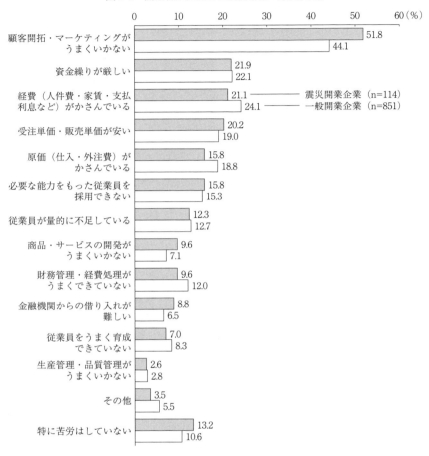

図7-9 開業後に直面した経営課題（複数回答）

（注） 2011年末時点の状況を尋ねたもの．

「顧客開拓・マーケティングがうまくいかない」（51.8％）であった．何とか開業にこぎつけたとしても，当時は復旧・復興の道半ばという地域が多かったことから，こうした課題が挙がるのはうなずける．また，「資金繰りが厳しい」が21.9％，「経費（人件費，家賃，支払利息など）がかさんでいる」が21.1％と，資金面での課題も上位に挙がっている．こうしたデータから，震災開業企業に

第4節　震災開業企業の業績

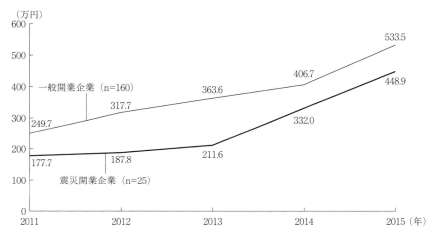

図7-10　平均月商の推移

（注）各年末時点の月商をすべて回答し，かつ月商が0万円超の企業について集計した．なお，いずれかの時点において，月商が「0」もしくは，前年に比べて10倍超または10分の1未満だった企業は除外した．

は金融面を中心に多面的な支援が必要であったといえる．これらの支援は，地域の復旧・復興を促進することにもつながるはずだ．一方で，「必要な能力をもった従業員を採用できない」「従業員が量的に不足している」などは，経営課題の上位には挙がっていない．各事例が示すように，経営者の斯業経験や，従業員の就業経験を生かせているからだろう．

第4節　震災開業企業の業績

　開業後の業績はどのように推移したのだろうか．売り上げと採算を確認する．まず売り上げをみると，開業1年目に当たる2011年末時点における震災開業企業の平均月商は177.7万円となり，一般開業企業（249.7万円）に比べると約7割の水準にとどまっている（図7-10）．震災開業企業の2013年末時点の平均月商は211.6万円で，2011年より約40万円増えたものの，一般開業企業（363.6万円）の6割弱と，両者の差は拡大する．ところが2014年以降，震災開業企業の平均月商は大きく上昇し，2015年末には448.9万円に達する．これ

図7-11 黒字基調割合の推移

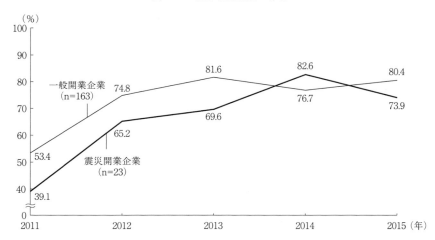

（注） 各年の採算状況をすべて回答した企業について集計した．

は一般開業企業（533.5万円）の8割強である．開業当初こそ震災開業企業の月商規模は一般開業企業に比べると小さく，増加のペースは緩やかであるが，年を追うにつれて増加のペースは加速し，両者の差は縮小していくことがみてとれる．

ここで2011年末時点の月商を100として各年末時点の月商を指数化すると，震災開業企業は2015年末時点に252.7となり，開業1年目に比べて月商が約2.5倍になったことがわかる．一般開業企業は2015年末時点で213.6なので，震災開業企業の伸びのほうが大きい．

採算の推移をみると，2011年末に黒字基調であった企業の割合は，震災開業企業では39.1％と，一般開業企業（53.4％）に比べると低い（図7-11）．ただ売り上げの傾向と同様，年を追うごとに黒字基調の企業割合は高まっていく．2015年末時点では，震災開業企業の73.9％が黒字を達成している．

ここまで，売り上げと採算の推移をみてきた．開業直後こそ，震災開業企業の業績は一般開業企業に比べるとよくないものの，開業から5年が経過するうちに，差はなくなっていくといえる．

ただ，新規開業企業が開業時点で将来の成長を完全に予見することはできな

第4節　震災開業企業の業績

図7-12　2011年末時点の満足度

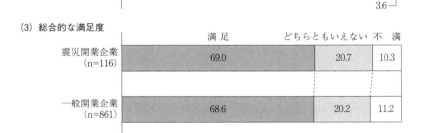

(注)　「満足」は「大いに満足」「やや満足」と回答した企業の割合の合計，同様に「不満」は「大いに不満」「やや不満」の合計．

い．特に，震災開業企業の経営者は先行きに大きな不安を抱えながら事業を始めたにちがいない．では，震災開業企業の経営者が事業を継続するモチベーションはどこにあったのだろうか．それはやはり，人の役に立ちたいという思いであったと考えられる．

　開業1年目の満足度をみてみよう．震災開業企業のうち，収入に「満足」している企業の割合は17.3%と少ないものの，一般開業企業とほとんど変わらない水準である（図7-12(1)）．仕事のやりがいについてみても，震災開業企業の

87.9％が満足と回答しており，一般開業企業（85.8％）とほぼ同じである（図7-12(2)）．さらに総合的な開業の満足度をみると，震災開業企業の69.0％が満足と回答している（図7-12(3)）．こちらも一般開業企業（68.6％）とほぼ同じである．

　事例にみられたように，顧客や地域からの期待に応えることができたこと，失業していた同僚を雇うことができたこと，自分の続けたかった仕事を選ぶことができたことなどにより，利他性を満たせたことが，満足度にも反映されたのではないだろうか．

第5節　まとめ

　本章では，震災が開業のきっかけになり，2011年3月以降に開業準備を始め，12月末までに開業した企業116件を「震災開業企業」と定義し，その特徴を分析した．調査対象企業3,046件に占める割合は3.8％と，決して数が多いとはいえないが，震災後の混乱のなかで，あえて開業に挑戦した人たちが確かに存在する．勤務先が震災によって廃業したり休業したりしたことで，開業を選択したケースもあった．

　短い準備期間で開業したこともあって，震災開業企業は資金不足や経営者としての知識の不足などの課題を抱えていた．特に被害の大きかった地域では，事業を営む場所の確保にも苦労しているケースもみられた．そうしたなか，公的機関や専門家に積極的に相談したり，勤務時代の取引先や地域の人たちなどからさまざまな支援を受けたりしながら，何とか開業にこぎつけている．

　事例からは，震災開業企業が震災の被害の大きかった地域で重要な役割を果たしていることがうかがえた．一つは地域経済の担い手としての役割だ．既存企業の被災によって失われた商品やサービスを供給して，ほかの企業の生産や地域の生活基盤の回復に一役買っている．

　もう一つは，雇用の担い手としての役割である．震災開業企業は，震災で仕事を失った人々の雇用の受け皿になった．経営者本人や従業員にとって，これまでの経験が生かせる仕事を続ける場を，震災後すぐに提供した点は，特に評価できるだろう．

開業直後の業績は必ずしも良くはないものの，年を追うにつれて一般開業企業との差は縮まっていく．開業当初の業績は低くても仕事のやりがいなど，開業したことへの満足度が総じて高い点は注目される．

震災開業企業が果たした役割は，決して小さくない．震災から2年半が経った2013年9月，ヒアリングで訪ねた企業の所在地には震災の爪痕が大きく残っていた．そうした地域の復旧・復興を進めるは，もちろん被災した既存企業を支援することは大切である．その一方で，既存企業のみに注目するのではなく，本章で焦点を当てたような，震災をきっかけに開業を決意した人たちが，スムーズに事業をスタートできるように，支援の態勢を構築しておくこともまた，重要といえる．

補　論　震災開業企業の今

震災後，被災地域を中心に開業行動が活発化したことは，復旧・復興を支える要因の一つとなった．また，復旧・復興が進み，地域の経済活動が正常化するにつれて，震災開業企業は他の開業とほとんど変わらないパフォーマンスをあげている．本章で紹介した企業事例は，2013年9月に実施したヒアリングを基にしたものである．各企業はその後，どのような軌跡をたどってきたのか．本書の出版にあたり，2017年8月に事例企業に再度ヒアリングを行い，最近の状況をうかがった．

ヒアリングの結果，事例企業は今も「地域経済の担い手」「雇用の担い手」としての役割を果たしていることがわかった．さらには，「新たなサービスの担い手」として，企業の存在感を高めているケースも多数観察された．

そこで補論では，事例企業が今も各地で果たしている役割について，「地域経済の担い手」「雇用の担い手」，そして「新たなサービスの担い手」という三つの観点から整理する．後半では，各企業の具体的な取り組みを紹介する．

1　地域経済の担い手

一つ目の役割は，引き続き地域経済の維持・発展に貢献している点だ．震災とその後の津波で店主と店舗を失い，仮設商店街に店を開いた中華料理店の

表　事例企業一覧

事例番号	企業名	代表者名	所在地	業　種	従業者数の推移		
					開業時	2015年12月末時点	2017年8月末時点
1	(同)マルカネ	秋山兼男	青森県八戸市	食品加工業	3人	25人	34人
2	大連	菅野光夫	岩手県釜石市	中華料理店	3人	3人	4人
3	アン・コーポレーション	鈴木　明	宮城県仙台市	理容業	2人	2人	2人
4	(株)FIA	古山貴士	宮城県仙台市	機械器具製造業	3人	4人	4人
5	(株)アスリートホーム	設楽将弘	宮城県多賀城市	不動産業	2人	3人	3人

資料：筆者作成

大連（事例2）の菅野光夫さんは，2014年12月に釜石市内にオープンした商業施設に店舗を移転した．釜石市などが主導して開発したもので，地域の復旧・復興を象徴する建物として話題を集めた．

菅野さんは移転後も釜石ラーメンをはじめ，昔からの味を提供し続けている．震災前からの常連客である地元住民はもちろんのこと，復興作業で釜石を訪れる人や観光客を喜ばせている．

震災直後の避難生活者の要望に応えて，避難所のそばに理容店を開いたアン・コーポレーション（事例3）の鈴木明さんは，引き続き開業した場所でサービスを提供している．この間，店の前の道路拡張や，仙台市営地下鉄東西線の開通などにより，交通アクセスが良くなった．避難所から引っ越した人の多くが，今も同店を利用してくれている．

飲食店や理容業などのサービス産業は生活に必要不可欠である．こうしたサービスの復活を担った開業者の存在は，そこで働き，暮らす人々の生活環境を改善させ，地域の復旧・復興を下支えしているのである．

2　雇用の担い手

二つ目は，引き続き地域の雇用を担っているという点だ．当初は3人で事業を開始した(同)マルカネ（事例1）の従業者数は，2017年8月時点で34人にまで増えた．このうち6人は，近所にある就労支援施設から派遣されている障

害者である．多様な人材を受け入れている企業の経営者として，代表社員の秋山兼男さんに対する地元の信頼は厚い．

　ただ近年は，各企業ともに従業員，特に事業に関する知識や技術・経験をもった人材の採用は困難になってきているようだ．

　本論で紹介したように，㈱FIA（事例 4）は，2013 年に初めて未経験者を採用したことを皮切りに，未経験者に絞って採用活動を進め，人材を確保していった．即戦力となる人材をみつけるほうが短期的には業績への効果は大きいが，こうした人材は他社への流出も早い．それならば一から育て上げ，長く働いてもらうほうが長期的には得策と，社長の古山貴士さんは考えたのである．ねらいは当たり，同社は現在協力会社の従業員とともに三つのチームをつくり，複数の受注を同時に進行できるようになった．人材育成のノウハウを体系的に確立できたことも大きな収穫になったようである．

　震災後，被災地域を中心に一時的に失業者が増えた．その後，復興需要の顕現化にともない，各地で人手不足が強まった．㈱FIA（事例 4）や㈱アスリートホーム（事例 5）が本社を置く宮城県の有効求人倍率は震災以降，全国よりもかなり高い水準が続いている．

　本論でみたとおり，震災開業企業は震災後一時的に増えた失業者の雇用の受け皿になった．一緒に仕事をしてくれることになった経験者の存在は，スムーズな開業の支えにもなった．ただし，時間が経つにつれて，高い専門性をもつ経験者を新たに雇い入れることは難しくなってくる．㈱FIA ではこうした状況をにらみ，開業後の早い段階から未経験者を積極的に採用する方針を掲げ，自社内での人材育成に取り組んできた．未経験者の採用は，求職者にとっては，職業選択の幅が広がったことになる．他方，企業側にとっては，人手不足を事前に回避するための有効な方法の一つだったといえる．

3　新たなサービスの担い手

　そして三つ目は，新たなサービスの担い手として企業の存在感を高めている点だ．一般的に新規開業企業は既存企業に比べてノウハウや経営資源が不足しているが，だからこそ既存の常識にとらわれず，外部資源をうまく活用しながら，新たな商品やサービスを提供している．

サバの加工を手がける(同)マルカネ（事例1）は，新商品を相次いでリリースしている．特に人気商品となったのが，青森産ニンニクと味噌にサバのフレークを和えた「サバーリック味噌」だ．これは JR 東日本や青森県立八戸工業高校の生徒と共同開発した商品である．代表社員の秋山さんは，地域の魅力を高めたいと考える企業同士が経営資源を補い合えば，想像以上の付加価値を生み出すことができると語る．

不動産取引の活発化を見込んで開業した(株)アスリートホーム（事例5）は，2014 年から空き家管理サービスを始めた．総務省「平成 25 年住宅・土地統計調査（速報集計）」によると，全国の空き家率（総住宅数に占める空き家の割合）は 13.5% であるのに対し，宮城県は 9.1% と全国で最も低い．だが社長の設楽将弘さんは，震災から時間が経過するにつれて，被災地域の外に避難した住民が帰ってくるケースがある一方で，避難先で新たな生活拠点を築いた人から空き家管理の相談を受けることも出てきたと話す．こうした市場の動きを敏感に察知した設楽さんは，他社に先駆けて空き家管理のサービスを始めたのである．

いち早くノウハウを獲得するため，空き家管理サービス会社のフランチャイズに加盟した．2016 年には管理する物件の持ち主から売却を頼まれたこともあった．手ごたえを感じた設楽さんは，空き家管理と不動産取引をワンストップで提供できる態勢を強化する方針だ．

福嶋（2016）は，震災後にみられた起業の特徴として，既存産業と他の産業の「融業化」を挙げ，特に，農林水産業で新たな技術やビジネスモデルが生まれ，再生の動きがみられていると指摘する．(同)マルカネ（事例1）はまさにこれに当てはまる．また，(株)アスリートホーム（事例5）は，農林水産業以外の分野でも融業化が起きていることを示す事例といえるだろう．

事例1 （同）マルカネ

2017年7月に稼働を開始した加工場

　2017年7月,（同）マルカネは3カ所目となる加工場を設けた．ここにはマイナス40度まで急速冷凍できる大型冷凍庫が設置され，仕入れたばかりのサバの一時保管場所としても活用している．

　主力商品であるしめサバの供給量は開業時から倍増し，東京や大阪など全国の飲食事業者に出荷されている．また，青森県の養鶏会社が育てた鶏，青森シャモロックとサバからダシをとったスープが自慢の「サバロックラーメン」，JR東日本や八戸工業高校の生徒らと共同で開発した，青森県産ニンニクと味噌を練り込んだ「サバーリック味噌」などの同社オリジナル商品はテレビ番組でも取り上げられ，人気商品になっている．

　開業時に2人だった従業者数は2017年8月現在，34人にまで増えている．このうち6人は，市内の就労支援施設から派遣された障害者である．地域資源をフル活用した新商品の開発は，地元の雇用創出にもつながっている．

事例 2　大連

移転後の店舗

　菅野光夫さんが経営する中華料理店大連は，2014年12月に仮設店舗から500メートルほど離れた商業施設「タウンポート大町」に移転した．この施設は震災からの復旧・復興を目指して，津波で被災した工場の跡地に，釜石市などが主導してつくったものである．大連を含め，飲食店や小売店が合わせて9店舗入居している．菅野さんは，仮設店舗入居者を集めた会議で市役所の担当者から紹介されたこの事業に，仮設ではない常設の店をもちたいと，思い切って手を挙げたのだそうだ．

　移転後は，もともとの常連客に加え，隣接地にあるイオンタウン釜石や釜石市民ホールの来場者，近隣事業所の従業員，観光客などが，大勢訪れるようになった．売り上げは大幅に増え，日曜日や夏休み期間中にはアルバイトを雇わないと間に合わないほどになっている．

　メニューは震災前からのものを受け継いでおり，地元のソウルフードである釜石ラーメンを味わえる店として，毎日にぎわっている．

事例3　アン・コーポレーション

店の前にできた地下鉄東西線の連坊駅

　アン・コーポレーションの鈴木明さんは，開店時と同じ場所で理容店を営んでいる．この間，店舗周辺の環境は大きく変化した．

　一つは，復興事業の一環として進められていた店舗前の道路拡張工事が完了し，対面通行ができるようになったことである．もう一つは，2015年12月に仙台市営地下鉄東西線が開通し，店の目の前に新駅が開業したことである．開業当初の顧客の多くは近所の避難者で，今は仙台市内外に引っ越しているが，店にアクセスしやすくなったため，引き続き常連客として利用してくれている．

　交通利便性が高まったことにより，地域人口も増えた．特に，周辺の賃貸マンションの入居率が上がったという．部屋の借主は法人が多く，社宅として利用するケースが多い．そのため，転勤で初めて仙台に引っ越してきた人が新規客になっている．

　開店以来，営業日数やサービス内容，値段は変わっていないが，月商は増加し続けている．

事例4　(株)FIA

配電盤の製作現場

　当初は配電盤の製造からスタートした(株)FIAだったが，被災した工場の復旧が一段落してからは，自動化機械ラインの設計製造に事業をシフトしていった．電気・電子，自動車部品，食品など，さまざまな分野の工場で工程の自動化を進める際に，顧客の要望を聞きながらライン設計を進め，必要な機械や部品の調達，制御装置の製造から，現場での据え付け作業まで，一貫して請け負っている．

　もともとは，現場の作業は社長の古山貴士さんが中心となって進めていたが，2013年に雇用した2人の未経験者をOJTで鍛え上げたことで，現在は古山さんを含めて3チームで仕事をこなせるようになった．

　製造現場での人手不足が続くなかで自動化機械の需要は旺盛とのことで，一緒に会社を立ち上げた2人が独立したため従業者数は減ったものの，売り上げは大幅に増えた．協力会社への外注も行いながら受注をこなしているが，今の体制では手が回らなくなってきている．さらなる事業の拡大のためにも，今後やる気のある若い人材を雇用して，一人前の技術者に育てていきたいと考えているそうだ．

事例5 （株）アスリートホーム

リニューアルしたウェブサイト

　（株）アスリートホームは2014年から空き家管理サービスを宮城県内で展開している．県内の空き家率は全国で最も低いが，空き家管理に対するニーズが高まると感じたためである．香川県にある空き家管理サービス会社のフランチャイズに加盟し，ノウハウを習得した．

　震災後の経済の混乱が落ち着き，復興住宅や新築住宅の竣工が相次ぐなか，再び地元で暮らしたいと考える避難者の帰省が増えている．住宅取得費用を抑えたいという人も多く，中古物件のニーズも依然強い．物件が出ると即座に買い手がつくほどで，物件の仕入資金を借りようと銀行に相談したら，当日中に承諾されたこともある．

　他方，避難先で新たな生活基盤を築いたので，ゆくゆくは所有不動産を手放したいと考える人もいる．社長の設楽将弘さんは，こうした遠隔地に住む人たちのニーズに応えられるように，空き家管理と不動産売買のサービスをワンストップで提供する態勢を強化したいと，抱負を語ってくれた．

謝　辞

　本章で紹介した企業の経営者の皆さまには，お忙しいなか，2013 年 9 月，そして 2017 年 8 月と，2 回にわたってヒアリングに応じていただいた．この場を借りて御礼申し上げる．

　お話を聞くなかで強く伝わってきたのは，経営者としての高いモチベーションであった．開業したときには，自社の今がみえていたわけではない．それでも，「被災地に貢献したい」「復興を支援してくれた人に恩返ししたい」「失った仕事を取り戻したい」と，初めて訪問したときに語っていた開業への思いが生き続けているからこそ，今があると感じた．

　震災を乗り越えて，力強く経営を続けている経営者の皆さまに心から敬意を表したい．

参考文献

大竹文雄・奥山尚子・佐々木勝・安井健吾（2012）「阪神・淡路大震災による被災地域の労働市場へのインパクト」独立行政法人労働政策研究・研修機構『日本労働研究雑誌』No. 622，pp. 17-30

品田誠司（2013）「災害後の起業家活動―なぜ，大災害の発生が起業家の増加を引き起こすのか？―」日本ベンチャー学会『ベンチャーレビュー』No. 22，pp. 43-57

―――（2015）「災害後の起業家活動」東北大学機関リポジトリ（https://tohoku.repo.nii.ac.jp/?action=pages_view_main&active_action=repository_view_main_item_detail&item_id=68895&item_no=1&page_id=33&block_id=38）

東京商工リサーチ（2012）「震災から 1 年『新しく設立された法人（新設法人）岩手，宮城，福島の被災 3 県で 1,883 社」

樋口美雄・乾友彦・杉山茂・若林光次・空閑信憲・細井俊明・池本賢悟・高部勲・植松良和・有光建依（2012）「統計からみた震災からの復興」ESRI Discussion Paper Series No. 286

福嶋路（2016）「起業家活動による災害復興の促進」日本政策金融公庫総合研究所『日本政策金融公庫調査月報』2016 年 5 月号（通巻第 661 号），pp. 38-43

第8章　新規開業企業経営者の休職

第1節　はじめに

　日本政策金融公庫総合研究所（以下，当研究所という）が1991年から実施している「新規開業実態調査」をみると，近年，開業者の属性が変化してきていることがわかる．一つ目の変化は，開業者の平均年齢が上昇していることである．平均年齢は1991年に38.9歳であったが，2017年には42.6歳になっている．人口に占める高齢者の割合が高まっていることや，定年退職したあとも働きたいと考えるシニア層の起業が活発化していることが背景にある（藤井・藤田，2017）．

　二つ目の変化は，女性の創業が増えていることである．開業者に占める女性の割合は1991年に12.4％だったのが2017年には18.4％となり，調査開始以来，最も高くなっている．背景には，働く女性の増加にともない創業への心理的ハードルが下がってきたこと，ビジネスにおいて女性の視点が重視されるようになってきたこと，女性に対する創業支援策が充実してきたことなどがある．

　こうした変化のなかで，今後，一時的に仕事を休む経営者が増えてくる可能性がある．例えば，シニアの起業家が自身の健康問題に直面する確率は若手起業家より高いだろうし，女性起業家は，出産で仕事を休まざるをえないときが来るかもしれない．

　勤務者であれば，病気や出産などで仕事を休んだとしても，一定期間内であれば有給休暇や出産休暇によってカバーできるし，万が一長期間休職したり退職したりすることになっても，雇用保険の適用を受けられる．他方，企業経営者や自営業者は，自助努力が基本になる．民間の保険で自身の収入は穴埋めで

図 8-1　本章で分析する休職企業

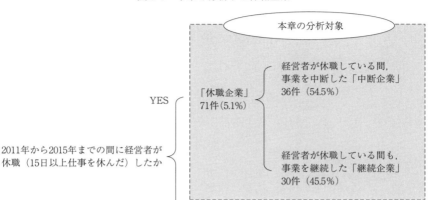

資料：日本政策金融公庫総合研究所「新規開業パネル調査（第3コーホート）」（以下同じ）
(注)　休職企業71件のうち，事業中断の有無について回答のなかった企業が5件あった．

きても，事業の売り上げを保障する仕組みはない．そのため健康問題や出産・育児といったライフイベントは，経営に影響を与える可能性がある．特に，人的にも資金的にも経営資源が乏しい新規開業企業ではその影響は深刻化しやすいと考えられる．

　そこで本章では，開業後に経営者が15日（半月）以上仕事を休んだことを「休職」と定義し，新規開業企業の経営者の休職実態や事業に与える影響などについて，「新規開業パネル調査（第3コーホート）」（以下，アンケートという）の結果を整理する．そのうえで，経営者がどのように休職を乗り越え，事業に復帰したのか，企業事例を基に分析する．

　休職に関する設問は，2015年末時点の状況を尋ねた第5回アンケートで加えたものである．そのため，2015年末までに廃業した企業や第5回アンケートに回答しなかった企業は分析対象には含まれていない．

　調査対象先が開業した2011年から開業5年目に当たる2015年までの間に，経営者が15日（半月）以上仕事を休んだ「休職企業」は71件あった（図8-1）．第5回アンケートでこの設問に回答した企業1,380件に占める割合は5.1％で

ある．第2章で分析したとおり，アンケートでは，2015年末までに廃業した企業が全体の10.2%を占める．このなかには，経営者が休職したことをきっかけに事業を中断し，そのまま再開できずに廃業したケースも含まれていると考えられる．言い換えれば，本章の分析対象である「休職企業」は，経営者が仕事を休んでも事業を継続した企業や，一時的に事業を中断してもうまく再開できた企業といえる．

休職を開始したタイミングを年別にみると，開業1年目の2011年が4件，2012年が11件，2013年が14件，2014年が17件，2015年が25件となっている．開業から時間が経つにつれて，「休職企業」が多くなっていく傾向にある．以下ではこの71件について，分析を進めていく．

第2節　休職企業の特徴

アンケート回答企業に占める「休職企業」の割合を経営者の性別にみると，「男性経営者」の企業は3.8%，「女性経営者」の企業は11.2%となっている（図8-2）．「女性経営者」の企業のほうが，「休職企業」の割合が高い．経営者の開業時の年齢別にみると，「39歳以下」では，全体が5.8%，「男性経営者」の企業が3.4%であるのに対し，「女性経営者」の企業は21.1%と，はるかに高い．「40歳以上」では，全体が4.6%，「男性経営者」の企業が4.2%，「女性経営者」の企業が5.7%である．経営者の開業時の年齢が「40歳以上」の企業では，性別にみた「休職企業」の割合はほとんど変わらないのに対し，「39歳以下」の企業では，「女性経営者」の「休職企業」の割合が「男性経営者」の割合を大きく上回っていることがわかる．なお，休職企業経営者の開業時の年齢の平均は40.6歳，このうち「男性経営者」の平均は43.1歳，「女性経営者」の平均は36.8歳であった．

休職期間の分布をみると，「31日以内」が50.7%，「32日以上60日以内」が21.1%，「61日以上」が28.2%となっている（図8-3）．休職期間日数の平均は69.0日間であった．性別にみると，「男性経営者」の休職期間の平均は47.0日間，「女性経営者」は102.7日間となっている．こちらも，経営者の性別によって明確な違いがある．

図 8-2 経営者の性別・年代別にみた休職企業の割合

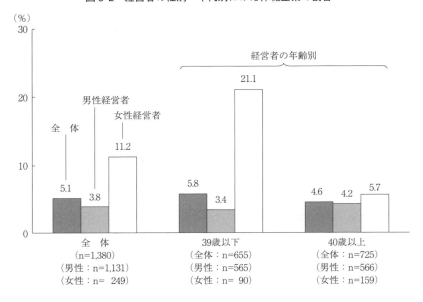

図 8-3 経営者の性別にみた休職期間の分布

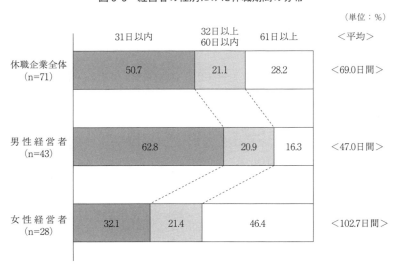

第2節　休職企業の特徴

図 8-4　経営者の性別にみた休職理由（複数回答）

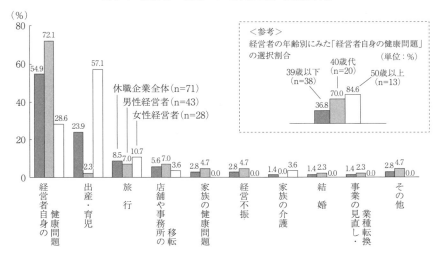

（注）1．このほか「家族の転居・転勤」「ボランティアへの参加」「事業のための研修・留学」という選択肢を設けたが，いずれも回答数はゼロであった．
　　　2．複数回答のため合計は 100％ を超える．

　休職企業経営者の年齢や休職期間が性別で異なる背景には，休職理由の違いがありそうだ．そこで休職理由をみると，休職企業全体では「経営者自身の健康問題」が 54.9％ と最も高く，次いで「出産・育児」が 23.9％ で続く（図 8-4）．「経営不振」（2.8％）や「事業の見直し・業種転換」（1.4％）など，事業の状況を理由に挙げる経営者はほとんどいなかった．

　全体で最も多い「経営者自身の健康問題」を選択した企業の割合を経営者の開業時の年齢別にみると，「39 歳以下」は 36.8％，「40 歳代」は 70.0％，「50 歳以上」は 84.6％ となっている．年齢が高まるにつれて健康問題を休職理由に挙げる経営者が増える傾向にある．

　ちなみに，厚生労働省「患者調査」から，疾病治療のために医療施設に入院した患者数を人口 10 万人対比で示した受療率を年齢階層別にみると，「15 ～ 34 歳」では人口 10 万人当たり 173 人，「35 ～ 64 歳」は 210 人，「65 歳以上」は 575 人であった．年齢が上がるにつれて受療率は高くなっている．

　さらに同調査で，病院を退院した患者の平均在院日数を年齢階層別にみると，

「15 〜 34 歳」が 13.9 日，「35 〜 64 歳」が 25.5 日，「65 歳以上」が 42.3 日と，年齢が上がるにつれて入院期間も長くなる傾向が確認できる．

　次に，休職理由を経営者の性別にみると，「男性経営者」は「経営者自身の健康問題」（72.1%）が最も高いのに対し，「女性経営者」は「出産・育児」（57.1%）が最も高くなっている．このように，出産や育児を理由に休職する「女性経営者」の存在が，休職する経営者の年齢や休職期間が性別で異なる理由になっているようだ．なお，「出産・育児」を休職理由に挙げた「男性経営者」はわずか 2.3% と，「女性経営者」と大きな差がある点も注目される．

　「出産・育児」を理由に休職した「女性経営者」の休職期間の平均は 125.6 日間（約 4 カ月）であった．この期間は一般的にみてどうなのだろうか．労働者の労働時間や休暇取得などについて最低限の基準を定めた「労働基準法」は，労働者の母体保護のため産前産後の休暇取得について規制を設けている（労働基準法第 65 条第 1 項および第 2 項）．出産前には，使用者に対して労働者が申し出ることにより，出産予定日の 6 週間前（多胎妊娠であれば 14 週間前）から休暇を取得できる．出産後には，労働者の希望の有無にかかわらず，最低 6 週間を経過するまでは，就業することができない．

　労働基準法がいう労働者とは「職業の種類を問わず，事業又は事務所に使用される者で，賃金を支払われる者」である．経営者は労働者には当たらないのでこの適用外である．とはいえ，出産前後は身体の状況や生活環境が大きく変化する．労働基準法が規制するように，少なくとも出産前後 3 〜 4 カ月間程度は仕事を休むことになるのだろう．

　このように，休職理由のなかで大きなウエートを占めるのは，中高年層の健康問題と女性の出産・育児である．他方，労働力人口が減少するわが国において，今後の活躍が特に期待されているのもシニア層や女性である．開業率が長期間にわたって低迷し，中小企業の数が減少を続けるなかで，企業の新陳代謝を促す創業の新たな担い手としても，これまで相対的に開業率の低かったシニア層と女性に大きな期待が寄せられている．実際，シニア層や女性の創業についての先行研究は多い[1]．しかし，創業後に両者が経験しやすい「経営者自身

---

1)　例えば当研究所では，「新規開業実態調査」のデータを使ってシニア層や女性の開業に焦点を当てた分析を行っている．日本政策金融公庫総合研究所（2012; 2013）を参照．

の健康問題」や「出産・育児」による休職の実態や，それを廃業につなげないようにすることの重要性を論じた研究は，筆者の知る限り見当たらない．そこで以下では，アンケート結果に加え，事例研究を通じて，この課題に対する処方箋を明らかにしていきたい．

第3節　休職と事業継続の関係

　では，経営者が仕事を休んでいる間，事業はどうなったのだろうか．新規開業企業の場合，必ずしも経営者は経営だけに専念しているわけではなく，プレーヤーとしての仕事も担っていることが多い．したがって，経営者が休職すると，事業そのものを中断せざるをえないケースが多いと考えられる．「休職企業」に事業を中断したかどうか尋ねたところ，休職中に事業を中断した「中断企業」は36件，休職中も事業は継続した「継続企業」は30件と，ほぼ同数となった（前掲図8-2）．経営者の性別や休職理由による違いはあまりなかった．

　「中断企業」と「継続企業」について，明確な違いがあったのは企業規模を示す従業者数である．休職開始時の前年末時点の従業者規模別に「中断企業」の割合をみると，従業者が「1人」の企業では67.5%，「2人」の企業では57.1%，「3人以上」の企業では26.3%と，従業者数が多くなるほど「中断企業」の割合が低くなる傾向にある（図8-5）．従業者が「1人」にもかかわらず事業を継続できている企業も32.5%あるが，これは，調査時点から休職開始までに従業員が増えたケースや，一時的に第三者に事業を委託したケースであると考えられる．「中断企業」の多くは経営者が単独で事業を営んでいる企業や，家族経営の小さな企業である．

　経営者が休職することによって事業を中断する場合は，経営者自身や家族による代替収入を確保する必要がある．事業を継続する場合は，経営者不在でも事業運営に支障がないようにする必要があるだろう．

　そこでここからは，「中断企業」と「継続企業」の事例を紹介しながら，どうやって休職に対応したのかをみていく．

図 8-5 従業者規模別にみた休職企業の事業中断・継続状況

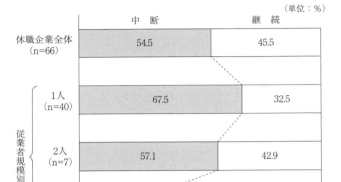

（注） 1. 休職企業 71 件のうち，事業中断の有無を回答した企業 66 件について集計した．
2. 経営者が休職した年の前年末時点の従業者数を集計した．ただし，2011 年に休職した企業については，2011 年末時点の従業者数で集計した．

【事例 1】 休職を事業計画に織り込む

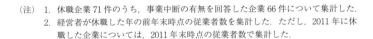

　2011 年 10 月にオープンした珈琲屋松尾は，松尾忠明さんが妻と二人で切り盛りする喫茶店である．店は 30 坪ほどあり，ゆったりくつろげる．また，「1 日中モーニング」と銘打った，コーヒーや紅茶にサンドイッチやサラダが付くボリューム満点のセットメニューを終日提供しており，平日は近くで働いている人や主婦のグループが，休日は市外から家族連れが訪れる．
　松尾さんは 2015 年 7 月から約 2 カ月間，店の営業を休んだ．妻が体調を崩し，看病が必要になったためである．突然の出来事に戸惑ったものの，妻の体調は回復し，2 カ月後には店を再開した．

この間，事業収入はゼロになったにもかかわらず，仕入先や金融機関に迷惑をかけずに営業を再開できたのは，松尾さんが自身の経験に基づき，手堅い経営を心がけてきたからであった．

松尾さんの前職は，四国内に複数の店舗をもつ中堅和菓子メーカーの取締役営業部長だった．喫茶コーナーを併設した新店舗の出店を主導していた矢先，松尾さんは病気で長期入院を余儀なくされ，2010年に退職した．体調が回復した2011年10月，松尾さんは前職の経験を生かして喫茶店を始めたのである．

松尾さんは再び体調を崩す可能性があることを前提に事業計画を練った．店を休んでもしばらくの間は経費の支払いに困らないように，松尾さんは，開業から1年以内に，月商3カ月分の事業用資金を積み立てる目標を掲げた．さらにお金が貯まるまでの手持ち資金として，松尾さんは自宅を担保にして，地元の金融機関から少額の運転資金を借り入れた．

また，事業用資金と家計はきちんと分け，国民健康保険料などの社会保障関連費用や，家族が加入する民間の医療保険や傷害保険の掛け金支払いは最優先で行うように心がけた．それに加えて，材料の仕入れなど経費の支払いは，可能な限り現金で行うことにした．掛け払いのほうが手間はかからないが，万が一売り上げが途絶えて支払いが滞れば，取引先に迷惑がかかると考えたからだ．

このように，松尾さんは資金に余裕をもって店を経営していたことで，一時的に店を休むことになっても，休職中の給与を事業用資金から受け取ることができ，生活費や治療費に困ることはなかった．

松尾さんは，一定期間店を休む可能性を想定していた．そのため，事業用資金と家計をきちんと分けたうえで，余裕のある資金繰りを心がけた．そうした備えがあったからこそ，妻が体調を崩すという不測の事態で営業を中断しても，無事に店を再開できた．

経営者の家計を考えると，事業中断は収入減に直結する．病気やけがが理由であれば，治療費も必要になる．健康のうちは気にしないものだ．しかし，いざというときの治療費をカバーするためには，国民健康保険料の納付はもちろんだが，保険会社や共済組合が提供する医療保険や傷害保険への加入が有用である．事業者向け休業補償プランの併用も考えられる．

松尾さんのケースでは家族以外の従業員はいなかったが，通常，事業を中断した場合に問題になるのが，家族以外の従業員の雇用である．経営者の不在によって事業を中断した場合，従業員にも一時的に仕事を休んでもらうことになる．しかし，勤務先の先行きがみえない状態が続けば，ほかの仕事を探すのが自然であろう．また，突然の事業中断は顧客や取引先にも迷惑がかかる．従業員だけでなく，これまで築いた取引関係までも失ってしまっては，事業の再開は困難になる可能性が高い．

では，家族以外の従業員を雇う企業の経営者が突然休職してしまうとどうなるのか．実際のケースをみてみよう．

【事例 2】従業員の頑張りで事業を継続

（株）金剛

代表者名：遠藤 伸一　　　　所 在 地：新潟県上越市

事業内容：住宅サービス　　従業者数：6 人

休職期間：約 5 カ月　　　　事業状況：継続

2011 年 2 月に開業した（株）金剛は，家屋に潜むシロアリやネズミといった害虫の駆除を手がける住宅サービス会社である．取引先は県内外の住宅メーカーや工務店などで，その数は 160 社を超える．近隣にある同業者の間では，屈指の規模である．

事業拡大の原動力は，社長の遠藤伸一さんによるトップセールスだった．遠藤社長は受注したすべての案件について，自ら現場に出向いて従業員の作業を手伝う．施工後も自分の目でチェックを行う．このため，見積もり時よりも害虫の被害が大きく，追加の代金が発生した場合や，施工後に想定外の事態が発生しても，その場で交渉をまとめられる．スピーディーな対応で信頼を獲得してきたのである．

また，遠藤社長は住宅業界の動向をまとめた広報誌「金剛通心」を定期的に発行して，取引先に配布している．取引先企業を訪ね，社長はもちろんのこと，従業員一人ひとりにも手渡しして回る遠藤社長の営業姿勢は，知名度向上に大いに貢献したのである．

ところが2015年5月，遠藤社長は朝礼の最中に突然倒れた．脳出血だった．一命はとりとめたものの，4カ月間，入院することになった．

社長の緊急入院という事態に，社内は大混乱となった．取引先の発注見通しはもとより，資材調達や資金繰りなど，遠藤社長がほぼ一人で管理していたからだ．緊急事態発生時の対応マニュアルもない．多くの従業員が，このまま会社は倒産するのではないかと不安になったという．

手をこまぬいているわけにはいかない．まずナンバー2の中島和宏店長が中心となって受注や資材管理の状況を確認した．そのうえで手分けして，取引先を1社ずつ訪問して状況を説明するとともに，すでに請け負っている仕事をきちんとやり遂げることを約束した．同時に，遠藤社長の容態を定期的に報告するようにもした．一時は社長不在を理由に発注が途絶えるのではないかと心配したが，発注ペースは変わらず，むしろ多くの取引先が，遠藤社長の体調のみならず，会社の運営も気遣ってくれた．

2015年10月，遠藤社長は職場復帰した．後遺症が残り，歩行には杖が必要で，しばらくの間は車も運転できなかった．従業員の頑張りで事業を継続できたとはいえ，遠藤社長は組織態勢づくりを後回しにしていたことを反省した．そこで復帰後すぐに，今回の件を従業員と振り返り，緊急時の対応手順をまとめた．

遠藤社長は，再びハードワークをすると5年以内に50%の確率で病気が再発すると主治医に告げられている．また会社を離れることになるかもしれないので，それまでに社長の分身として活躍できる従業員をたくさん育てたいと語る．

突然の経営者不在により(株)金剛は経営危機に陥った．それでも事業を継続し，従業員の雇用や顧客との取引関係を維持することができたのは，従業員の頑張りによるものであった．結果としてうまく危機を回避できたとはいえ，当時の混乱は想像に難くない．遠藤社長が反省するように，経営者が休職しても事業を継続できる態勢づくりを，日頃から進めておくことが重要であろう．

態勢づくりの参考になるのが，中小企業庁が作成を推奨する事業継続計画（BCP）だ．BCPは企業が自然災害，大火災，テロ攻撃などの緊急事態に遭遇した場合に，事業資産の損害を最小限にとどめつつ，中核となる事業の継続あるいは早期復旧を可能とするために，平常時に行うべき活動や緊急時における

事業継続のための方法，手段などを取り決めておく計画である（中小企業庁ホームページより引用）.

　BCP は主に災害対策を念頭に置いたものだが，新規開業企業に限らず中小企業にとって，経営者の突然の休職は自然災害に匹敵する大きなショックといえる．経営基盤の脆弱な開業初期の段階から，事業継続上のリスクを想定して経営を進めていくことが求められる.

第4節　事業再開に向けた準備

　ここまでみたのは，経営者や家族の病気によって経営者が急に休職することになったケースである．一方で，出産のように休職のタイミングが事前にわかることもある．その場合，事業の中断を判断したり，休職に向けて経営態勢を見直したりする時間は確保しやすいといえる.

　そこで以下では，出産を理由に休職した二人の女性起業家の事例を紹介しながら，事業再開・継続のポイントを明らかにしていく.

【事例3】来店予約を誘導して顧客をつなぎとめる
Hair Salon Lily

代表者名：田中 百合香	所 在 地：富山県氷見市
事業内容：理容室	従業者数：1 人
休職期間：約 4 カ月	事業状況：中断

　2011 年 11 月にオープンした Hair Salon Lily は JR 氷見駅から車で 15 分ほどの閑静な住宅地にある理容室である．店舗は田中さんの自宅の隣にある．理容椅子は 1 脚で，田中さんが一人で営業しているので，来店客は周囲を気にせずサービスを受けられる.

　氷見市出身の田中さんは東京の理容室に勤めたあと地元に戻り，実家が営む理容室で働いていた．会社員の夫と結婚し第一子を出産すると，自分の店をもつ夢が膨らんだ．夫の理解を得られたことから，マイホームとともに店を構えた.

　2013 年に第二子を妊娠した田中さんは出産の 1 カ月前から 4 カ月間休職し，

店も休んだ．事業中断までの間，田中さんは顧客をつなぎとめる工夫をした．突然店を休んでしまっては，信用を失い，別の店に移られてしまうからだ．田中さんは以前の出産経験から，休職期間は産前1カ月，産後3カ月の合計4カ月間と決めたうえで，一度でも来店したことのある顧客に対して，店の営業予定を知らせるようにしたのである．

　常連客に対しては来店時に事情を詳しく説明し，理解を得ていった．そして，なるべく店を閉める直前に来店の予約を誘導した．来店頻度を一人ずつ調べたところ，平均して3～4カ月に1回程度来店していたので，出産の1カ月前ごろに予約してもらうようにした．これなら，次回の来店までに営業を再開できる．

　どうしてもタイミングが合わない顧客には，実家の理容室に来てもらうようにした．田中さんの両親がカットを担当し，田中さんはうしろからスタイリングの指示を出す．これならいつもと違う人に髪を切ってもらっても顧客は安心できる．こうした工夫を積み重ねたおかげで，田中さんは顧客数を減らすことなく店を再開できた．

　企業が存続していくためには顧客の存在が不可欠である．しかし，新規開業企業の顧客基盤は安定しているとはいいがたい．サービスの品質が少しでも低下すれば顧客は離れてしまう．いきなり店を休むとなればなおさらで，ライバル店に顧客を奪われてしまう．田中さんは休職までの間，顧客の来店動向を分析したうえで，店を閉める時期を明確にして予約を誘導したり，実家の理容室を活用したりすることで顧客のつなぎとめを図った．こうした工夫のかいがあって，スムーズに事業を再開できたのである．

【事例4】ルールを決めて人手不足に対応
honohono cafe

代表者名：白井 美和子	所 在 地：東京都杉並区
事業内容：カフェ	従業者数：5人
休職期間：約3カ月	事業状況：継続

　2011年9月オープンのhonohono cafeは，食事もお酒も楽しめるカフェで

ある．飲食店で働いていた白井さんが，同じ店で働いていた女性と二人で開店した．店がちょうど駅と住宅地の中間にあることや，夜11時まで営業していることもあって，夜遅くまで仕事帰りの人たちでにぎわう．7〜8割が常連客で，半数以上は女性客である．

　白井さんが材料の仕入れ，調理，経理を担当し，同僚の女性が，アルバイト従業員とともに接客を担当する．開業前から一緒に働いていた二人の息はぴったりで，特にルールを設けなくても，店の運営は順調に進んでいた．

　2012年，白井さんはイタリア料理店で調理人として働く男性と結婚，2014年に第一子を妊娠した．出産前後には店の営業を一時中断することも考えたが，それでは開店以来，店を一緒に切り盛りしてきた女性従業員に給料を支払えなくなってしまうし，アルバイトも一時的に辞めてもらうことになる．そこで白井さんは，自分がいなくても営業を継続できるように，出産までの間，店舗運営を見直した．

　まず取り組んだのは，レシピの作成だ．白井さん以外の人が調理しても店の味を維持できるようにするためである．併せて，皿や調理器具，調味料の保管場所，接客応対などについてルールを設けた．人手が足りなくなってアルバイトを追加で雇う必要が出てきたときに，スムーズに仕事を進めてもらうためだ．

　出産が近づくにつれて，長時間の立ち仕事が負担になってきた白井さんは，夫に仕込み作業を手伝ってもらうことにした．すると夫は料理の仕込みの傍ら，手軽につくれるメニューを考案してくれた．本職のイタリア料理をベースにした新メニューを常連客に提供してみたところ，たいへん好評だった．調理人としての腕に確かな手応えを感じた白井さんの夫は勤務先を退職し，honohono cafeの専属シェフとして働いてくれることになった．厨房を安心して任せられる調理人がみつかったおかげで，白井さんは無事，出産の日を迎えられたのである．

　白井さんは，長年仕事をともにしてきた従業員の雇用を守るためにも，事業を中断するわけにはいかなかった．そこで，レシピや店のルールを明文化し，新しいスタッフを迎える準備を行った．結果的に白井さんの夫が白井さんの代わりに調理を担当することになったが，お店の根幹ともいえるルールを明確に

決めたことで，アルバイトの確保と教育がしやすくなったと感じている．

二つの事例から，顧客離れを防ぐための対策を検討すること，経営者が不在でも事業運営に支障をきたさないようにしておくことが，事業を再開・継続するうえでのポイントといえそうだ．

第5節　休職経験が経営に与える影響

ここまで，データと事例から新規開業企業の休職についてみてきた．休職経験はそのあとの経営に何か影響を与えているのだろうか．開業5年目に当たる2015年末の経営の満足度をみてみよう．収入に「満足」している企業の割合は「休職企業」が18.6%，「非休職企業」が23.6%で，両者の差はあまりない（図8-6(1)）．

ワークライフバランスに対する満足度をみると，「休職企業」では「不満」が40.0%で，「満足」の28.6%を上回っている（図8-6(2)）．他方，「非休職企業」では，「満足」（37.2%）が「不満」（29.3%）を上回る．「休職企業」のほうが，ワークライフバランスの満足度は低いという結果になっている．

事例で紹介した企業をみると，経営者の日常生活は休職前後で変化しているようだ．珈琲屋松尾の松尾さんは，営業再開後もしばらくの間は週に1回程度，妻に付き添って通院しながら店を営んでいた．(株)金剛の遠藤社長は後遺症により，従前のような仕事ができなくなった．Hair Salon Lily の田中さんや honohono cafe の白井さんは，子育てをしながら店を切り盛りしている．このように休職企業経営者は新たな環境のなかで，仕事と生活の最適な両立を再び模索している最中にある．このことが，現在のワークライフバランスへの評価につながっているのだろう．

また，各企業の経営者は，生活環境の変化に合わせて仕事の進め方を見直すなかで，経営を進化させていることもみてとれた．

珈琲屋松尾の松尾さんは，身体の負担を軽減するため，メニューや提供方法を見直した．セットメニューを終日提供するようにしたのは，まとめて仕込みができ，お盆にお皿をすべて載せれば配膳も下膳も一度ですむからである．コーヒーも，おかわりをする客が多かったため，2杯分をポットで提供するよ

図 8-6 休職の有無別にみた満足度（2015 年末時点）

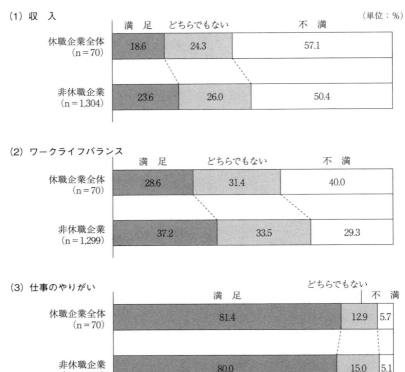

(注)「満足」は「大いに満足」「やや満足」の合計，「不満」は「大いに不満」「やや不満」の合計．

うにした．提供するメニューにボリューム感が生まれ，顧客に喜ばれている．

　(株)金剛の遠藤社長は，先述のとおり，まず緊急時の対応手順を確立したうえで，組織運営態勢の構築と従業員育成を重点課題に掲げ，営業戦略の検討や広報誌「金剛通心」の誌面づくりを従業員に任せるようになった．仕事に関連する資格取得にかかる費用を会社が負担する仕組みもつくった．結果，従業員のスキルは向上，受注も増えている．

　Hair Salon Lily の田中さんは，子どもを保育園に預けられる時間に合わせて営業時間を短縮，当日の来店予約は受けないことにした．そのかわり，来店時

に次回の予約をすれば化粧水などをサービスするようにした．仕事の予定が立てやすくなったおかげで，業界動向を学ぶセミナーに参加する時間などもとれるようになり，サービス水準が向上している．

honohono cafe の白井さんは，夫を中心とする店の営業体制が軌道に乗ってきたことから，ダブルワークを開始した．子どもが保育園に通う日中に，派遣社員として近所の会社で働くことにしたのである．夕方以降は店や自宅で子どもと一緒に経理など事務仕事を行う．収入手段が増えれば家計は安定するし，労働者として雇用保険料を納めていれば，次の出産時に「育児休業給付」を受けられるからだ．その額は休業前の賃金の約 7 割である．子育てをしながらダブルワークに挑戦する白井さんを，常連客は応援してくれている．

ここで，仕事のやりがいに対する満足度をみると，「休職企業」は 8 割以上が「満足」と回答しており，「非休職企業」と変わらない（前掲図 8-6(3)）．事例企業の休職後の取り組みをみると，休職経験を経て，その後変化した生活との両立を実現するために，自社の経営を進化させている．こうした積極的かつ自律的な経営姿勢が仕事のやりがいにつながっているのだろう．生活環境の変化に合わせて働き方を柔軟に変えられるのは，雇用条件の制約を受けない経営者ならではのメリットといえる．

第 6 節　まとめ

本章では，新規開業企業の経営者の休職に注目した．データからわかった点は以下のとおりである．

第 1 に，経営者が開業後に 15 日（半月）以上仕事を休んだ「休職企業」の数は多くないものの，経営者の性別や年齢に関係なく一定数存在する．

第 2 に，休職期間の平均は 69.0 日間であった．ただし，「男性経営者」の平均は 47.0 日間，「女性経営者」は 102.7 日間と，経営者の性別によって休職期間に差がみられた．「出産・育児」を理由に休職する「女性経営者」が，休職期間の平均を押し上げている．

第 3 に，「休職企業」の約半数が事業を中断している．規模別にみると，従業者数が少ない企業で事業を中断する割合が高くなっている．

一方，ヒアリングからは，事業継続やスムーズな事業再開のため，休職を前提とした対策を事前に立てることの重要性がうかがえた．また，経営者が生活環境の変化に合わせて仕事の進め方を見直し，その過程で経営を進化させていることもわかった．

本章では，経営者が一時的に仕事を休みながらも現時点で事業を継続できている企業を分析してきた．先に触れたように，開業から5年の間に約1割の企業が廃業してしまうわけだが，こうした企業のなかには，事前の備えをしていれば廃業を防げた企業もあると推測される．

こう考えると，本章で注目した「休職企業」の実態を明らかにし，その軌跡に学ぶことは，新規開業企業の生存確率を高めることにつながるといえる．若者や女性，シニアなど，創業の裾野をさらに広げていくうえでも，意義があるのではないだろうか．

参考文献

日本政策金融公庫総合研究所（2012）「シニア起業家の開業～2012年度「新規開業実態調査」から～」日本政策金融公庫ホームページ

―――（2013）「女性起業家の開業～「2013年度新規開業実態調査（特別調査)」の結果から～」日本政策金融公庫ホームページ

藤井辰紀・藤田一郎（2017）「創業の構造変化と新たな動き―マイクロアントレプレナーの広がり―」日本政策金融公庫総合研究所『日本政策金融公庫調査月報』2017年1月号，pp. 4-15

索　引

アルファベット

BCP → 事業継続計画

B to B　82, 85

B to C　82

Cox 比例ハザードモデル　63, 69

TFP → 全要素生産性

ア　行

育児　52, 146, 240, 243-245, 255

インターンシップ　102, 103

オッズ比　65, 201

カ　行

開業直前の職業　9, 213

開業費用　26, 27, 47, 66, 143

開業率　i

介護　143, 146

学歴　8, 53, 71, 136

家事　139, 141, 146

借入残高　28, 30, 156, 159-161

規模の経済性　117, 130, 160

休職　239-241, 243, 245, 248, 250, 251, 253, 255

業況　16

業況判断 DI　12, 76, 178

業種　10, 30, 45, 46, 64, 71, 80, 85, 88, 92, 110, 120, 122, 123, 133, 136, 162, 182, 187, 188, 190, 191, 215

経営課題　30, 33, 223

経営形態　10, 47, 143

経営者の属性　136

景気基準日付　77

月商　16, 47, 48, 67, 77-80, 82, 83, 94, 225

建築基準法　82

恒久棚卸法　125

公共職業安定所　97, 101

国民生活金融公庫　4, 173

固定効果　131

コブ＝ダグラス型　115

雇用創出　i

雇用創出力　75, 91

コワーキングオフィス　146

サ　行

採算　18, 54, 57, 66, 71, 72, 83, 85, 87, 225, 226

採算 DI　85

最小二乗法　129, 131, 137, 140

採用　97, 98, 106

サバイバル分析　43

サプライチェーン　79, 178

産業競争力強化法　84

産出額　115-117, 128, 129

斯業経験　4, 8, 43, 52, 66, 71, 136, 141, 145, 213

事業継続計画（BCP）　249, 250

事業収入　19, 55

資金調達　26, 27, 35

自己資金　27

自粛ムード　39, 79, 194, 206

資本投入量　112, 115-117, 125, 128, 129, 131

資本分配率　129, 131

従業員過不足 DI　110

就業時間　22, 24, 119, 120, 122, 123

従業者数　10, 13-16, 67, 89-92, 143, 219, 245

出産　239, 240, 243-245, 250-252, 255

小企業　12, 108, 110, 178

小企業の設備投資動向調査　125, 126

情報の非対称性　103, 106

新規開業実態調査　3, 85, 112, 239
新規開業白書　3
震災開業企業　209, 212-215, 217, 219, 221, 224-228
信用保証協会　85, 169
生産関数　115-117, 128, 130
制度融資　155, 156, 166
性別　8, 51, 66, 136, 213, 241, 244, 255
全国小企業月次動向調査　107
全国中小企業動向調査　12, 76, 178, 192, 194
全要素生産性（TFP）　109, 111, 112, 114-117, 128, 132, 133, 136, 139-141, 143-145, 147, 148
創業支援事業計画　84

タ 行
対数正規分布　133
地域別鉱工業指数　178, 198
地方自治体　27, 30, 155, 156, 163, 165-167
東北地方太平洋沖地震　177
特定創業支援事業　84, 85

ナ 行
内閣府経済社会総合研究所　77
内生性バイアス　130, 131
日本政策金融公庫　4, 44, 155, 179
日本政策金融公庫総合研究所　3, 75, 110, 178, 239
日本政策金融公庫調査月報　101
年齢　8, 49, 51, 66, 71, 136, 141, 213, 241, 243, 255

ハ 行
廃業　7, 8, 11, 12, 40, 43, 63, 90, 91
廃業確率　66, 67, 69, 71, 72, 201
廃業率　i, 13, 41, 43-64, 68, 71, 160, 200, 201, 203, 204
ハウスマン検定　131
ハザード比　70
ハローワーク　97, 101, 102
東日本大震災　5, 37, 76, 173, 177, 209

被災地域　37, 39, 40, 182-184, 186, 187, 189, 190, 192, 195, 196, 199-201, 204-206, 212
人手不足　94, 97, 107-110, 126
福島第一原子力発電所　177
復旧・復興　77, 79, 82, 196, 205, 222, 223, 229, 230
プッシュ要因　210, 212
不動産　27
フランチャイズ　10, 66
フランチャイズチェーン　47
ブルーシュ＝ペイガン検定　140
プル要因　211, 212
平成28年熊本地震　173
変量効果　131, 137, 140
保育所　146

マ 行
毎月勤労統計調査　123
マンアワー　119, 124
満足度　22-26, 147, 148, 227, 228
未来投資会議　110
民間金融機関　27, 30, 155, 156, 162, 163, 165, 167, 170-172

ヤ 行
予想月商達成率　54, 59, 67, 68, 72
有効求人倍率　110
融資残高　162

ラ 行
ライフイベント　240
リカレント教育　146
リーマン・ショック　77, 79, 85, 170
労働契約法　97
労働投入量　112, 115-117, 119, 123, 124, 128, 129, 131
労働分配率　129, 131
ロジスティック回帰分析　63, 69, 201

ワ 行
ワークライフバランス　22, 24, 147, 148, 253

著者紹介

深沼 光（ふかぬま ひかる）
第1章，第2章，第5章，第6章，第7章（共著）担当
1987年大阪大学経済学部卒業，国民金融公庫（現・日本政策金融公庫）入庫．大阪支店，中小企業庁，郵政研究所，米国留学（ロチェスター大学ビジネススクール MBA），東京大学社会科学研究所客員助教授，総合研究所主席研究員などを経て，2018年4月より現職．経済産業研究所，日本商工会議所等の各種委員も務めている．
現在，日本政策金融公庫総合研究所研究主幹．

藤田 一郎（ふじた いちろう）
第3章，第4章，第7章（共著），第8章担当
2005年慶應義塾大学経済学部卒業．国民生活金融公庫（現・日本政策金融公庫）入庫．立川支店，日本経済研究センター，総合研究所研究員などを経て2017年6月より現職．
現在，日本政策金融公庫総合研究所主任研究員．

躍動する新規開業企業
パネルデータでみる時系列変化

2018年7月5日　第1版第1刷発行

編　集　日本政策金融公庫総合研究所
著　者　深沼　光
　　　　藤田　一郎
発行者　井村　寿人
発行所　株式会社　勁草書房
112-0005 東京都文京区水道2-1-1　振替 00150-2-175253
（編集）電話 03-3815-5277／FAX 03-3814-6968
（営業）電話 03-3814-6861／FAX 03-3814-6854
本文組版 プログレス・理想社・牧製本

©JAPAN FINANCE CORPORATION 2018

ISBN978-4-326-50446-6　Printed in Japan

JCOPY ＜(社)出版者著作権管理機構 委託出版物＞
本書の無断複写は著作権法上での例外を除き禁じられています．
複写される場合は，そのつど事前に，(社)出版者著作権管理機構
（電話 03-3513-6969，FAX 03-3513-6979，e-mail: info@jcopy.or.jp）
の許諾を得てください．

＊落丁本・乱丁本はお取替いたします．
http://www.keisoshobo.co.jp

ジェームズ・ラム／林　康史・茶野　努 監訳
戦 略 的 リ ス ク 管 理 入 門　　　A 5 判　6,000 円
　　　　　　　　　　　　　　　　　50417-6

藤井敦史・原田晃樹・大高研道 編著
闘　う　社　会　的　企　業　　　A 5 判　3,300 円
　　　　　　　　　　　　　　　　60251-3

遠藤ひとみ
経　営　学　を　学　ぶ　　　A 5 判　2,800 円
　　　　　　　　　　　　　　　50351-3

板倉宏昭
新 訂　経 営 学　講 義　　　A 5 判　3,800 円
　　　　　　　　　　　　　　　50441-1

林紘一郎・田川義博・淺井達雄
セ キ ュ リ テ ィ 経 営　　　四六判　2,700 円
ポスト 3・11 の復元力　　　　　55068-5

谷内篤博
個性を活かす人材マネジメント　四六判　2,700 円
近未来型人事革新のシナリオ　　　55075-3

―――――――――――――――――――― 勁草書房刊

＊表示価格は 2018 年 7 月現在。消費税は含まれておりません。